FAC • UNIVERSITÉS

# MÉMENTOS LMD

# COMPTABILITÉ GÉNÉRALE

14e édition 2014-2015

D1728876

## Béatrice et Francis GRANDGUILLOT

sont professeurs de comptabilité et de gestion dans plusieurs établissements d'enseignement supérieur. Ils sont également auteurs de nombreux ouvrages dans ces matières.

Livres publiés par les auteurs

Collection Fac-Universités
- Mémentos LMD – Comptabilité générale, 14e éd. 2014-2015.
- Exos LMD – Comptabilité générale, 15e éd. 2014-2015.
- Mémentos LMD – Analyse financière, 11e éd. 2014-2015.
- Exos LMD – Analyse financière, 9e éd. 2014-2015.

Collection Carrés Rouge
- L'essentiel de l'Analyse financière, 12e éd. 2014-2015.
- L'essentiel de la Comptabilité générale 2014 : modélisation comptable, opérations courantes, 4e éd.
- L'essentiel de la Comptabilité générale 2014 : opérations d'inventaire, comptes annuels, 4e éd.
- L'essentiel de la Comptabilité de gestion 2014, 6e éd.
- L'essentiel du Contrôle de gestion 2014, 8e éd.
- L'essentiel du Droit fiscal 2014, 15e éd.
- L'essentiel du Droit des sociétés 2014, 12e éd.

Collection En Poche
- Fiscal 2014, 8e éd.
- Droit des sociétés, 6e éd. 2014-2015.
- Comptable, 6e éd. 2014-2015.
- Analyse financière, 5e éd. 2014-2015.

© Gualino éditeur, Lextenso éditions 2014
70, rue du Gouverneur Général Éboué
92131 Issy-les-Moulineaux cedex
ISBN 978 - 2 - 297 - 03956 - 7
ISSN 1288-9199

FAC • UNIVERSITÉS

# MÉMENTOS LMD

# COMPTABILITÉ GÉNÉRALE

- Principes de la modélisation comptable
- Analyse comptable des opérations courantes et de fin d'exercice
- Analyse financière des tableaux de synthèse

**Béatrice et Francis GRANDGUILLOT**

**14e édition 2014-2015**

lextenso éditions

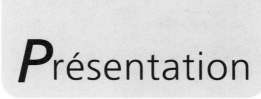

# Présentation

*Ce livre de Comptabilité générale* (également appelée Comptabilité financière) présente l'ensemble des connaissances nécessaires à la compréhension des mécanismes comptables et financiers de l'entreprise de façon synthétique, structurée et visuelle. Il comporte de *nombreux exemples corrigés* pour faciliter la compréhension de cette matière.

Ce livre intègre les nouveautés de la *normalisation comptable nationale*, du *Plan comptable général 2014* élaboré à droit constant et leurs *incidences fiscales*.

*L'ouvrage développe* successivement :

– *les principes fondamentaux de la modélisation comptable* ;

– *l'analyse comptable des opérations courantes* ;

– *l'analyse comptable des opérations de fin d'exercice* ;

– *l'analyse financière des tableaux de synthèse*.

*Cette 14e édition 2014/2015, entièrement à jour*, s'adresse aux étudiants :

– des facultés de sciences économiques, de droit, AES… ;

– de l'enseignement supérieur de gestion, notamment ceux d'IUT GEA, de BTS CGO… ;

– de licence (CCA, économie-gestion…) ;

– de master (AES, CCA, économie-gestion…) ;

– des Écoles de Management ;

– engagés dans de nombreuses formations qui incluent de la comptabilité générale.

*Les mêmes auteurs* ont publié chez le même éditeur :

■ **Exercices corrigés de Comptabilité générale** – coll. *Exos LMD*, 15e éd., 2014-2015
*Principe de la modélisation comptable – Analyse comptable des opérations courantes et de fin d'exercice – Analyse financière des tableaux de synthèse*

■ **L'essentiel de la Comptabilité générale 2014** – coll. *Carré Rouge*, 4e éd.
*Modélisation comptable – Opérations courantes*

■ **L'essentiel de la Comptabilité générale 2014** – coll. *Carré Rouge*, 4e éd.
*Opérations d'inventaire – Comptes annuels*

■ **Comptable 2014-2015** – Coll. *En poche*, 6e éd.,
*Opérations courantes – Opérations de fin d'exercice et comptes annuels*

# Sommaire

**AVERTISSEMENT**

Les numéros des articles du PCG relatifs aux comptes annuels sont conformes au nouveau *Plan comptable général 2014* issu du règlement 2014-03 adopté par l'Autorité des normes comptables (ANC) en juin 2014. Ce dernier remplace le règlement CRC 99-03 et les autres règlements publiés depuis 1999.

# PARTIE 1
# Les principes fondamentaux de la modélisation comptable

## PARTIE 2
## L'analyse comptable des opérations courantes

## PARTIE 3
## L'analyse comptable des opérations de fin d'exercice

# PARTIE 4
## L'analyse financière des tableaux de synthèse

# CHAPITRE 1

# *L*a comptabilité générale et le droit comptable

## 1 · LE RÔLE DE LA COMPTABILITÉ GÉNÉRALE

La comptabilité générale remplit **plusieurs missions** essentielles. Elle fournit des **informations d'ordre financier** aux tiers qui sont en relation avec l'entreprise (associés, fournisseurs, clients, salariés, établissements financiers, État...). Sa finalité est, en principe, de produire :

→ **un bilan** à une date donnée, état du **patrimoine** de l'entreprise, qui permet aux tiers d'apprécier sa pérennité, sa capacité à rembourser ses dettes et de connaître le résultat de l'exercice ;

→ **un compte de résultat**, résumé de l'activité de l'entreprise pendant 12 mois, qui permet d'expliquer la formation du résultat de l'exercice en récapitulant les revenus de l'exercice (**produits**), source d'enrichissement, et les coûts (**charges**), source d'appauvrissement. Il permet aux tiers d'apprécier la rentabilité de l'entreprise ;

→ **l'annexe** (sauf dérogation), état comptable qui comporte des informations significatives, dont l'objectif est d'**expliquer** le contenu du bilan et du compte de résultat.

La comptabilité est aussi **un moyen de preuve** en cas de contrôle de l'administration fiscale, du commissaire aux comptes et en cas de litige entre entités. Elle est également un **instrument** utile pour l'État afin d'apprécier les revenus, les profits, la richesse des entreprises, en vue de déterminer les différents impôts perçus par l'État. Enfin, elle constitue une **source d'informations historiques** utiles pour la gestion de l'entreprise.

La comptabilité fait l'objet d'une **normalisation**. Les normes comptables constituent un ensemble de règles, de principes, de méthodes d'élaboration et de présentation des comptes des entreprises de manière à les rendre plus fiables, transparents et comparables dans le temps d'une entité à l'autre, à l'intérieur d'un même pays ou d'un pays à l'autre, dans l'objectif de renseigner au mieux les utilisateurs (dirigeants, associés, État, personnel, investisseurs, autres tiers...). Pour être applicables, les normes doivent être intégrées au **droit comptable**, donc réglementées.

## 2 · LES SOURCES DU DROIT COMPTABLE

### A - La hiérarchie des sources

Les sources des règles comptables sont diverses et hiérarchisées de la manière suivante :

| Hiérarchie | Nature des textes ou autres sources |
|---|---|
| Réglementation internationale | Traités internationaux<br>Règlements européens<br>Directives et décisions européennes |
| Textes règlementaires | Décrets et arrêtés |
| Jurisprudence | Décisions des tribunaux |
| Doctrine | Avis, recommandations |

En outre, le droit comptable est influencé par d'autres législations, telles que les législations sociale et fiscale qui créent des obligations comptables aux entreprises.

# B - Les sources nationales de la normalisation comptable

## 1) Les sources législatives et réglementaires françaises

Elles sont constituées :

– *par le Code de commerce* (articles L. 123-12 à L. 123-28 et R. 123-172 à R. 123-208) ;

– *par le Plan comptable général* (PCG) : règlement 2014-03, mis à jour à droit constant par les règlements de l'Autorité des normes comptables (ANC).

## 2) L'Autorité des normes comptables

L'ordonnance du 22 janvier 2009 a créé l'Autorité des normes comptables (ANC), *organe unique de normalisation comptable française* issu de la fusion du Conseil national de la comptabilité (CNC) et du Comité de la réglementation comptable (CRC). La création de l'Autorité des normes comptables vise les deux objectifs suivants :

– *simplifier le dispositif* de normalisation française ;

– *doter la France* d'une institution rassemblant des compétences capables d'influer davantage sur l'élaboration des normes internationales.

Selon le décret d'application de l'ordonnance du 15 janvier 2010, l'ANC comprend un collège, des commissions spécialisées (commission des normes privées et commission des normes comptables internationales) et un comité consultatif composé de représentants du monde économique et social. *Les missions* de l'ANC exercées par le collège sont :

– *édicter, par des règlements,* l'ensemble des règles comptables générales et sectorielles auxquelles sont soumises les personnes physiques et morales établissant des documents comptables conformes aux normes de la comptabilité privée ;

– *donner un avis* sur tout projet de texte contenant des dispositions de nature comptable applicables aux personnes précitées et sur les projets de normes comptables internationales ;

– *émettre* de sa propre initiative ou à la demande du ministre des Finances et des Comptes publics, *des avis et prises de position* dans le cadre de la procédure d'élaboration des normes comptables internationales ;

– *assurer la coordination et la synthèse* des travaux théoriques et méthodologiques en matière comptable en formulant notamment des recommandations.

Le collège peut déléguer certaines de ses missions aux commissions spécialisées, excepté pour les projets de règlements.

Les règlements adoptés par l'ANC sont publiés au *Journal officiel* après homologation par arrêté du ministre des Finances et des Comptes publics, après avis des ministres du Budget et de la Justice.

### 3) La doctrine française

D'autres organismes influencent la normalisation comptable française.

| **L'Ordre des experts-comptables (OEC)** |
|---|
| L'OEC a été créé en 1945 et regroupe les experts-comptables exerçant en profession libérale ; sa mission est essentiellement déontologique. Cependant, il exerce une *influence* sur la normalisation comptable dans la mesure où des membre du conseil supérieur de l'OEC sont associés aux travaux des commissions spécialisées de l'ANC. |
| L'OEC publie également des *avis et recommandations* destinés à ses membres leur permettant d'appliquer, en toute intégrité, les principes et les règles comptables. |

| **La Compagnie nationale des commissaires aux comptes (CNCC)** |
|---|
| La CNCC, créée en 1969, regroupe les membres de la profession. Sa mission, comme l'OEC, est *déontologique* ; néanmoins, elle donne son *avis* lorsqu'elle y est invitée par le garde des Sceaux sur les questions entrant dans ses compétences, et soumet aux pouvoirs publics toutes propositions utiles relatives à l'organisation professionnelle et à la mission des commissaires aux comptes. Par ailleurs, les directeurs techniques des cabinets de commissaires aux comptes et des membres de la CNCC participent aux travaux des commissions spécialisées de l'ANC. |
| Par ailleurs, le *Haut conseil du commissariat aux comptes* (*H3C*), créée en 2003, assure une triple mission : mission de *contrôle*, mission de *réflexion* et mission de *discipline*. |

| **L'Autorité des marchés financiers (AMF)** |
|---|
| L'AMF, créée en 2003, est un organisme public indépendant qui règlemente et contrôle les marchés financiers en France. Elle a pour mission de veiller :<br>– à la *protection* de l'épargne investie dans les instruments financiers et tous autres placements donnant lieu à offre au public de titres financiers (anciennement appel public à l'épargne) ;<br>– à l'*information* des investisseurs ;<br>– au *bon fonctionnement* des marchés d'instruments financiers. |
| Dans le cadre de sa mission, elle peut prendre des règlements, publier des instructions, des recommandations, des avis. L'ensemble de ses textes *influe* sur la normalisation comptable ; de plus, un représentant de l'Autorité des marchés financiers est membre du collège de l'ANC et les membres de la direction comptable de l'Autorité des marchés financiers participent aux travaux des commissions spécialisées de l'ANC. |
| L'Autorité des marchés financiers représente la France auprès de l'Organisation internationale des commissions de valeurs mobilières et organismes assimilés (*OIVC*), laquelle travaille avec l'*International Accounting Standards Committee*. |

### 4) Le Plan comptable général

### a) Définition

Le Plan comptable général (PCG) regroupe *l'ensemble des normes comptables* qui sont applicables *à toute entité* (toute personne physique ou morale) soumise à l'obligation légale d'établir des comptes annuels. Depuis 2005, certaines d'entre elles convergent progressivement vers les normes internationales IFRS. Le PCG est présenté sous forme d'articles et contient exclusivement les dispositions relatives à la *comptabilité générale* ; il fait l'objet d'une mise à jour régulière par les règlements de l'ANC.

### b) Évolution

Depuis sa création en 1947, les normalisateurs de la comptabilité ont modifié plusieurs fois le PCG afin de l'adapter à l'évolution économique et par conséquent au droit comptable. Citons à titre d'exemple sa réécriture à droit constant en 1999 et sa refonte en 2005 par l'intégration de nouvelles règles comptables.

L'année 2014 marque une nouvelle étape dans l'évolution du PCG. En effet, l'ANC a publié le 8 juillet 2014 le règlement 2014-03 relatif au nouveau Plan comptable général, dit *PCG 2014* qui remplace le règlement CRC 99-03 (PCG 99) et les autres règlements publiés depuis. Il est restructuré à partir d'un *nouveau plan thématique* et d'une *nouvelle numérotation des articles* pour le rendre plus accessible aux utilisateurs. Par exemple, certains anciens articles ont été scindés, certains règlements intégrés dans le nouveau PCG 2014 ont été découpés en articles. En revanche, aucune modification aux dispositions comptables n'est apportée.

Le PCG 2014 est structuré en 4 grands livres divisés en 9 titres et chapitres, sections, sous sections et articles. Les 4 grands livres et les 9 titres du nouveau PCG 2014 sont les suivants :

| | Titre I | Objet et principes de la comptabilité |
|---|---|---|
| **LIVRE I :** **PRINCIPES GÉNÉRAUX** **APPLICABLES AUX DIFÉRENTS** **POSTES DES DOCUMENTS DE** **SYNTHÈSE** | Titre II | L'actif |
| | Titre III | Le passif |
| | Titre IV | Actifs et passifs dont la valeur dépend des fluctuations des monnaies étrangères |
| | Titre V | Charges et produits |
| **LIVRE II :** **MODALITÉS PARTICULIÈRES** **D'APPLICATION DES PRINCIPES** **GÉNÉRAUX** | Titre VI | Dispositions et opérations de nature spécifique |
| | Titre VII | Comptabilisation et évaluation des opérations de fusions et opérations assimilées |
| **LIVRE III :** **MODÈLES DE COMPTES ANNUELS** | Titre VIII | Documents de synthèse |
| **LIVRE IV :** **TENUE, STRUCTURE ET** **FONCTIONNEMENT DES COMPTES** | Titre IX | Tenue, structure et fonctionnement des comptes |

L'ANC a également publié le *recueil des normes comptables françaises* qui rassemble en un seul document l'ensemble des textes comptables règlementaires sous forme d'articles (nouveau PCG), et non règlementaires sous forme de commentaires (avis, recommandations, communiqués…), portant sur l'élaboration des comptes annuels et rédigés par les institutions chargées de la normalisation comptable (Comité de la règlementation comptable jusqu'en 2009 puis l'ANC). Dorénavant, tout nouveau règlement de l'ANC s'intégrera dans le PCG 2014 ainsi que dans le recueil des normes comptables françaises.

## C - Les sources internationales de la normalisation comptable

### 1) Les normes d'information financière internationales

L'*International Accounting Standards Board* (*IASB*), créé en 2001, est un organisme privé qui est chargé

– d'élaborer et de publier des *normes comptables internationales*, intitulées normes d'information financière internationales (*IFRS*), qui devront être respectées lors de la présentation des comptes annuels et des états financiers ;

– d'assurer l'acceptation et l'application de ces normes à l'échelon mondial.

Actuellement, 39 normes adoptées par l'Union européenne sont applicables dans les États européens.

### 2) Les directives européennes et les règlements

La Commission européenne et le Conseil de l'Union européenne sont habilités à prendre des directives, c'est-à-dire, selon l'article 189 du Traité de Rome, des actes qui lient « *tout État membre destinataire quant aux résultats à atteindre, tout en laissant aux instances nationales la compétence quant à la forme et aux moyens* », ainsi que des règlements directement applicables à tout État membre. Citons à titre d'exemple :

– *la IVe directive* du 25 juillet 1978 a introduit le principe d'image fidèle des comptes annuels à la demande de la Grande-Bretagne. Elle concerne la structure et le contenu des comptes annuels, du rapport de gestion, les modes d'évaluation ainsi que la publicité de ces documents dans les sociétés par actions et les sociétés à responsabilité limitée. La loi française a étendu les règles comptables édictées par cette directive à tous les commerçants, personnes physiques ou personnes morales et aux sociétés civiles faisant offre au public de titres financiers ;

– *la VIIe directive* du 13 juin 1983 a fixé les conditions dans lesquelles les sociétés doivent établir des comptes consolidés ;

Ces deux directives sont désormais remplacées par une directive comptable unique.

– *la VIIIe directive* adoptée le 10 avril 1984 est relative à l'agrément des personnes chargées du contrôle légal des documents comptables (commissaires aux comptes). Elle est modifiée par la nouvelle directive unique ;

– *la directive 2013/34/UE* du 26 juin 2013, relative aux comptes annuels et aux comptes consolidés qui abroge les *IVe* et *VIIe directives* et modifie la *VIIIe*. L'objectif est d'adapter les obligations comptables des entreprises selon leur taille, déterminée en fonction de seuils, d'améliorer la comparabilité des états financiers au sein de l'Union européenne et de moderniser le cadre comptable européen. Cette directive devrait être transposée dans le droit national au plus tard en juillet 2015. Précisons qu'en France plusieurs mesures gouvernementales ont déjà été prises dans la ligne de la directive au cours du premier trimestre 2014. Elles sont présentées au chapitre 5 ;

– *le règlement 1606/2002*, intitulé *IFRS 2005* sur l'application des normes comptables internationales *IAS/IFRS*.

# 3. L'ÉVOLUTION DES NORMES COMPTABLES

Pendant plusieurs années, la normalisation comptable nationale a dû s'adapter à la volonté d'*harmonisation internationale et européenne* des normes comptables, à la *mondialisation* des marchés de capitaux, à l'introduction de nouveaux instruments financiers ainsi qu'aux nouvelles technologies de l'information et de la communication. En pratique, l'alignement des normes comptables européennes et nationales sur les normes internationales s'est concrétisé notamment par :

- *la modernisation* des IVe et VIIe directives européennes (aujourd'hui remplacées par la directive unique comptable de juin 2013) dans le but de supprimer toute divergence avec les normes *IAS/IFRS* ;

- *l'obligation*, énoncée par le règlement 1606/2002 du parlement européen et du Conseil, *pour les sociétés européennes cotées*, d'établir depuis 2005 leurs comptes consolidés selon les normes internationales (*IAS/IFRS*). L'objectif étant d'harmoniser l'information financière présentée par lesdites sociétés et de répondre essentiellement aux besoins des investisseurs ;

- *l'évolution* du PCG vers les normes internationales (*IAS/IFRS*) : adoption du règlement 2006-06 sur les passifs et du règlement 2002-10 sur l'amortissement et la dépréciation des actifs applicables depuis le 1er janvier 2005 ;

- *la mise en place d'un mécanisme européen d'adoption* des normes de l'*IASB*, avec la création du comité de règlementation européen, composé de représentants des États membres et présidé par la Commisssion européenne, dont l'objet consiste à donner son avis sur les propositions de la Commission d'adopter les normes *IAS/IFRS*.

À ce jour, *les travaux de l'ANC* relatifs à l'évolution de la normalisation comptable nationale s'orientent notamment vers :

- *la simplification et l'actualisation* des normes françaises et européennes, sans introduction des normes *IFRS*, dans l'objectif de répondre aux besoins des PME non cotées. Notons à ce sujet que l'ANC a émis un avis favorable sur l'ensemble des dispositions contenues dans l'ordonnance du 30 janvier 2014 allégeant les obligations comptables des très petites et petites entreprises (voir chapitre 5) ;

- *une volonté d'influencer* les normes internationales pour aboutir à un meilleur équilibre entre l'approche financière et l'approche économique, au regard des leçons tirées de la crise financière ;

- *une volonté de faciler* l'accès au droit comptable par les utilisateurs. Le règlement 2014-03 relatif au PCG et le recueil des normes comptables françaises sont le résultat de cette volonté.

# PARTIE 1

# Les principes fondamentaux de la modélisation comptable

# CHAPITRE 2

# Les principes comptables

Les pratiques d'enregistrement comptable et de présentation des comptes annuels reposent sur des **principes codifiés** et inscrits dans le PCG 2014. Leur objectif est de permettre à la comptabilité générale de remplir les missions énoncées précédemment.

## 1. LES PRINCIPES D'IMAGE FIDÈLE, DE COMPARABILITÉ ET DE CONTINUITÉ DE L'ACTIVITÉ

Les articles 121-1 et 121-2 du PCG 2014 précisent : « *La comptabilité est un système d'organisation de l'information financière permettant de saisir, classer, enregistrer des données de base chiffrées et présenter des états reflétant une image fidèle du patrimoine, de la situation financière et du résultat de l'entité à la date de clôture.*

*La comptabilité permet d'effectuer des comparaisons périodiques et d'apprécier l'évolution de l'entité dans une perspective de continuité d'activité* ».

## A - Le principe d'image fidèle

La notion d'image fidèle, introduite par la IVe directive européenne et reprise dans la nouvelle directive comptable unique n'est pas clairement définie.

Elle est liée aux principes de **régularité et de sincérité**. Elle se traduit par l'obligation de présenter l'annexe qui comporte toutes les informations d'importance significative destinées à compléter et à commenter celles données par le bilan et par le compte de résultat.

## B - Le principe de comparabilité

Le principe de comparabilité est lié au principe d'**indépendance** des exercices et est assuré par le principe de permanence des méthodes (voir page suivante).

Le principe d'indépendance des exercices consiste à scinder l'activité de l'entreprise en périodes successives et indépendantes de douze mois, appelées **exercices**.

Le résultat de l'exercice (bénéfice ou perte) est déterminé à la fin de chaque exercice comptable.

## C - Le principe de continuité de l'activité

Les comptes annuels doivent être établis et interprétés dans la perspective que l'entité **poursuive ses activités**.

## 2. LES PRINCIPES DE RÉGULARITÉ ET DE SINCÉRITÉ

D'après l'article 121-3 du PCG, « *La comptabilité est conforme aux règles et procédures en vigueur qui sont appliquées avec sincérité afin de traduire la connaissance que les responsables de l'établissement des comptes ont de la réalité et de l'importance relative des événements enregistrés* ».

Pour obéir au principe de sincérité, les informations comptables doivent donner à leurs utilisateurs une description **adéquate, loyale, claire, précise et complète** des opérations, événements et situations.

## 3. LE PRINCIPE DE PRUDENCE

Le principe de prudence représente le **principe majeur de l'évaluation comptable**.

Le PCG énonce que la comptabilité est établie sur la base d'appréciations prudentes, pour éviter le risque de transfert, sur des périodes à venir, d'incertitudes présentes susceptibles de grever le patrimoine et le résultat de l'entité.

Le principe de prudence conduit notamment à :

– constater les **moins-values** qui apparaissent à la clôture de l'exercice même si elles sont latentes ;

– n'inscrire dans les comptes annuels que les **bénéfices réalisés** à la clôture de l'exercice.

## 4. LE PRINCIPE DE PERMANENCE DES MÉTHODES

Par souci de cohérence des informations comptables, la présentation des comptes annuels et les méthodes d'évaluation retenues ne peuvent être modifiées d'un exercice à l'autre.

L'entreprise peut déroger à ce principe lorsqu'un **changement exceptionnel** intervient dans sa situation ou bien pour obtenir une meilleure information financière.

# CHAPITRE 3

# Les notions de patrimoine et d'activité de l'entreprise

## 1. LES NOTIONS D'ENRICHISSEMENT OU D'APPAUVRISSEMENT

L'objectif de toute entreprise privée est de s'enrichir en exerçant une activité.

Une des finalités de la comptabilité générale est de mesurer l'enrichissement (***bénéfice***) ou l'appauvrissement (***perte***) de l'entreprise de deux façons différentes, simultanées et complémentaires :

| En comparant | et | En évaluant |
|:---:|:---:|:---:|

| Les revenus et les coûts engendrés par son activité au cours d'une période de douze mois, appelée exercice. | La variation de son patrimoine provenant de l'activité, entre le début et la fin de l'exercice. |
|:---:|:---:|

Cette finalité est atteinte à travers deux états de synthèse : le *bilan* et le *compte de résultat*.

## 2. LE BILAN

### A - Définition

Le bilan est une *image financière de l'entreprise à une date déterminée*.

Il peut être défini selon deux approches :

> *l'approche patrimoniale* ;
> *l'approche fonctionnelle* ou économique.

### 1) L'approche patrimoniale

Le bilan représente la situation patrimoniale de l'entreprise à un moment donné. Il décrit séparément les éléments actifs et passifs de l'entreprise, et fait apparaître de façon distincte les capitaux propres (art. 112-2 du PCG).

Les *éléments actifs* sont les éléments du patrimoine ayant une valeur économique positive pour l'entreprise (biens, créances). Les *éléments passifs* représentent les éléments du patrimoine ayant une valeur économique négative pour l'entreprise (dettes ou passif externe).

Les *capitaux propres* mesurent la valeur nette du patrimoine :

> Éléments actifs – Éléments passifs = **Capitaux propres**

### 2) L'approche fonctionnelle ou économique

Le bilan décrit l'ensemble des *ressources financières* que l'entreprise s'est procurée (moyens de financement) et l'ensemble des *emplois* (utilisation des ressources) dont elle dispose à une date donnée. Le total des ressources correspond au total des emplois.

Les ressources financières sont de trois natures :

– les apports de l'exploitant ou des associés qui forment le capital. Ces ressources ont un caractère permanent ;

– les dettes envers les tiers : il s'agit de ressources temporaires ;

– les bénéfices, ressources générées par l'activité de l'entreprise.

*L'ensemble des ressources constitue le passif du bilan*.

Parmi les emplois, on distingue les emplois permanents (biens durables tels que le matériel, le mobilier...) et les emplois temporaires liés au cycle d'exploitation (stocks, créances, liquidités...).

*L'ensemble des emplois constitue l'actif du bilan*. On a donc :

> Emplois = Ressources
> Actif    =      Passif

## B - La présentation et la structure simplifiée du bilan

Le bilan est un tableau divisé en deux parties.

La partie gauche, appelée *actif*, représente les éléments d'actifs ou l'ensemble des *emplois*.

La partie droite, appelée *passif*, regroupe les capitaux propres et les éléments passifs, ou bien encore l'ensemble des *ressources* de financement.

Le classement à l'intérieur de chaque partie est articulé en rubriques et en postes.

### 1) L'actif

Les éléments constitutifs de l'actif sont classés suivant leur fonction et par *ordre de liquidité croissante*.

L'actif comprend deux grandes rubriques composées chacune de plusieurs postes qui possèdent des caractères communs :

| Actif immobilisé | Actif circulant |
|---|---|
| Biens et créances destinés à être utilisés ou à rester de façon durable dans l'entreprise. | Biens et créances liés au cycle d'exploitation et qui n'ont pas vocation à être maintenus durablement dans l'entreprise. |

L'*actif immobilisé* est composé de trois postes :

### Immobilisations incorporelles

Elles comprennent les biens ou les droits qui ne constituent pas des objets matériels ainsi que, sur option, les frais liés à la constitution ou au développement de l'entreprise (frais de recherche, fonds commercial, brevets...).

### Immobilisations corporelles

Elles comprennent des biens constituant des objets matériels (matériel informatique, matériel et outillage, matériel de transport...).

### Immobilisations financières

Elles sont constituées de certaines créances (prêts...) et de certains titres immobilisés (titres de participation...).

L'*actif circulant* comprend les principaux postes suivants :

### Stocks et En-cours

Ils comprennent les biens destinés à être consommés au premier usage, vendus en l'état ou au terme d'un processus de production.

### Créances

Ce sont des droits rattachés au cycle d'exploitation (somme due par les clients...).

### Valeurs mobilières de placement

Ce sont des titres acquis en vue de réaliser un gain à brève échéance (actions, obligations...).

### Disponibilités

Ce sont les liquidités disponibles sur un compte bancaire ou postal et en caisse.

## 2) Le passif

Les éléments du passif sont classés selon leur provenance et par *ordre d'exigibilité croissante*

Le passif comprend deux grandes rubriques composées chacune de plusieurs postes qui possèdent des caractères communs :

| Capitaux propres | Dettes |
|---|---|

Moyens de financement mis à la disposition de l'entreprise de façon permanente — Moyens de financement externes

Les *capitaux propres* comprennent les principaux postes suivants :

**Capital et Réserves**

Ce sont les apports de l'exploitant ou des associés et la part de bénéfice non distribuée laissée à la disposition de l'entreprise.

**Résultat de l'exercice**

Il correspond au bénéfice ou à la perte dégagé par l'entreprise.

Les *dettes* regroupent essentiellement les postes suivants :

**Dettes financières**

Ce sont les emprunts effectués auprès des établissements de crédit.

**Dettes d'exploitation**

Il s'agit de moyens de financement liés au cycle d'exploitation (dettes fournisseurs, fiscales et sociales).

**Autres dettes**

Ce sont des dettes non liées au cycle d'exploitation (dettes fournisseurs d'immobilisations…).

## 3) Le résultat

Le bilan de fin d'exercice, établi en général après douze mois d'activité, permet de dégager le résultat de l'entreprise par *déséquilibre* entre l'actif et le passif :

Actif – Passif  ⇒  **Résultat (bénéfice ou perte)**

Le résultat se place *toujours au passif* du bilan dans la rubrique des capitaux propres, affecté du signe (+) dans le cas d'un bénéfice ou du signe (–) dans le cas d'une perte.

## 4) La présentation du bilan

Sa présentation simplifiée est la suivante :

| Actif (emplois) | | Bilan | (ressources) Passif |
|---|---|---|---|
| **Actif immobilisé**<br>Immobilisations incorporelles<br>Immobilisations corporelles<br>Immobilisations financières | | **Capitaux propres**<br>Capital<br>Réserves<br>Résultat ± | |
| **Actif circulant**<br>Stocks et en-cours<br>Créances<br>Valeurs mobilières de placement<br>Disponibilités | | **Dettes**<br>Dettes financières<br>Dettes d'exploitation<br>Dettes diverses | |
| | Total général | | Total général |

**Exemple**

Le 2 janvier de l'exercice N, trois associés décident de créer la librairie *Lire*. À ce titre, ils constituent une société au capital 50 000 € et apportent respectivement :
– du mobilier : 8 000 €
– des rayonnages : 16 200 €
– du matériel informatique : 12 600 €
– un stock de livres : 12 000 €
– des liquidités déposées sur le compte bancaire : 1 200 €

*Avant de commencer toute activité*, la société, en tant que personne morale indépendante de ses créateurs, doit dresser un état de son patrimoine. Il s'agit de son bilan de départ.

Bilan au 2 janvier N

| Actif | Exercice N | Passif | Exercice N |
|---|---|---|---|
| **Actif immobilisé**<br>*Immobilisations corporelles*<br>Mobilier<br>Rayonnages<br>Matériel informatique | <br><br>8 000<br>16 200<br>12 600 | **Capitaux propres**<br>Capital | <br>50 000 |
| Total I | 36 800 | Total I | 50 000 |
| **Actif circulant**<br>Stocks de marchandises<br>Disponibilités | <br>12 000<br>1 200 | **Dettes** | |
| Total II | 13 200 | Total II | |
| Total général | 50 000 | Total général | 50 000 |

Nous vérifions les relations suivantes :

Total actif = Total passif    Éléments de l'actif – Éléments du passif = Capitaux propres
   50 000 = 50 000      50 000    –    0    =    50 000

Les capitaux propres ne sont constitués que du montant des apports des propriétaires formant le capital. En effet, la société n'a pas dégagé de résultat (bénéfice ou perte) puisqu'elle n'a pas encore commencé son activité.
La valeur de son patrimoine est égale à 50 000 €.

# 3. LE COMPTE DE RÉSULTAT

## A - Définition

Le compte de résultat *décrit pour une période donnée (l'exercice) l'activité de l'entreprise*. Il est établi à la fin de l'exercice. Le compte de résultat permet de connaître :

– l'ensemble des coûts engagés, appelés *charges*, au cours d'un exercice pour les besoins de l'activité de l'entreprise ;

– l'ensemble des revenus, appelés *produits*, générés par son activité pour le même exercice ;

– le résultat de l'exercice, par différence entre le total des produits et le total des charges :

$$\boxed{\text{Produits} - \text{Charges} = \text{Résultat}}$$

Le résultat est le fruit de l'activité de l'entreprise. Il permet de savoir si l'entreprise s'est enrichie (bénéfice) ou appauvrie (perte) :

> *Produits > Charges ⇒ Bénéfice*
> *Produits < Charges ⇒ Perte*

## B - La présentation et la structure simplifiée du compte de résultat

Le compte de résultat est un tableau scindé en deux parties. La partie gauche regroupe les *charges* ou l'ensemble des consommations de l'exercice, ou encore les *emplois* de l'activité. La partie droite regroupe les *produits* ou l'ensemble des *ressources* de l'activité de l'exercice.

Le classement à l'intérieur de chaque partie est articulé en rubriques et en postes.

Actuellement, le PCG a prévu trois grandes familles de charges et de produits classées en six rubriques symétriques, afin de faire apparaître trois activités distinctes :

| Activités | Rubriques concernées |
|---|---|
| D'exploitation ⟶ | Charges d'exploitation – Produits d'exploitation |
| Financière ⟶ | Charges financières – Produits financiers |
| Exceptionnelle ⟶ | Charges exceptionnelles – Produits exceptionnels |

Dans le cadre de la transposition en droit interne de la directive comptable unique prévue au plus tard le 20 juillet 2015, une évolution de la stucture du compte de résultat est attendue comme :

– le classement des charges et des produits par nature ou par fonction ;

– la suppression de la catégorie des charges et des produits exceptionnels.

### 1) Les charges

Les charges sont classées par nature à l'intérieur de chaque rubrique :

**Charges d'exploitation**

Elles représentent les coûts occasionnés par l'activité normale de l'entreprise.

**Charges financières**

Elles constituent le coût de financement de l'entreprise : charges d'intérêt, escomptes accordés, pertes de change.

**Charges exceptionnelles**

Ce sont des coûts non liés à l'activité normale de l'entreprise : pénalités, amendes...

**Impôt sur les bénéfices**

Il représente la charge d'impôt supportée par les sociétés soumises à l'impôt sur les sociétés (IS) : sociétés à responsabilité limitée (SARL), sociétés anonymes (SA)…).

Les *charges d'exploitation* comprennent les principaux postes suivants :

– *les achats de marchandises* corrigés corrigés de la variation de stock correspondante (*Stock initial – Stock final*) pour obtenir le coût d'achat des marchandises vendues ;

– *les achats de matières premières et d'autres approvisionnements* corrigés des variations de stock correspondantes (*Stock initial – Stock final*) pour obtenir le coût d'achat des matières et autres approvisionnements consommés ;

– *les autres achats et charges externes* (achats de fournitures non stockées et de services extérieurs) ;

– *les impôts, taxes et versements assimilés* (sauf l'impôt sur les bénéfices) ;

– *les charges de personnel* (rémunération du personnel et charges sociales afférentes) ;

– *les dotations aux amortissements, dépréciations et provisions* (charges calculées correspondant aux dépréciations définitives ou non des actifs, à des risques ou à des charges à couvrir).

### 2) Les produits

Les produits sont classés par nature à l'intérieur de chaque rubrique :

**Produits d'exploitation**

Ils représentent les ressources produites par l'activité normale de l'entreprise.

**Produits financiers**

Ils sont constitués des revenus financiers procurés par des placements, les escomptes obtenus.

**Produits exceptionnels**

Ce sont des produits occasionnés, essentiellement, par la cession d'éléments d'actif.

*Les produits d'exploitation* comprennent les principaux postes suivants :

– *les ventes de marchandises* (ventes de biens achetés en l'état) ;

– *la production vendue* (ventes de biens fabriqués et de services) ;

– *la production stockée* :

> Variation des stocks de produits = Stock final – Stock initial

– *la production immobilisée* (travaux réalisés par l'entreprise pour elle-même) ;

– *les produits des activités annexes* (produits qui ne proviennent pas de l'activité principale de l'entreprise : location de locaux par exemple) ;

– *les reprises sur charges calculées* et devenues sans objet.

## 3) Le résultat

Le résultat de l'exercice (*bénéfice* ou *perte*) est placé du côté *opposé* à sa nature afin d'équilibrer le compte de résultat. Le bénéfice est placé du côté des charges, la perte est placée du côté des produits :

| | | | | |
|---|---|---|---|---|
| Total des charges | + | Bénéfice | = | Total général |
| Total des produits | + | Perte | = | Total général |

## 4) La présentation du compte de résultat

La forme simplifiée du compte de résultat se présente comme suit :

| Charges (coûts) | | Compte de résultat | (revenus) Produits | |
|---|---|---|---|---|
| Charges d'exploitation | | Produits d'exploitation | | |
| Charges financières | | Produits financiers | | |
| Charges exceptionnelles | | Produits exceptionnels | | |
| Impôt sur les bénéfices | | | | |
| Résultat de l'exercice (bénéfice) | | Résultat de l'exercice (perte) | | |
| | Total général | | | Total général |

**Exemple**

Durant l'exercice N, la librairie *Lire* a effectué des achats de livres pour 15 000 €. Elle doit encore 1 600 € à ses fournisseurs à la clôture de l'exercice et ses clients lui doivent 3 000 €.

La librairie *Lire* a réalisé un chiffre d'affaires de 35 000 €. De plus, elle a :
– consommé pour 4 800 € de fournitures et de services ;
– supporté 6 960 € de charges de personnel et 120 € d'intérêts relatifs à un découvert bancaire passager.

Le stock final de livres s'élève à 9 500 € ; le stock initial était de 12 000 € (voir son bilan de départ, page 33).

*À la clôture de l'exercice*, l'entreprise doit dresser un compte de résultat afin de récapituler les charges et les produits de l'exercice, puis calculer son résultat.

Compte de résultat

| Charges | Exercice N | Produits | Exercice N |
|---|---|---|---|
| **Charges d'exploitation** | | **Produits d'exploitation** | |
| Achats de marchandises | 15 000 | Ventes de marchandises | 35 000 |
| Variation des stocks | 2 500 | | |
| Autres achats et charges externes | 4 800 | | |
| Charges de personnel | 6 960 | | |
| Total I | 29 260 | Total I | 35 000 |
| **Charges financières** | | **Produits financiers** | |
| Intérêts de l'emprunt | 120 | | |
| Total II | 120 | Total II | |
| **Charges exceptionnelles** | | **Produits exceptionnels** | |
| Total III | | Total III | |
| **Total des charges** | 29 380 | **Total des produits** | 35 000 |
| **Résultat de l'exercice** | | **Résultat de l'exercice** | |
| Bénéfice | 5 620 | Perte | |
| Total général | 35 000 | Total général | 35 000 |

Grâce au compte de résultat, nous savons que le résultat dégagé par l'activité de l'entreprise est un bénéfice de 5 620 €. Il a été obtenu par différence entre le total des produits (35 000 €) et le total des charges (29 380 €).

Le compte de résultat permet d'expliquer également comment le résultat s'est formé, en comparant les rubriques symétriques relatives à chaque activité :
– *activité d'exploitation* :
35 000 – 29 260 = 5 740 € (l'activité principale de l'entreprise est rentable)
– *activité financière* :
0 – 120 = – 120 € (l'activité financière est déficitaire)
– *activité exceptionnelle* : nulle.

D'où une activité globale de : 5 740 – 120 = 5 620 € (bénéfice)

# 4. LA VARIATION DU PATRIMOINE

## A - Le bilan de fin d'exercice

L'activité exercée par l'entreprise modifie son patrimoine :

– chaque coût engagé *appauvrit* le patrimoine : il entraîne soit une augmentation des éléments passifs, soit une diminution des éléments actifs ;

– chaque produit constaté *enrichit* le patrimoine : il provoque une augmentation des éléments actifs.

Il est donc utile, à la fin de l'exercice (d'une durée de 12 mois en principe), d'établir une nouvelle situation financière en présentant un bilan de fin d'exercice.

La comparaison entre le bilan établi au premier jour de l'exercice et celui établi au dernier jour de l'exercice fait apparaître une variation du patrimoine exprimant l'*enrichissement* ou l'*appauvrissement* constaté au cours de l'exercice et correspondant au résultat (bénéfice ou perte) déterminé au compte de résultat.

## B - La double détermination du résultat

Le bilan de fin d'exercice et le compte de résultat présentent le même résultat.

Il est constaté au bilan et expliqué au compte de résultat.

Nous pouvons donc écrire la relation suivante :

| | | |
|---|---|---|
| Résultat | = | Produits – Charges |
| | = | Variation des capitaux propres de l'exercice (provenant de l'activité de l'entreprise) |

**Exemple**

Au 31 décembre N, le patrimoine de la librairie *Lire* a évolué par rapport à sa situation initiale (voir bilan de départ page 33) :

– à l'actif :

• l'actif immobilisé n'a pas changé : 36 800 € ;

• le stock final de marchandises est de 9 500 € au lieu de 12 000 € au 2 janvier N : l'entreprise a consommé du stock au cours de l'exercice ;

• les créances clients sont de 3 000 € (ventes non encaissées) ;

• les disponibilités sont de 7 920 € au lieu de 1 200 € :

[1 200 + (35 000 – 3 000) – (15 000 – 1 600) – 4 800 – 6 960 – 120]

• total actif :

36 800 + 9 500 + 3 000 + 7 920 = 57 220 €

– au passif :

• les dettes fournisseurs sont de 1 600 € (achats non payés) ;

- les capitaux propres s'élèvent à 55 620 € :

    57 220 (éléments de l'actif) − 1 600 (éléments du passif) = 55 620 €

    au lieu de 50 000 € au début de l'exercice. L'entreprise s'est donc enrichie de 5 620 €. L'enrichissement qui correspond au résultat de l'exercice déterminé au compte de résultat.

- total passif :

    55 620 + 1 600 = 57 220 €

*Le bilan se présente comme suit* :

Bilan au 31/12/N

| Actif | | Exercice N | Passif | | Exercice N |
|---|---|---|---|---|---|
| Actif immobilisé | | | Capitaux propres | | |
| *Immobilisations corporelles* | | | Capital | | 50 000 |
| Mobilier | | 8 000 | Résultat | | + 5 620 |
| Rayonnage | | 16 200 | | | |
| Matériel | | 12 600 | | | |
| | Total I | 36 800 | | Total I | 55 620 |
| Actif circulant | | | Dettes | | |
| Stocks et en-cours | | 9 500 | *Dettes d'exploitation* | | |
| Clients | | 3 000 | Fournisseurs | | 1 600 |
| Disponibilités | | 7 920 | | | |
| | Total II | 20 420 | | Total II | 1 600 |
| | Total général | 57 220 | | Total général | 57 220 |

# 5. LA MODIFICATION DE LA STRUCTURE DU BILAN

Il existe des faits comptables qui n'enrichissent ni n'appauvrissent l'entreprise. Ils modifient uniquement les éléments constitutifs du patrimoine et ne concernent donc pas l'activité de l'entreprise : il s'agit des *opérations de patrimoine*.

### Exemple

La société Marec est constituée par un apport de 15 000 € déposé en banque. Son bilan de départ se présente ainsi :

Actif                                    Bilan de départ                                    Passif

| Actif circulant | | Capitaux propres | |
|---|---|---|---|
| Disponibilités | 15 000 | Capital | 15 000 |
| Total général | 15 000 | Total général | 15 000 |

Au cours de l'exercice, l'entreprise a emprunté 5 000 € à sa banque et a fait l'acquisition d'un matériel d'une valeur de 8 000 €, payé comptant.

*Ces deux opérations*, au moment où elles sont comptabilisées, ne concernent que le patrimoine de l'entreprise :
– l'emprunt augmente simultanément les dettes au passif et les disponibilités à l'actif de la même somme ;
– l'acquisition d'une immobilisation augmente l'actif immobilisé de 8 000 € et diminue les disponibilités du même montant.

La situation patrimoniale devient après ces deux opérations :

| Actif | | Bilan de fin d'exercice | Passif |
|---|---|---|---|
| **Actif immobilisé** | | **Capitaux propres** | |
| Immobilisations corporelles | 8 000 | Capital | 15 000 |
| **Actif circulant** | | **Dettes** | |
| Disponibilités* | 12 000 | Dettes financières | |
| | | Emprunt | 5 000 |
| Total général | 20 000 | Total général | 20 000 |

\* 15 000 + 5 000 – 8 000 = 12 000

La structure du patrimoine est modifiée mais le résultat immédiat est nul.


# 6. RÉSUMÉ

La logique de la double détermination du résultat et de l'évolution du patrimoine peut être résumée à l'aide du schéma suivant :

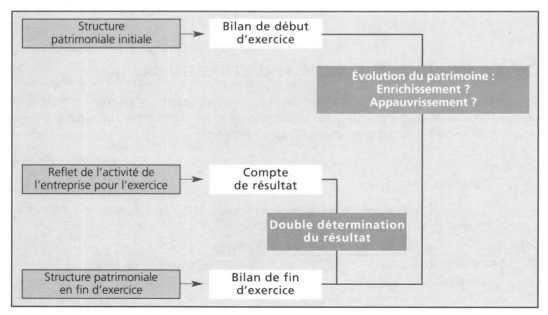

# CHAPITRE 4

# Les comptes et le principe de la partie double

## 1• LA NOTION DE COMPTE

Nous savons que les faits comptables influent sur le patrimoine en générant ou non un résultat. Or, il est impossible matériellement d'enregistrer directement les opérations comptables au bilan et au compte de résultat. Ceci entraînerait d'innombrables erreurs et obligerait la modification continuelle des tableaux de synthèse.

### A - Définition

Le PCG a prévu d'enregistrer les **faits comptables** dans des tableaux intitulés **comptes**. L'article 911-5 du PCG définit le compte comme « *la plus petite unité retenue pour le classement et l'enregistrement des mouvements comptables* ».

Le compte est un *outil pratique* qui est spécialisé dans **un seul type d'opérations** (achats, opérations bancaires…). Chaque compte permet de suivre en détail l'évolution en termes monétaires d'un élément constitutif du patrimoine ou d'un élément de l'activité de l'entreprise.

### B - La présentation du compte et la terminologie utilisée

#### 1) La présentation du compte

Le compte se présente sous la forme d'**un tableau à deux colonnes**.

Par convention, pour tous les comptes, qu'ils soient de bilan ou de gestion (compte de résultat) :

– la partie gauche s'intitule ⟹ *débit (D)*

– la partie droite s'intitule ⟹ *crédit (C)*

Par mesure de simplification, une présentation schématique, dite en *T*, est utilisée dans les ouvrages de comptabilité ou pour effectuer des exercices :

| Débit | Crédit |
|---|---|
|  |  |

La présentation la plus courante en comptabilité informatisée est la suivante :

| 607 – Achats de marchandises | | | |
|---|---|---|---|
| Dates | Libellés | Débit | Crédit |
| | | | |

Chaque compte est identifié par *un numéro et un intitulé*.

### 2) Les soldes du compte

Le solde d'un compte est la *différence* entre le total des sommes portées à son débit et le total des sommes portées à son crédit au cours d'une période donnée :

| Total débit – Total crédit | = | Solde |
|---|---|---|

Le solde d'un compte n'est *jamais négatif*, c'est-à-dire précédé du signe (–). Le solde d'un compte peut présenter *trois natures différentes*, selon l'importance de ses totaux :

Le solde renseigne sur la *situation* d'un compte à une date donnée. Lorsque le solde d'un compte est nul, ce compte est dit *soldé*.

Le solde de chaque compte est repris en fin d'exercice afin d'établir le compte de résultat et le bilan.

### 3) La clôture du compte

*À la fermeture du compte*, le solde se trouve du *côté opposé* à celui de sa nature de manière à respecter l'égalité :

| Total débit = Total crédit |
|---|

Le solde débiteur est porté du côté du crédit du compte tandis que le solde créditeur est placé du côté du débit.

### 4) La réouverture du compte

*À la réouverture du compte*, le solde se trouve toujours du *côté de sa nature*. Le solde débiteur est porté du côté du débit du compte tandis que le solde créditeur est inscrit du côté du crédit.

**Exemples**

La société Lanson vous communique la situation des comptes suivants :.

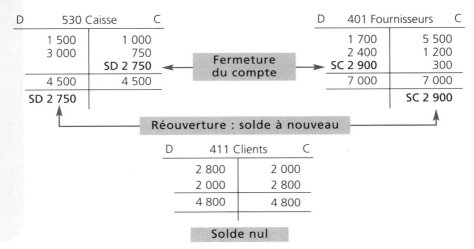

# 2. LE PLAN DE COMPTES

Le plan de comptes est la *liste intégrale des comptes* fournie par le PCG.

## A - Les classes

Le plan de comptes de la comptabilité générale se structure en **8 classes**. Le cadre de la comptabilité générale s'organise en trois parties :

- Comptes de bilan ;
- Comptes de gestion ;
- Comptes spéciaux.

Le tableau présenté page suivante résume la correspondance des classes avec les tableaux de synthèse :

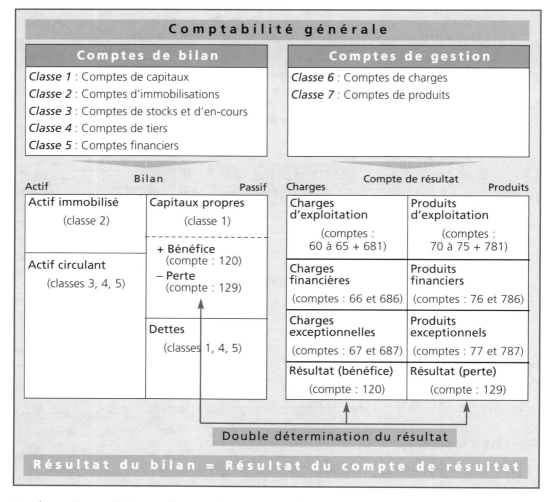

*La classe 8* est utilisée par l'entreprise pour satisfaire à certaines obligations d'information (engagements donnés ou reçus par l'entreprise ; par exemple : avals, cautions...), pour l'affectation du résultat de l'exercice précédent ainsi que pour la réouverture et la clôture des comptes de l'exercice.

## B - La codification

Chaque compte possède un *numéro* et un *intitulé*. Le PCG utilise le principe de la codification décimale. Celle-ci permet :

> de *trier* les opérations par grandes catégories (classes) ;

> d'*analyser* les opérations au sein de chaque catégorie ;

> de *faciliter* les regroupements en postes et rubiques.

## 1) Le cadre comptable

Le résumé du plan de comptes qui présente pour chaque classe la liste des comptes à deux chiffres constitue le cadre comptable (article 931-1 du PCG). Il est présenté page 46.

## 2) Les règles de codification

### a) Le principe

Le *premier chiffre* indique la classe à laquelle appartient le compte :

> 2 ⟶ Comptes d'immobilisations

Le *deuxième chiffre* exprime une division de la classe et constitue le numéro des comptes principaux :

> 21 ⟶ Immobilisations corporelles

Le *troisième chiffre* précise une subdivision du compte à deux chiffres :

> 211 ⟶ Terrains

Si besoin est, un compte à trois chiffres peut être subdivisé en comptes à quatre chiffres :

> 2111 ⟶ Terrains nus

La subdivision **maximale prévue est de six chiffres**.

Le PCG précise à l'article 933-1 : « *Lorsque les comptes prévus par les normes comptables ne suffisent pas à l'entreprise pour enregistrer distinctement toutes ses opérations, elle peut ouvrir toute subdivision nécessaire* ».

### b) Les particularités

Les comptes ayant un zéro (..**0**) final au troisième rang ou suivants sont des comptes de **regroupement** :

> 41**0** ⟶ Clients et comptes rattachés

Les numéros des comptes d'**amortissement** contiennent un huit (.**8**) au deuxième rang :

> 2**8**1 ⟶ Amortissements des immobilisations corporelles

Les numéros des comptes de **dépréciations** contiennent un neuf (.**9**) au deuxième rang :

> 3**9**1 ⟶ Dépréciation des matières premières

Le neuf (..**9**) au troisième rang d'un compte indique que celui-ci fonctionne en **sens inverse** par rapport aux comptes ayant le même radical à deux chiffres :

> 607 ⟶ Achats de marchandises

> 60**9**7 ⟶ Rabais, remises et ristournes obtenus sur achats de marchandises

# Cadre comptable

| | COMPTES DE BILAN | | | | | COMPTES DE GESTION | | COMPTES SPÉCIAUX |
|---|---|---|---|---|---|---|---|---|
| | Classe 1 — Comptes de capitaux (capitaux propres, autres fonds propres, emprunts et dettes assimilées) | Classe 2 — Comptes d'immobilisations | Classe 3 — Comptes de stocks et en-cours | Classe 4 — Comptes de tiers | Classe 5 — Comptes financiers | Classe 6 — Comptes de charges | Classe 7 — Comptes de produits | Classe 8 |
| 0 | 10. Capital et réserves | 20. Immobilisations incorporelles | 30. – | 40. Fournisseurs et comptes rattachés | 50. Valeurs mobilières de placement | 60. Achats (sauf 603) 603. Variation des stocks (approvisionnements et marchandises) | 70. Ventes de produits fabriqués, prestations de services, marchandises | Cette classe de comptes regroupe les comptes spéciaux qui n'ont pas leur place dans les classes 1 à 7 |
| 1 | 11. Report à nouveau | 21. Immobilisations corporelles | 31. Matières premières (et fournitures) | 41. Clients et comptes rattachés | 51. Banques, établissements financiers et assimilés | 61. Services extérieurs | 71. Production stockée (ou déstockage) | |
| 2 | 12. Résultat de l'exercice | 22. Immobilisations mises en concession | 32. Autres approvisionnements | 42. Personnel et comptes rattachés | 52. Instruments de Trésorerie | 62. Autres services extérieurs | 72. Production immobilisée | |
| 3 | 13. Subventions d'investissement | 23. Immobilisations en cours | 33. En-cours de production de biens | 43. Sécurité sociale et autres organismes sociaux | 53. Caisse | 63. Impôts, taxes et versements assimilés | | |
| 4 | 14. Provisions réglementées | 24. – | 34. En-cours de production de services | 44. État et autres collectivités publiques | 54. Régies d'avances et accréditifs | 64. Charges de personnel | 74. Subventions d'exploitation | |
| 5 | 15. Provisions pour risques et charges | 25. – | 35. Stocks de produits | 45. Groupe et associés | 55. – | 65. Autres charges de gestion courante | 75. Autres produits de gestion courante | |
| 6 | 16. Emprunts et dettes assimilées | 26. Participations et créances rattachées à des participations | 36. – | 46. Débiteurs divers et créditeurs divers | 56. – | 66. Charges financières | 76. Produits financiers | |
| 7 | 17. Dettes rattachées à des participations | 27. Autres immobilisations financières | 37. Stocks de marchandises | 47. Comptes transitoires ou d'attente | 57. – | 67. Charges exceptionnelles | 77. Produits exceptionnels | |
| 8 | 18. Comptes de liaison des établissements et sociétés en participation | 28. Amortissements des immobilisations | 38. – | 48. Comptes de régularisation | 58. Virements internes | 68. Dotations aux amortissements, dépréciations et provisions | 78. Reprises sur amortissements, dépréciations et provisions | |
| 9 | 19. – | 29. Dépréciations des immobilisations | 39. Dépréciations des stocks et en-cours | 49. Dépréciations des comptes de tiers | 59. Dépréciations des comptes financiers | 69. Participation des salariés, impôts sur les bénéfices et assimilés | 79. Transfert de charges | |

D'autre part, il existe certaines analogies et symétries, telles que :

> 6  **5** Autres *charges* de gestion courante
>
> 7  **5** Autres *produits* de gestion courante
>
> 3  **1** Stocks de matières premières
>
> 60 **1** Achats de matières premières

### 3) Les différents systèmes

Il est évident que toutes les entreprises n'ont pas les mêmes besoins en matière d'obligations comptables. Le PCG prévoit à l'article 932-1 cette éventualité en proposant trois systèmes qui permettent de détailler plus ou moins les informations :

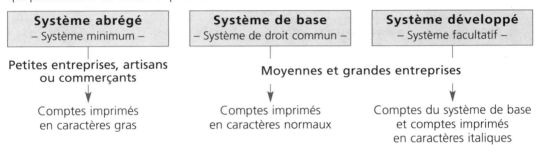

## 3. LA PARTIE DOUBLE

L'objet de la comptabilité est d'*enregistrer toutes les opérations* issues de l'activité économique de l'entreprise et qui modifient son patrimoine afin de dresser ultérieurement :

– une image fidèle de son patrimoine ⟹ le bilan

– un film de son activité ⟹ le compte de résultat

L'activité économique de l'entreprise s'exprime par des échanges et des transactions avec des tiers, appelés *opérations*.

## A - L'analyse des flux

Les opérations sont décrites comme des *flux ou des mouvements*. Chaque opération se caractérise par un double flux :

– flux de biens ou de services (flux réel) ;

– flux monétaire ou financier.

**Exemples**

L'entreprise Laurent achète des marchandises pour 300 €, réglées par chèque bancaire, à son fournisseur Myriam.

L'entreprise Laurent vend des marchandises pour 750 €, réglées par chèque bancaire, à son client Havy.

Le travail comptable consiste à analyser chaque opération simultanément en :

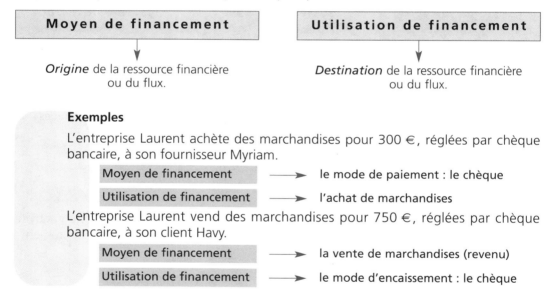

**Exemples**

L'entreprise Laurent achète des marchandises pour 300 €, réglées par chèque bancaire, à son fournisseur Myriam.

Moyen de financement ⟶ le mode de paiement : le chèque

Utilisation de financement ⟶ l'achat de marchandises

L'entreprise Laurent vend des marchandises pour 750 €, réglées par chèque bancaire, à son client Havy.

Moyen de financement ⟶ la vente de marchandises (revenu)

Utilisation de financement ⟶ le mode d'encaissement : le chèque

# B - Les notions d'emplois et de ressources

## 1) L'analyse des opérations

Pour chacune des opérations réalisées par l'entreprise, le comptable distingue :

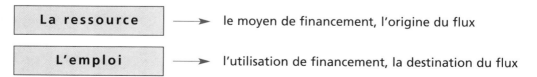

**Exemples**

L'entreprise Laurent achète des marchandises pour 300 €, réglées par chèque bancaire, à son fournisseur Myriam.

| Ressource | ⟶ le chèque |

| Emploi | ⟶ l'achat de marchandises |

L'entreprise Laurent vend des marchandises pour 750 €, réglées par chèque bancaire, à son client Havy.

| Ressource | ⟶ la vente de marchandises |

| Emploi | ⟶ le chèque |

*La ressource* peut être, selon la nature de l'opération, un flux de biens ou de services, ou un flux financier.

*L'emploi* peut être, selon la nature de l'opération, un flux de biens ou de services, ou un flux financier.

Toutefois, la ressource est toujours un ***moyen de financement*** et l'emploi représente toujours une ***utilisation de financement***.

De l'analyse des opérations en *Emploi / Ressource* découle l'égalité économique suivante pour chaque opération :

$$\boxed{\text{Emploi} = \text{Ressource}}$$

En effet, à chaque ressource correspond un emploi.

## 2) La traduction comptable

Les opérations comptables s'enregistrent dans les comptes affectés à chaque catégorie d'opérations par le PCG.

Il convient d'étudier maintenant comment l'enregistrement s'effectue dans les comptes.

Chaque opération est comptabilisée sous deux aspects :

– la ressource ;

– l'emploi ;

et par conséquent dans ***deux comptes différents au minimum*** :

– un compte qui enregistre la ressource ;

– un compte qui enregistre l'emploi.

Par convention :

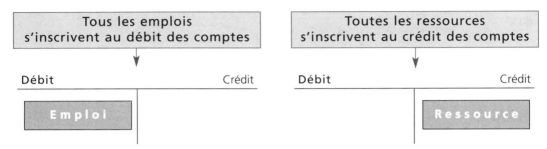

Nous constatons pour chaque opération :

Emploi = Ressource

Débit = Crédit

Pour mémoriser la convention *emploi au débit* et *ressource au crédit*, on retient le principe mnémotechnique suivant :

- D comme **Débit**, E comme **E**mploi : premières lettres du mot **Débit** ;
- C comme **crédit**, R comme **R**essource : premières lettres du mot **Crédit**.

**Exemples**

L'entreprise Laurent achète des marchandises pour 300 €, réglées par chèque bancaire, à son fournisseur Myriam.

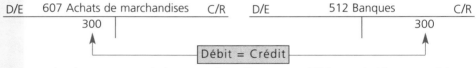

L'entreprise Laurent vend des marchandises pour 750 €, réglées par chèque bancaire, à son client Havy.

Les étapes de l'analyse comptable peuvent se résumer ainsi :

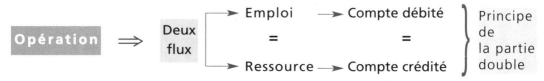

Une opération peut se caractériser par :

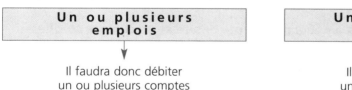

| Un ou plusieurs emplois | Une ou plusieurs ressources |
|---|---|
| ↓ | ↓ |
| Il faudra donc débiter un ou plusieurs comptes | Il faudra donc créditer un ou plusieurs comptes |

## C - La partie double et la double détermination du résultat

Les comptes enregistrent en valeur monétaire les mouvements des opérations :

– mouvements qui *augmentent* la valeur des comptes ;

– mouvements qui *diminuent* la valeur des comptes.

Le mécanisme de la partie double peut également s'expliquer à partir de l'égalité fondamentale étudiée précédemment :

$$\underset{\text{(compte de résultat)}}{\text{Résultat = Produits – Charges}} = \underset{\text{(bilan)}}{\text{Actif – Passif}}$$

d'où :

$$\text{Charges + Actif = Produits + Passif}$$

Pour respecter cette égalité, il est nécessaire :

– que *les comptes de charges et d'actif* fonctionnent de la même manière ;

– que *les comptes de produits et de passif* fonctionnent de manière identique, mais en sens inverse du point précédent.

Par convention :

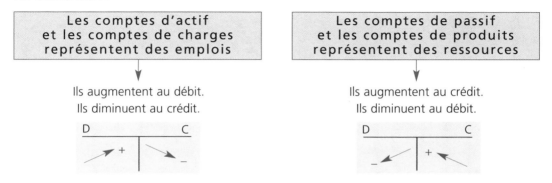

| Les comptes d'actif et les comptes de charges représentent des emplois | Les comptes de passif et les comptes de produits représentent des ressources |
|---|---|
| ↓ | ↓ |
| Ils augmentent au débit. Ils diminuent au crédit. | Ils augmentent au crédit. Ils diminuent au débit. |

Une opération n'entraîne pas systématiquement une augmentation d'un compte et une diminution d'un autre compte.

Deux comptes concernant la même opération peuvent *augmenter ou diminuer ensemble*.

En revanche, dans tous les cas, il y aura *un compte débité et un compte crédité*.

**Exemples**

L'entreprise Laurent achète des marchandises pour 300 €, réglées par chèque bancaire, à son fournisseur Myriam.

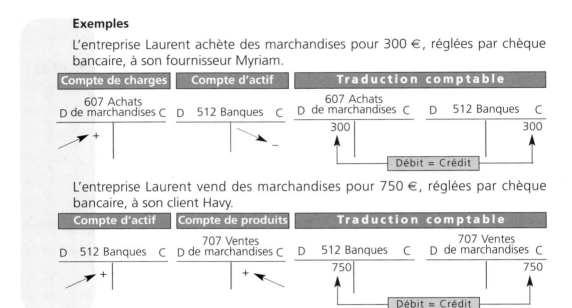

L'entreprise Laurent vend des marchandises pour 750 €, réglées par chèque bancaire, à son client Havy.

**Synthèse**

Enregistrer les opérations suivantes dans les comptes :

1 – Paiement en espèces des frais postaux : 28 €
2 – Emprunt auprès de la banque, montant viré sur le compte : 20 000 €
3 – Règlement de frais de port, par chèque postal : 36 €
4 – Vente de marchandises à crédit au client Diva : 8 162 €
5 – Achat d'un ordinateur de bureau, règlé par chèque bancaire : 1 450 €
6 – Dépôt d'espèces auprès de la banque : 500 €
7 – Achat de marchandises à crédit au fournisseur Légo : 6 450 €
8 – Règlement des salaires par virements bancaires : 4 800 €

L'enregistrement de ces opérations dans les comptes est la suivante :

1 – Paiement en espèces des frais postaux : 28 €

| D/E | 626 Frais postaux et de télécommunications | C/R | D/E | 531 Caisse | C/R |
|---|---|---|---|---|---|
| 28 | | | | 28 | |

2 – Emprunt auprès de la banque, montant viré sur le compte : 20 000 €

| D/E | 512 Banques | C/R | D/E | 164 Emprunts auprès des établissements de crédit | C/R |
|---|---|---|---|---|---|
| 20 000 | | | | 20 000 | |

3 – Règlement de frais de port, par chèque postal : 36 €

| D/E | 624 Transports de biens | C/R | D/E | 514 Chèques postaux | C/R |
|---|---|---|---|---|---|
| 36 | | | | 36 | |

4 – Vente de marchandises à crédit au client Diva : 8 162 €

| D/E | 411 Clients | C/R | D/E | 707 Ventes de marchandises | C/R |
|---|---|---|---|---|---|
| 8 162 | | | | 8 162 | |

**5** – Achat d'un ordinateur de bureau, réglé par chèque bancaire : 1 450 €

| D/E | 2183 Matériel de bureau et matériel informatique | C/R | | D/E | 512 Banques | C/R |
|-----|-----|-----|---|-----|-----|-----|
| | 1 450 | | | | | 1 450 |

**6** – Dépôt d'espèces auprès de la banque : 500 €

| D/E | 512 Banques | C/R | | D/E | 530 Caisse | C/R |
|-----|-----|-----|---|-----|-----|-----|
| | 500 | | | | | 500 |

**7** – Achat de marchandises à crédit au fournisseur Légo : 6 450 €

| D/E | 607 Achats de marchandises | C/R | | D/E | 401 Fournisseurs | C/R |
|-----|-----|-----|---|-----|-----|-----|
| | 6 450 | | | | | 6 450 |

**8** – Règlement des salaires par virements bancaires : 4 800 €

| D/E | 641 Rémunérations du personnel | C/R | | D/E | 512 Banques | C/R |
|-----|-----|-----|---|-----|-----|-----|
| | 4 800 | | | | | 4 800 |

# CHAPITRE 5

# L'organisation comptable

## 1 • PRINCIPES

La comptabilité générale *saisit et classe* toutes les données nécessaires à la réalisation de son objet qui est, rappelons-le, de fournir des informations financières historiques aux tiers et aux chefs d'entreprise, en respectant les normes comptables et les obligations légales.

D'après le PCG, l'organisation comptable de l'entreprise se matérialise par un plan de comptes, des supports et des procédures de traitement.

Tout enregistrement comptable précise *l'origine, le contenu et l'imputation* de chaque donnée, ainsi que les *références* de la pièce justificative qui l'appuie.

## 2 • L'ORGANISATION COMPTABLE DE BASE

L'organisation comptable de base (*système classique*) se présente comme suit :

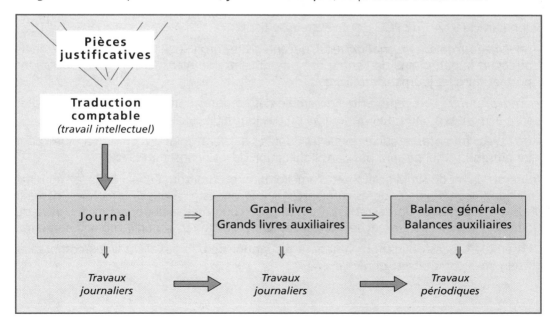

## A - Les pièces comptables

Les documents fournissent les données introduites dans le système d'organisation comptable. Ils s'intitulent alors *pièces justificatives*.

L'article 922-2 du PCG précise : « *Chaque écriture s'appuie sur une pièce justificative datée, établie sur papier ou sur un support assurant la fiabilité, la conservation et la restitution en clair de son contenu pendant les délais requis* ».

Les pièces justificatives (conservées pendant dix ans) sont :

– *créées par l'entreprise* comme *documents internes* : factures (FA) destinées aux clients, pièces de caisse (PC) concernant les encaissements et décaissements en espèces, bulletins de paie remis aux salariés, chèques (CH) et ordres de virement (VIR) établis par l'entreprise…) ;

– *créées par des tiers* comme *documents externes* : factures émises par les fournisseurs, extraits de compte expédiés par les banques, chèques ou virements reçus des clients….

Les avancées technologiques et législatives permettent aux entreprises la mise en place progressive de processus de dématérialisation des pièces justificatives (factures, bulletins de paie, déclarations sociales…) à partir de procédés sécurisés de télétransmission.

La dématérialisation des pièces justificatives doit s'effectuer dans le respect des règles comptables et fiscales en matière de télétransmission, de traitement comptable et de contrôle.

## B - Les supports comptables

Selon l'article 912-1 du PCG, toute entreprise tient :

– un *livre-journal* ou *journal général*, qui enregistre chronologiquement les mouvements affectant le patrimoine de l'entreprise ou qui centralise mensuellement les opérations portées dans les journaux auxiliaires ;

– un *grand livre*, qui représente l'ensemble des comptes d'une entreprise. Les comptes sont alimentés à partir du livre-journal ou des journaux auxiliaires ;

– un *livre d'inventaire*, qui regroupe les données d'inventaire et les comptes annuels pour les entreprises qui ne sont pas dans l'obligation de les déposer au greffe.

Toutefois, la loi de simplification et d'amélioration du droit du 17 mai 2011 a supprimé l'obligation comptable pour les commerçants, personnes physiques ou morales, de tenir un livre d'inventaire. Un décret est attendu pour confirmer sa suppression définitive du Code de commerce. En revanche, l'obligation annuelle d'effectuer un inventaire demeure.

L'ensemble de ces obligations amène à distinguer deux types de travaux comptables au sein de la comptabilité générale.

| Comptabilité générale | |
|---|---|
| **Traduction comptable des opérations courantes** | **Inventaire** |
| Enregistrement jour par jour des faits comptables réalisés par l'entreprise au cours de l'exercice. | Ensemble des opérations permettant de recenser les éléments du patrimoine de l'entreprise et de déterminer le résultat exact en fin d'exercice.<br><br>Établissement des documents de synthèse. |

## 1) Le journal

Le livre-journal, couramment appelé le *journal*, est un registre ou livre comptable à colonnes destiné à enregistrer au jour le jour, c'est-à-dire *chronologiquement*, les opérations matérialisées par des documents.

Chaque écriture doit comporter les renseignements suivants :

– *date* de l'opération ;

– les *numéros et les intitulés des comptes* mouvementés (issus du PCG) ;

– la (ou les) *valeur*(s) portée(s) au *débit* ;

– la (ou les) *valeur*(s) portée(s) au *crédit* ;

– le *libellé* (nature et référence de la pièce justificative, nom du tiers concerné).

La présentation classique d'une écriture (dénommé *article*) au journal est la suivante :

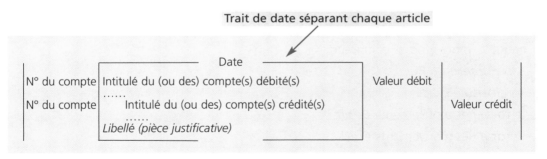

L'égalité :

**Colonne débit = Colonne crédit**

doit toujours être respectée, ce qui prouve que la partie double a bien été appliquée.

### 2) Le grand livre

Le grand livre est l'*ensemble des comptes* d'une entreprise (y compris les comptes collectifs « 401 Fournisseurs » et « 411 Clients »). Les comptes sont alimentés en renseignements à partir du journal. Le grand livre éclate donc les renseignements chronologiques du journal par nature d'opérations, dans les différents comptes concernés.

Les éléments essentiels suivants doivent figurer sur chaque compte du grand livre :

– la *date* de l'opération ;

– la *somme* (placée suivant la nature de l'opération au débit ou au crédit) ;

– le *nom du compte* qui joue en contrepartie ;

– la *page du journal* où l'opération est inscrite afin de retrouver le libellé.

Le grand livre auxiliaire (*GLA*) représente l'ensemble des comptes de tiers individuels fournisseurs et clients. Il permet de connaître la situation particulière de chaque client et de chaque fournisseur.

### 3) La balance

La balance générale est un tableau dans lequel sont *reportés* les comptes du grand livre dans l'ordre du PCG.

Sa présentation est la suivante :

| Numéros | Intitulés | Mouvements | | Soldes | |
|---------|-----------|------------|--------|--------|----------|
| | | Débit | Crédit | Débiteur | Créditeur |
| | | | | | |

Chaque compte reporté comprend :

– son *numéro* du PCG ;

– son *intitulé* exact ;

– le *total* des mouvements *Débit* ;

– le *total* des mouvements *Crédit* ;

– le *solde* qui en découle (solde nul, solde débiteur ou solde créditeur).

La balance générale est établie périodiquement, généralement *tous les mois*. Elle est à la base de l'établissement des comptes annuels (bilan, compte de résultat et annexe).

Les *vérifications* arithmétiques suivantes peuvent être effectuées :

| Vérifications | Sources |
|---|---|
| Total des débits = Total des crédits | Égalité issue du principe de la partie double |
| Total des mouvements = Total du journal | Égalité issue du report des écritures du journal dans le grand livre |
| Total des soldes débiteurs = Total des soldes créditeurs | Égalité issue du report du grand livre à la balance |

Notons toutefois que la vérification arithmétique ne permet pas d'affirmer l'exactitude du choix des imputations comptables.

La balance est aussi un outil d'appréciation de :

*Les balances auxiliaires* (ou relevés nominatifs) sont des documents récapitulatifs de tous les comptes de tiers individuels (clients et fournisseurs) ; elles sont établies à partir des grands livres auxiliaires.

**Exemple**

Le patrimoine de l'entreprise Guliver, agence de voyages, au 1er janvier N, date de sa création, comporte les éléments suivants :

– liquidités en banque :       3 300 €

– matériel de bureau :       4 000 €

– mobilier :       6 200 €

– emprunt :       5 000 €

– espèces en caisse :       1 500 €

– capital :       10 000 €

Après avoir comptabilisé l'écriture de création de l'entreprise, enregistrer les opérations du mois de janvier au journal et au grand livre puis établir la balance et les tablaux de synthèse :

3/1 : acquisition à crédit d'un ordinateur portable :       3 000 €

4/1 : payé par chèque bancaire des frais de publicité :       410 €

7/1 : retrait d'espèces de la banque pour alimenter la caisse :       300 €

8/1 : achats à crédit de séjours auprès de fournisseurs :       2 000 €

10/1 : reçu des règlements pour ventes de prestations au comptant :

      – en espèces :       2 500 €

      – par chèques bancaires :       4 800 €

11/1 : achats à crédit de séjours organisés auprès de fournisseurs :  3 000 €

13/1 : paiement du loyer par chèque :       1 800 €

17/1 : achats de fournitures de bureau à crédit :       300 €

20/1 : vente à crédit de l'ensemble des séjours organisés :       7 000 €

25/1 : payé par chèques bancaires des fournisseurs :       2 000 €

30/1 : paiement des salaires par chèque :       1 800 €

**Attention !** *Par simplification, il n'est pas tenu compte de la TVA*

## Le journal

L'énoncé fournit les données qui vont être introduites dans le système d'organisation comptable. Dans un premier temps, les opérations sont enregistrées chronologiquement au journal.

| | 1/1 | | |
|---|---|---|---|
| 2183 | Matériel de bureau et matériel informatique | 4 000,00 | |
| 2184 | Mobilier | 6 200,00 | |
| 512 | Banques | 3 300,00 | |
| 531 | Caisse | 1 500,00 | |
| 101 |     Capital | | 10 000,00 |
| 164 |     Emprunts auprès des établissements de crédit | | 5 000,00 |
| | *Création de la société Guliver ; CH n° …* | | |

| | | | |
|---|---|---:|---:|
| | ──────── 3/1 ──────── | | |
| 2183 | Matériel de bureau et matériel informatique | 3 000,00 | |
| 404 |     Fournisseurs d'immobilisations | | 3 000,00 |
| | *X FA n° ...* | | |
| | ──────── 4/1 ──────── | | |
| 623 | Publicité, publications, relations publiques | 410,00 | |
| 512 |     Banques | | 410,00 |
| | *Y FA n° ... ; CH n° ...* | | |
| | ──────── 7/1 ──────── | | |
| 531 | Caisse | 300,00 | |
| 512 |     Banques | | 300,00 |
| | *PC n° ...* | | |
| | ──────── 8/1 ──────── | | |
| 604 | Achats de prestations de services | 2 000,00 | |
| 401 |     Fournisseurs | | 2 000,00 |
| | *A, B, C FA n° ..., n° ..., n° ...* | | |
| | ──────── 10/1 ──────── | | |
| 512 | Banques | 4 800,00 | |
| 531 | Caisse | 2 500,00 | |
| 706 |     Prestations de services | | 7 300,00 |
| | *G, H, I , FA n° ..., FA n° ..., FA n° ... ; CH n° ... ; PC N° ...* | | |
| | ──────── 11/1 ──────── | | |
| 604 | Achats de prestations de services | 3 000,00 | |
| 401 |     Fournisseurs | | 3 000,00 |
| | *A, B, C FA n° ..., n° ..., n° ...* | | |
| | ──────── 13/1 ──────── | | |
| 613 | Locations | 1 800,00 | |
| 512 |     Banques | | 1 800,00 |
| | *Quittance n° ... ; CH n° ...* | | |
| | ──────── 17/1 ──────── | | |
| 606 | Achats non stockés | 300,00 | |
| 401 |     Fournisseurs | | 300,00 |
| | *Z FA n° ...* | | |
| | ──────── 20/1 ──────── | | |
| 411 | Clients | 7 000,00 | |
| 706 |     Prestations de services | | 7 000,00 |
| | *U, V, T FA n° ..., n° ..., n° ...* | | |
| | ──────── 25/1 ──────── | | |
| 401 | Fournisseurs | 2 000,00 | |
| 512 |     Banques | | 2 000,00 |
| | *A, B, C CH n° ..., n° ..., n° ...* | | |
| | ──────── 30/1 ──────── | | |
| 641 | Rémunérations du personnel | 1 800,00 | |
| 512 |     Banques | | 1 800,00 |
| | *T Bulletin n° ... ; CH n° ...* | | |
| | À reporter | 43 910,00 | 43 910,00 |

Pour chaque article, nous avons :

Débit  =  Crédit

et à la fin du mois de janvier, le journal présente l'égalité :

Total débit  =  Total crédit

43 910  =  43 910

## Le grand livre

Les reports sont effectués, après chaque opération, du journal au grand livre :

**512 Banques**

| D | C |
|---|---|
| 3 300 | 410 |
| 4 800 | 300 |
| | 1 800 |
| | 2 000 |
| | 1 800 |
| SD 1 790 | |

**531 Caisse**

| D | C |
|---|---|
| 1 500 | |
| 300 | |
| 2 500 | SD 4 300 |

**2184 Mobilier**

| D | C |
|---|---|
| 6 200 | |
| | SD 6 200 |

**2183 Matériel de bureau et matériel informatique**

| D | C |
|---|---|
| 4 000 | |
| 3 000 | SD 7 000 |

**164 Emprunts auprès des établissements de crédit**

| D | C |
|---|---|
| | 5 000 |
| SC 5 000 | |

**101 Capital**

| D | C |
|---|---|
| | 10 000 |
| SC 10 000 | |

**401 Fournisseurs**

| D | C |
|---|---|
| 2 000 | 2 000 |
| | 3 000 |
| | 300 |
| SC 3 300 | |

**623 Publicité, publications, relations publiques**

| D | C |
|---|---|
| 410 | |
| | SD 410 |

**706 Prestations de services**

| D | C |
|---|---|
| | 2 500 |
| | 4 800 |
| | 7 000 |
| SC 14 300 | |

**604 Achats de prestations de services**

| D | C |
|---|---|
| 2 000 | |
| 3 000 | |
| SD 5 000 | |

**613 Locations**

| D | C |
|---|---|
| 1 800 | |
| | SD 1 800 |

**606 Achats non stockés**

| D | C |
|---|---|
| 300 | |
| | SD 300 |

| D | 641 Rémunérations<br>du personnel | C | | D | 411 Clients | C | | D | 404 Fournisseurs<br>d'immobilisations | C |
|---|---|---|---|---|---|---|---|---|---|---|
| | 1 800 | | | | 7 000 | | | | | 3 000 |
| | | **SD** 1 800 | | | | **SD** 7 000 | | | **SC** 3 000 | |

## La balance

La balance fournit la situation de chaque compte de l'entreprise :

| Numéro | Intitulés | Mouvements | | Soldes | |
|---|---|---|---|---|---|
| | | **Débit** | **Crédit** | **Débiteur** | **Créditeur** |
| 101 | Capital | | 10 000 | | 10 000 |
| 164 | Emprunts auprès des établissements de crédit | | 5 000 | | 5 000 |
| 2183 | Matériel de bureau et matériel informatique | 7 000 | | 7 000 | |
| 2184 | Mobilier | 6 200 | | 6 200 | |
| 401 | Fournisseurs | 2 000 | 5 300 | | 3 300 |
| 404 | Fournisseurs d'immobilisations | | 2 200 | | 2 200 |
| 411 | Clients | 7 000 | | 7 000 | |
| 512 | Banques | 8 100 | 6 310 | 1 790 | |
| 531 | Caisse | 4 300 | | 4 300 | |
| 604 | Achats de prestations de services | 5 000 | | 5 000 | |
| 606 | Achats non stockés | 300 | | 300 | |
| 613 | Locations | 1 800 | | 1 800 | |
| 623 | Publicité, publications, relations publiques | 410 | | 410 | |
| 641 | Rémunérations du personnel | 1 800 | | 1 800 | |
| 706 | Ventes de prestations de services | | 14 300 | | 14 300 |
| | **Totaux** | 43 910 | 43 910 | 35 600 | 35 600 |

Les égalités suivantes sont constatées :

Total des débits = Total des crédits
**43 910**          **43 910**

Total des mouvements = Total du journal
**43 910**          **43 910**

Total des soldes débiteurs = Total des soldes créditeurs
**35 600**          **35 600**

## Les tableaux de synthèse

À partir des soldes de la balance, le bilan et le compte de résultat peuvent être établis. Ainsi, on obtient une vue du résultat provisoire de l'entreprise.

**Bilan au 30 janvier N**

| Actif | Exercice N | Passif | Exercice N |
|---|---|---|---|
| **Actif immobilisé** | | **Capitaux propres** | |
| *Immobilisations corporelles* | | Capital | 10 000 |
| Matériel de bureau | 7 000 | Résultat | 4 990 |
| Mobilier | 6 200 | | |
| Total I | 13 200 | Total I | 14 990 |
| **Actif circulant** | | **Dettes** | |
| Créances clients | 7 000 | *Dettes financières* | |
| Disponibilités[1] | 6 090 | Emprunts | 5 000 |
| | | *Dettes d'exploitation* | |
| | | Fournisseurs | 3 500 |
| | | *Dettes diverses* | |
| | | Fournisseurs d'immobilisations | 3 000 |
| Total II | 13 090 | Total II | 11 300 |
| Total général | 26 290 | Total général | 26 290 |

(1) 1 790 + 4 300

**Double détermination du résultat**

**Compte de résultat**

| Charges | Exercice N | Produits | Exercice N |
|---|---|---|---|
| **Charges d'exploitation** | | **Produits d'exploitation** | |
| Achats de marchandises | 5 000 | Prestations de services | 14 300 |
| Autres charges externes | 2 510 | | |
| Charges de personnel | 1 800 | | |
| Total I | 9 310 | Total I | 14 300 |
| **Charges financières** | | **Produits financiers** | |
| Total II | | Total II | |
| **Charges exceptionnelles** | | **Produits exceptionnels** | |
| Total III | | Total III | |
| **Total des charges** | 9 310 | **Total des produits** | 14 300 |
| **Résultat de l'exercice** | | **Résultat de l'exercice** | |
| Bénéfice | 4 990 | Perte | |
| Total général | 14 300 | Total général | 14 300 |

Le principe de la double détermination du résultat est respecté.

# C - L'inventaire

Selon l'article 912-3 du PCG : « *Toute entité contrôle au moins une fois tous les douze mois les données d'inventaire. L'inventaire est un relevé de tous les éléments d'actif et de passif, au regard desquels sont mentionnées la quantité et la valeur de chacun d'eux à la date d'inventaire. Les données d'inventaire sont conservées et organisées de manière à justifier le contenu de chacun des postes du bilan.».*

Il n'est plus obligatoire de regrouper les données d'inventaire (voir page 66) sur le *livre d'inventaire* car ce dernier est considéré comme faisant double emploi avec les comptes annuels.

À partir de la dernière balance de vérification de l'exercice (balance avant inventaire), l'entreprise effectue les différents travaux résumés dans le schéma suivant :

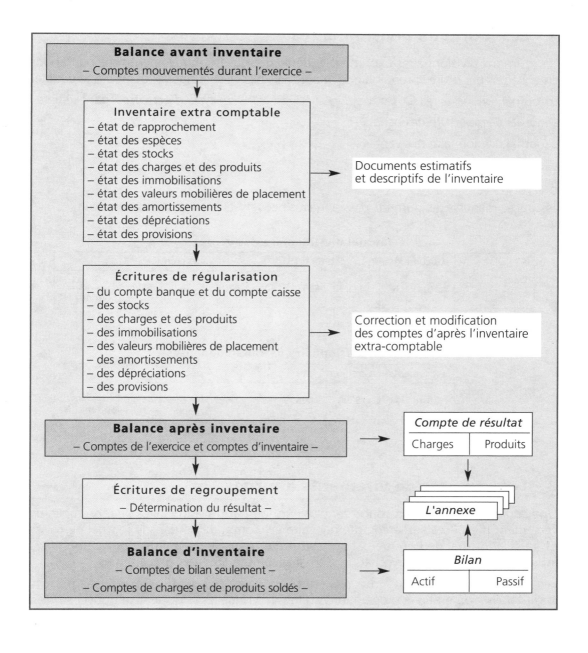

# 3. LE SYSTÈME CENTRALISATEUR

Pour des raisons d'organisation et de division du travail, l'entreprise est amenée à diviser le journal enregistrant jour par jour les opérations de l'entreprise en plusieurs journaux appelés *journaux divisionnaires* ou *journaux auxiliaires*.

Le livre-journal et le grand livre gardent alors un rôle de **centralisateur**, au moins mensuellement.

## A - Les journaux divisionnaires

Les journaux divisionnaires expriment le détail de tous les mouvements des opérations enregistrées par ordre chronologique, d'après les pièces comptables, et en partie double.

Le journal divisionnaire (*JD*) est toujours spécialisé dans *un type d'écritures*, par exemple :

– journal divisionnaire des achats ;

– journal divisionnaire des ventes ;

– journal divisionnaire de trésorerie ;

– …

Les tracés manuels de journaux divisionnaires peuvent être présentés comme suit :

**Journal divisionnaire des ventes**

| Date | Libellé | Documents | | À débiter | | À créditer | | | | | |
|------|---------|-----------|-----|-----|-----|-----|-----|-----|-------|--------|-----|
| | | Nature | N° | 411 | 665 | 701 | 706 | 707 | 44571 | Divers | |
| | | | | | | | | | | Somme | N° |
| | | | | | | | | | | | |

**Journal divisionnaire de caisse dépenses**

| Date | Libellé | Documents | | À créditer | À débiter | | | | | | |
|------|---------|-----------|-----|-----|-----|-----|-----|-----|-------|--------|-----|
| | | Nature | N° | 530 | 606 | 621 | 622 | 6.. | 44566 | Divers | |
| | | | | | | | | | | Somme | N° |
| | | | | | | | | | | | |

## B - Les comptes de virements internes

*Une seule opération* peut concerner plusieurs journaux divisionnaires ; par exemple, un versement d'espèces sur le compte bancaire est comptabilisé dans le journal de caisse et dans le journal de banque. Afin d'éviter d'enregistrer deux fois l'opération, il est indispensable d'utiliser dans chaque journal le compte *58 Virements internes*.

Les comptes de virements internes sont des **comptes de liaison** utilisés pour la comptabilisation pratique d'opérations au terme desquelles ils doivent se trouver **soldés**.

## C - Le livre-journal général

À chaque fin de mois, les journaux divisionnaires sont totalisés. Les totaux des journaux sont enregistrés sur le livre-journal général (ou journal centralisateur). Cette opération est appelée la *centralisation*.

Toutefois, les personnes physiques ou morales, bénéficiant de la présentation simplifiée des comptes annuels, peuvent centraliser leurs écritures comptables trimestriellement.

## D - Le schéma d'organisation du système centralisateur

Le schéma se présente ainsi :

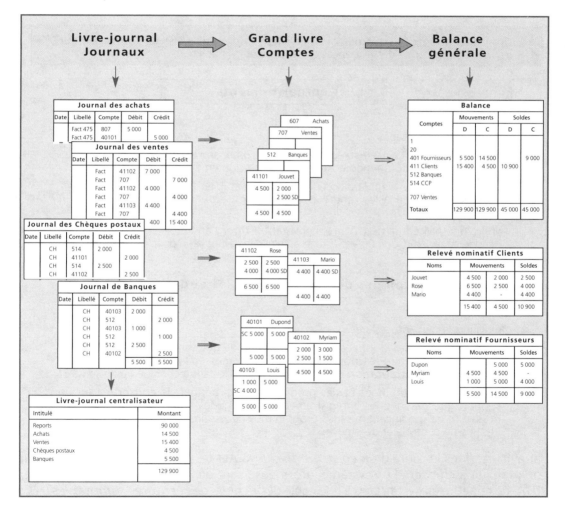

## E - Le traitement informatisé de la comptabilité

### 1) Les règles

Pour informatiser sa comptabilité, l'entreprise a le choix entre **plusieurs outils informatiques de gestion** (progiciel traditionnel, progiciel de gestion intégré, fournisseur d'applications hébergées) plus ou moins complexes, selon sa taille, ses besoins et le niveau d'informatisation souhaité. Quelle que soit la solution adoptée, la tenue de la comptabilité au moyen de systèmes de traitement informatisés est **soumise à des règles** faisant l'objet de plusieurs articles du PCG. Elles concernent :

> ### La documentation des traitements

Une description des systèmes de traitement informatisés est **obligatoire** pour permettre le contrôle des exigences de sécurité et de fiabilité.

> ### Les enregistrements

On distingue trois étapes :

– les opérations sont **enregistrées** dans des journaux provisoires (*brouillard*), afin de pouvoir effectuer toute modification ou suppression en cas d'erreurs ;

– puis chaque mois, avant l'édition du journal général, les écritures comptables sont **validées** de façon à les rendre définitives et à empêcher toute modification ultérieure ;

– enfin, une procédure de **clôture**, consistant à **figer** l'ensemble des écritures de la période considérée, doit être effectuée au plus tard avant la fin de la période suivante.

> ### La conservation des données comptables et des programmes

On distingue deux procédures :

– la **sauvegarde** des données et des programmes qui consiste à **copier** sur un support magnétique les données, les programmes et l'ensemble des fichiers nécessaires à la **restauration** du système en cas d'incident technique ou de sinistre ;

– l'**archivage** des données et des programmes qui permet de **conserver** sur un support informatique les enregistrements des périodes antérieures, sans aucune possibilité de modification, et les programmes nécessaires à leur lecture pour des besoins de contrôle et de preuve.

Par ailleurs, dans le cadre d'un **contrôle fiscal**, toutes les entreprises qui tiennent leur comptabilité au moyen d'un système informatisé sont dans l'obligation, depuis janvier 2014, de remettre aux vérificateurs une copie des **fichiers des écritures comptables** (FEC) sous forme dématérialisée pour présenter leur comptabilité. La remise doit s'effectuer au début des opérations de contrôle.

Le FEC contient toutes les écritures comptables détaillées enregistrées au cours de l'exercice y compris celles d'inventaire et de report à nouveau. Les écritures doivent être classées par ordre chronologique de validation. Les informations minimales à faire figurer dans le FEC dépendent du régime d'imposition de l'entreprise.

Le FEC doit faire l'objet d'une procédure d'archivage.

### 2) La précomptabilisation

Avant toute saisie, pour limiter les risques d'erreurs, l'entreprise a la possibilité d'effectuer une précomptabilisation à l'aide d'un document interne appelé :

– ticket comptable (TC) ;

– grille d'imputation (GI) ;

– pièce comptable multiple (PCM) ;

– …

## 4. LES ALLÈGEMENTS DES OBLIGATIONS COMPTABLES DES MICRO-ENTREPRISES ET DES PETITES ENTREPRISES

*Le 30 janvier 2014, trois mesures ont été prises par ordonnance* en faveur des micro-entreprises et des petites entreprises (personnes physiques ou morales soumises au Code de commerce) afin d'alléger leurs obligations comptables pour les comptes des exercices clos à partir du 31 décembre 2013 et déposés à partir du 1er avril 2014.

Puis le décret du 17 février 2014 *a fixé les seuils qui définissent* les micro-entreprises et les petites entreprises au sens comptable. En sont exclus les établissements bancaires, les entreprises d'assurances et mutuelles, les sociétés cotées. Précisons que ces mesures s'inscrivent dans le processus de transposition de la directive comptable unique de juin 2013. Le tableau ci-dessous présente les allègements comptables propres à ces deux catégories comptables d'entreprise :

| Catégories d'entreprises (commerçants personnes physiques ou morales) | Allègements comptables |
|---|---|
| **Micro-entreprise** | |
| Elle ne dépasse pas, pendant 2 exercices successifs, 2 des 3 seuils suivants : <br> – total de bilan ≤ 350 000 € <br> – CA net ≤ 350 000 € <br> – salariés ≤ 10 | • Dispense de l'annexe <br> • Présentation simplifiée du bilan et du compte de résultat <br> • Dépôt des comptes annuels au greffe du Tribunal de commerce mais non rendus publics sur option |
| **Petite entreprise** | |
| Elle ne dépasse pas, pendant 2 exercices successifs, 2 des 3 seuils suivants : <br> – total de bilan ≤ 4 M€ <br> – CA net ≤ 8 M€ <br> – salariés ≤ 50 | • Présentation simplifiée du bilan, du compte de résultat et de l'annexe |

Ces allègements comptables *s'ajoutent* à ceux qui s'appliquent déjà aux entreprises individuelles et aux sociétés commerciales en fonction de leur régime d'imposition. Par exemple, *les entreprises individuelles imposées au régime fiscal des micro-entreprises* peuvent tenir une comptabilité de trésorerie (encaissements et décaissements) et sont dispensées des comptes annuels. Les sociétés commerciales placées sur option ou de plein droit sous le régime simplifié d'imposition (RSI) peuvent tenir une comptabilité de trésorerie en cours d'exercice et n'enregistrer les créances et les dettes qu'à la clôture de l'exercice.

Toutefois, *les entreprises soumises au régime fiscal du réel normal* restent toujours dans l'obligation de produire une liasse fiscale complète malgré les nouveaux allègements comptables.

# PARTIE 2

# L'analyse comptable des opérations courantes

# CHAPITRE 6

# *L*a taxe sur la valeur ajoutée

## **1** • PRINCIPES

La taxe sur la valeur ajoutée (TVA) est un *impôt général sur la consommation*.

La TVA est un impôt *indirect* qui est prélevé normalement sur le consommateur. C'est ce dernier qui en supporte la charge définitive.

## A - L'entreprise et la taxe sur la valeur ajoutée

Toute personne effectuant de manière indépendante, à titre habituel ou occasionnel, des livraisons de biens ou services relevant d'une activité économique est assujettie à la TVA.

On distingue *trois catégories* d'opérations imposables :

– les opérations imposables *par nature* relevant d'une activité économique (livraisons de biens meubles et immeubles, prestations de services) effectuée par un *assujetti*. Précisons que les livraisons d'immeubles réalisées à titre onéreux par un assujetti sont désormais intégrées dans le régime de droit commun des livraisons de biens ;

– les opérations imposables par *décision de la loi* (importations, acquisitions intracommunautaires, livraisons à soi-même de biens et services) ;

– les opérations *exonérées* soumises à la TVA sur option du contribuable (locations de locaux nus à usage professionnel, cessions d'immeubles achevés depuis plus de 5 ans).

Le mécanisme général de la TVA est le suivant : lorsqu'une entreprise *vend* des biens ou des services, *elle collecte et fait payer la TVA* à ses clients. Lorsqu'elle *achète* des biens et des services, elle paye la TVA à ses fournisseurs, mais elle la *déduit* de la TVA qu'elle a collectée.

Elle ne verse à l'État que la *différence* entre la *TVA collectée* du mois et la *TVA déductible du même mois*.

La TVA collectée d'une part, la TVA déductible d'autre part, ne doivent pas figurer dans les produits et les charges. Elles sont enregistrées dans les comptes de tiers (classe 4) appropriés ; en conséquence, le résultat n'est pas affecté par la TVA.

## B - Les taux de TVA depuis le 1er janvier 2014

Il existe quatre taux de TVA applicables sur le prix hors taxes net des réductions commerciales et financières.

Depuis le 1ᵉʳ janvier 2014, on distingue :

– *le taux normal de 20 %* : il concerne les prestations de services, certains services d'aide à la personne et la plupart des produits manufacturés, les engrais chimiques… ;

– *le taux intermédiaire de 10 %* : il concerne les ventes à consommer sur place et à emporter, les fournitures de logement et de repas (non taxées au taux réduit), les services d'aide à la personne (non taxés au taux normal), les travaux dans les logements achevés depuis plus de 2 ans (non taxés au taux réduit), les activités et opérations agricoles et sylvicoles… ;

– *le taux réduit de 5,5 %* : il s'applique aux produits destinés à l'alimentation humaine, aux appareillages pour handicapés, aux services rendus aux personnes âgées ou aux handicapées, aux abonnements relatifs aux livraisons d'électricité et aux fournitures de chaleur, aux travaux améliorant la qualité énergétique dans les logements achevés depuis plus de 2 ans, aux fournitures de repas dans les cantines scolaires, aux livres… ;

– *le taux super-réduit de 2,10 %* : il concerne les médicaments remboursables, la presse quotidienne et les hebdomadaires.

## C - Le fait générateur et l'exigibilité

D'après le Code général des impôts (CGI) : « *Le fait générateur est le fait par lequel sont réalisées les conditions légales nécessaires à l'exigibilité de la taxe* ».

« *L'exigibilité est le droit que le Trésor public peut faire valoir à un moment donné auprès du redevable pour obtenir le paiement de la taxe* ». Elle détermine la période au titre de laquelle la TVA doit être déclarée, la date de paiement de la taxe et la date du droit à déduction chez le client assujetti.

La date d'exigibilité du fournisseur *coïncide* avec celle du droit à déduction du client. Les règles d'application les plus courantes sont les suivantes :

| Nature de l'opération | Fait générateur | Exigibilité |
|---|---|---|
| Livraisons de biens corporels | Délivrance du bien | Délivrance du bien |
| Prestations de services et travaux immobiliers | Exécution de la prestation de service | Encaissement du prix |
| Importations | Dédouanement | Dédouanement |
| Acquisitions intracommunautaires | Délivrance du bien | Le 15 du mois suivant celui du fait générateur ou la date de la facture si elle est antérieure |
| Livraisons à soi-même | Première utilisation | Première utilisation |

Depuis le 1ᵉʳ janvier 2010, *des règles de territorialité spécifiques* sont applicables aux prestations de services internationales. Ces dispositions induisent une dérogation à la règle d'exigibilité des prestations de services énoncée ci-dessus.

Selon le principe général de taxation, *lorsque le preneur est assujetti à la TVA*, le lieu de taxation est celui de l'établissement du preneur. Dans ce cas, le preneur est redevable de la taxe et le fait générateur ainsi que l'exigibilité interviennent *au moment de la réalisation de la prestation* ou lors de l'encaissement d'acomptes. Toutefois, certaines prestations font l'objet de règles particulières.

## D - La comptabilisation

### 1) Principe général

La TVA n'est pas une charge pour l'entreprise ; elle est comptabilisée dans des comptes de tiers appropriés :

– *la TVA collectée* sur les ventes représente une dette envers l'État comptabilisée au *crédit* du compte « 44571 TVA collectée » ;

– *la TVA payée* lors des achats et qui est déductible constitue une créance sur l'État. La TVA déductible relative aux achats d'immobilisations est enregistrée au *débit* du compte « 44562 TVA sur immobilisations » ; la TVA déductible relative aux achats d'autres biens et services (réparation d'un véhicule de tourisme, par exemple) est comptabilisée au *débit* du compte « 44566 TVA sur autres biens et services » ;

– *la TVA non déductible* portant sur l'achat de biens (véhicules de tourisme, par exemple) et services (réparation d'un véhicule de tourisme, par exemple) est un élément du prix d'achat et non un impôt.

### 2) L'autoliquidation de la TVA

Pour certaines opérations, la TVA doit être autoliquidée, ce qui amène *l'acquéreur d'un bien ou le preneur assujetti d'un service* à comptabiliser et à déclarer pour une même opération la TVA à la fois due et déductible.

Il s'agit principalement :

– des acquisitions intracommunautaires ;

– des achats de prestations de services internationales, relevant du principe général, auprès de prestataires assujettis, établis hors de France ;

– pour le secteur du bâtiment,des contrats de sous-traitance concernant des travaux de construction relatifs à un immeuble, conclus depuis le 1er janvier 2014 entre un donneur d'ordre assujetti et un sous-traitant.

| Acquisitions intracommunautaires | Utilisation de comptes spécifiques :<br>– le compte « 445662 TVA déductible intracommunautaire » est *débité* ;<br>– le compte « 4452 TVA due intracommunautaire » est *crédité*. |
|---|---|

| | |
|---|---|
| **Achats de prestations de services internationales auprès de prestataires assujettis établis hors de France** | Le PCG ne contient, à ce jour, aucun compte spécifique. La comptabilisation suivante peut être proposée :<br>– le compte « 44566 TVA sur autres biens et services » est *débité* ;<br>– le compte « 445(.) TVA due sur prestations de services » est *crédité*. |
| **Travaux de construction sous-traités relatifs à un immeuble** | Le PCG ne contient, à ce jour, aucun compte spécifique. La comptabilisation suivante peut être proposée :<br>– le compte « 44566 TVA sur autres biens et services » est *débité* ;<br>– le compte « 445(.) TVA due sur prestations de services sous-traitées » est *crédité*. |

## 2. LA DÉTERMINATION DE LA TVA DUE

Selon le *régime du réel normal*, à chaque fin de mois, l'entreprise doit constater sa situation vis-à-vis du Trésor public pour calculer soit le montant de TVA à *reverser* à l'État, soit le *crédit* de TVA. Elle remplit à cet effet l'imprimé fiscal CA3. L'entreprise doit régler sa dette auprès du Trésor public entre le 15 et le 24 du mois suivant.

Si l'entreprise constate un *crédit de TVA*, il viendra, en principe, en diminution de la prochaine TVA due à l'État. Toutefois, les entreprises peuvent demander un *remboursement mensuel* du crédit de TVA porté sur la déclaration à condition que son montant soit au moins égal à 760 €.

Dans le cadre de la généralisation des téléprocédures, *l'obligation de télédéclaration et de* télérèglement de la TVA concerne toutes les entreprises depuis le 1er octobre 2014 quel que soit leur CAHT.

La preuve comptable d'un télérèglement est fourni par le *certificat de prise en compte de l'ordre de paiement* (CPOP) délivré par l'administration fiscale.

### A - Calcul

Le calcul s'effectue de la manière suivante :

> TVA collectée **M***
> –
> TVA sur autres biens et services **M**
> –
> TVA sur immobilisations **M**
> =
> TVA à décaisser **M**
> ou
> Crédit de TVA à reporter **M**

\* Mois

Au terme de ce calcul, deux cas peuvent se présenter :

– *la TVA collectée est supérieure à la TVA déductible* : l'entreprise constate une dette vis-à-vis du Trésor public, intitulée **TVA à décaisser** ;

– *la TVA déductible est supérieure à la TVA collectée* : l'entreprise constate une créance vis-à-vis du Trésor public, intitulée **crédit de TVA à reporter**.

Lorsque l'entreprise a réalisé pendant le mois des acquisitions intracommunautaires et/ ou des achats de prestations de services internationales et/ou des travaux de construction sous-traités pour lesquelles la TVA est autoliquidée, le montant de la TVA collectée et celui de la TVA déductible sont majorés du montant de la TVA relative à ces opérations.

# B - La comptabilisation

L'écriture de détermination de la TVA due consiste à **solder** les comptes de TVA qui ont été mouvementés pendant le mois considéré et à faire apparaître par différence :

– soit le compte « 44551 TVA à décaisser » pour constater la **dette** vis-à-vis du Trésor public ;

– soit le compte « 44567 Crédit de TVA à reporter » pour constater la **créance** sur le Trésor public.

## 1) La comptabilisation de la TVA due

Les comptes mouvementés sont les suivants :

| À débiter | À créditer |
|---|---|
| 4452 TVA due intracommunautaire<br>445(.) TVA due sur prestations de services<br>445(.) TVA due sur prestations de services sous-traitées<br>44571 TVA collectée | 44562 TVA sur immobilisations<br>44566 TVA sur autres biens et services<br>445662 TVA déductible intracommunautaire<br>44551 TVA à décaisser |

Le compte « 44551 TVA à décaisser » sera **soldé** lors du règlement par le **crédit** d'un compte de trésorerie.

## 2) La comptabilisation d'un crédit de TVA

Les comptes mouvementés sont les suivants :

| À débiter | À créditer |
|---|---|
| 4452 TVA due intracommunautaire<br>445(.) TVA due sur prestations de services<br>445(.) TVA due sur prestations de services sous-traitées<br>44571 TVA collectée<br>44567 Crédit de TVA à reporter | 44562 TVA sur immobilisations<br>44566 TVA sur autres biens et services<br>445662 TVA déductible intracommunautaire |

Le compte « 44567 Crédit de TVA à reporter » sera *soldé* selon le cas :

– soit lors de l'enregistrement de la prochaine déclaration constatant une TVA due ;

– soit lors du remboursement de la créance par le Trésor public (voir page 76).

### Exemple

La situation des comptes de TVA de la société Laloze, se présente ainsi pour le mois d'octobre :

| Intitulés des comptes | | Soldes débiteurs | Soldes créditeurs |
|---|---|---|---|
| 445(.) | TVA due sur prestations de services | | 1 820 |
| 4452 | TVA due intracommunautaire | | 6 350 |
| 44562 | TVA sur immobilisations | 9 270 | |
| 44566 | TVA sur autres biens et services | 22 130 | |
| 445662 | TVA déductible intracommunautaire | 6 350 | |
| 44571 | TVA collectée | | 56 000 |

Le montant de la TVA due pour le mois d'octobre s'élève à :

(1 820 + 6 350 + 56 000) – (9 270 + 22 130 + 6 350) = 26 420 €

L'écriture de comptabilisation est la suivante :

| | | 31/10 | | |
|---|---|---|---|---|
| 445(.) | TVA due sur prestations de services | | 1 820,00 | |
| 4452 | TVA due intracommunautaire | | 6 350,00 | |
| 44571 | TVA collectée | | 56 000,00 | |
| 44562 | TVA sur immobilisations | | | 9 270,00 |
| 44566 | TVA sur autres biens et services | | | 22 130,00 |
| 445662 | TVA déductible intracommunautaire | | | 6 350,00 |
| 44551 | TVA à décaisser | | | 26 420,00 |
| | *Télédéclaration CA3 n° …* | | | |

La TVA du mois d'octobre est réglée par télérèglement le 22 novembre :

| | | 22/11 | | |
|---|---|---|---|---|
| 44551 | TVA à décaisser | | 26 420,00 | |
| 512 | Banques | | | 26 420,00 |
| | *Certificat de prise en compte de l'ordre de paiement n° …* | | | |

# *L*es achats et les ventes

## 1. L'ACTIVITÉ DE L'ENTREPRISE

Chaque entreprise est originale en soi. Elle possède ses *propres caractéristiques*. Toutefois, nous pouvons *classer* les entreprises notamment selon leur *domaine d'activité* :

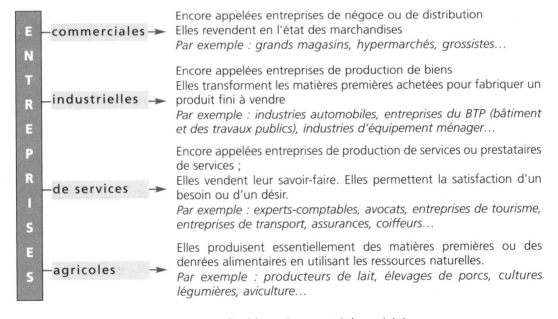

**ENTREPRISES**

**commerciales** →
Encore appelées entreprises de négoce ou de distribution
Elles revendent en l'état des marchandises
*Par exemple : grands magasins, hypermarchés, grossistes...*

**industrielles** →
Encore appelées entreprises de production de biens
Elles transforment les matières premières achetées pour fabriquer un produit fini à vendre
*Par exemple : industries automobiles, entreprises du BTP (bâtiment et des travaux publics), industries d'équipement ménager...*

**de services** →
Encore appelées entreprises de production de services ou prestataires de services ;
Elles vendent leur savoir-faire. Elles permettent la satisfaction d'un besoin ou d'un désir.
*Par exemple : experts-comptables, avocats, entreprises de tourisme, entreprises de transport, assurances, coiffeurs...*

**agricoles** →
Elles produisent essentiellement des matières premières ou des denrées alimentaires en utilisant les ressources naturelles.
*Par exemple : producteurs de lait, élevages de porcs, cultures légumières, aviculture...*

Certaines entreprises exercent une double, voire une triple activité.

Les achats et les ventes effectués par l'entreprise et propres à son activité modifient son patrimoine, contribuent à la formation du résultat de l'exercice et constituent l'essentiel du *cycle d'exploitation*.

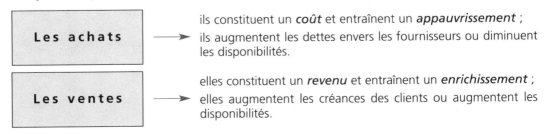

**Les achats** →
ils constituent un *coût* et entraînent un *appauvrissement* ;
ils augmentent les dettes envers les fournisseurs ou diminuent les disponibilités.

**Les ventes** →
elles constituent un *revenu* et entraînent un *enrichissement* ;
elles augmentent les créances des clients ou augmentent les disponibilités.

Le plan de comptes, prévu par le PCG, permet d'utiliser les comptes en fonction de l'activité de l'entreprise :

| Comptes de charges | Comptes de produits |
|---|---|
| 601 Achats stockés – Matières premières (et fournitures) | 701 Ventes de produits finis |
| 602 Achats stockés – Autres approvisionnements | 702 Ventes de produits intermédiaires |
| 604 Achats d'études et de prestations de services | 703 Ventes de produits résiduels |
| 605 Achats de matériel, équipements et travaux | 704 Travaux |
| 606 Achats non stockés de matières et fournitures | 705 Études |
| 607 Achats de marchandises | 706 Prestations de services |
| 608 *(compte réservé, le cas échéant, à la récapitulation des frais accessoires incorporés aux achats)* | 707 Ventes de marchandises |
|  | 708 Produits des activités annexes |

# 2. LES DOCUMENTS COMPTABLES

Toute opération d'achat, de vente ou de prestation de services est *justifiée par une facture* établie en double exemplaire.

Tout événement qui remet en cause les conditions portées sur la facture fait l'objet d'une facture d'avoir.

## A - La facture

Le document est établi en principe par le fournisseur, lors de la vente et remis au client.

Son émission peut être confiée à un tiers sous-traitant, ou au client lui-même (autofacturation) sous certaines conditions.

La facture est à la fois un document :

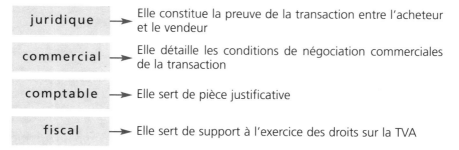

| juridique | → | Elle constitue la preuve de la transaction entre l'acheteur et le vendeur |
| commercial | → | Elle détaille les conditions de négociation commerciales de la transaction |
| comptable | → | Elle sert de pièce justificative |
| fiscal | → | Elle sert de support à l'exercice des droits sur la TVA |

Les *mentions obligatoires* suivantes doivent figurer sur la facture :

## Les mentions relatives à l'identité du vendeur

- Nom de l'entreprise ou dénomination sociale de la société et son adresse
- Norme juridique et montant du capital pour les sociétés
- Numéro SIREN (système informatique pour le répertoire des entreprises et des établissements) complété par la mention RCS (registre du commerce et des sociétés) suivie de la ville du tribunal de commerce
- Mention relative à l'adhésion à un centre de gestion agréé
- Numéro intracommunautaire d'identification à la TVA. Cette mention n'est pas obligatoire pour les factures n'excédant pas 150 €

## Les mentions relatives à l'identité de l'acheteur

- Nom et adresse du client
- Numéro intracommunautaire du client, si nécessaire

## Les autres mentions

- Numéro d'ordre du document
- Date d'émission de la facture et date à laquelle est effectuée la livraison du bien ou de la prestation de service
- Quantité en unité de mesure selon la nature du produit ou du service
- Nature et caractéristiques précises du produit ou du service vendu
- Prix unitaire hors taxes (HT), en euros, avant toute réduction
- Réductions de prix (rabais, remise, ristourne, escompte) acquises à la date de la vente
- Taux et montant de la TVA par produit ou service
- Montant toutes taxes comprises (TTC)
- Date à laquelle le règlement doit intervenir (dans le respect des délais légaux fixés à 45 jours fin de mois ou 60 jours à compter de la date de la facture, sauf accord dérogatoire validé par décret pour certains secteurs)
- Conditions d'escompte en cas de paiement anticipé
- Taux des pénalités de retard (taux minimal : 3 fois le taux d'intérêt légal, soit 0,12 % pour 2014). Les pénalités de retard ne concernent, en principe, que les opérations entre professionnels
- Indemnité forfaitaire pour frais de recouvrement d'un montant de 40 €, depuis le 1er janvier 2013. Cette indemnité concerne les opérations entre professionnels
- Mentions spécifiques à certaines opérations, par exemple : « *Exonération TVA, article 262-ter-1 du CGI* » pour les opérations exonérées. Précisons à ce sujet que les redevables dont les opérations sont exonérées de TVA sont dispensés de l'obligation d'émettre une facture (mais uniquement sur le plan fiscal). Ou encore, « *Autofacturation* » lorsque le client émet lui-même la facture

*Précisons que la loi relative à la consommation (dite loi Hamon) du 17 mars 2014* a instauré une amende administrative pour lutter contre les retards de paiement entre professionnels. Elle peut atteindre 75 000 € pour une personne physique et 375 000 € pour une personne morale en cas de dépassement des délais de paiement ou d'absence de mention de pénalités de retard dans les conditions de règlement.

À titre d'exemple, un modèle de facture vous est proposé ci-dessous :

---

**LOC' BOMA**

31 rue de Rennes
29720 Lesconil
Site Internet : www.locboma.com

Société Lupin
6 rue de Til
75010 PARIS

10 juin N

Facture n° 275

| Désignation | Quantité | Prix unitaire hors taxes | Remise | Montant net hors taxes |
|---|---|---|---|---|
| Rouleaux AT | 10 | 75,00 | | 750,00 |
| Rouleaux XT | 5 | 35,00 | | 175,00 |
| | | | Total hors taxes | 925,00 |
| | | | TVA 20 % | 185,00 |
| | | Total toutes taxes comprises en euros | | 1 110,00 |

Date de règlement : 30 juin N
Escompte 2 % pour paiement anticipé
Pénalités de retard au taux de 8 % annuels
Indemnité forfaitaire pour frais de recouvrement : 40 €

N° intracommunautaire : FR73435000159

Société à responsabilité limitée au capital de 10 000 euros – RCS 435 000 159 Quimper

---

## B - La facture d'avoir

La facture d'avoir est établie à la suite d'un événement intervenu *après la facturation*.

```
         Facturation              Avoir
------┬--------------------------┬------------------►
    15 mai                     25 mai
```

Il peut s'agir :

– de retours de marchandises ou de produits ;

– de réductions commerciales supplémentaires ;

– d'une réduction financière supplémentaire ;

– d'un retour d'emballages ;

– d'une erreur de facturation à l'avantage du fournisseur.

La facture d'avoir *modifie* les conditions de la facture initiale.

## C - Le relevé de factures et les factures périodiques

Le relevé de factures est un document *récapitulatif* des factures et des avoirs non réglés, émis au cours d'une période donnée (mois, trimestre) au profit d'un même client. Il est souvent accompagné d'une traite à l'acceptation.

En outre, il est possible d'établir *une seule facture regroupant* plusieurs livraisons ou prestations de services réalisées pour lesquelles la TVA est exigible au cours d'un même mois civil. Dans ce cas, la loi relative à la **consommation** fixe le délai de paiement à 45 jours *à compter de l'émission de la facture récapitulative*, au lieu des délais de paiement de droit commun.

## D - Les factures électroniques

L'administration fiscale autorise les entreprises à transmettre leurs factures par *voie électronique*, sous réserve de l'acceptation préalable du destinataire.

*Les règles applicables aux factures électroniques* sont assouplies depuis le 1er janvier 2013. Le décret du 25 avril 2013 précise les conditions d'émission de ces factures.

Désormais, les factures électroniques sont définies comme des factures émises et reçues *sous une forme électronique* quelle qu'elle soit. Elles tiennent lieu de facture d'origine au même titre que les factures papier à condition de pouvoir garantir l'authenticité de leur origine, l'intégrité de leur contenu et leur lisibilité, à compter de leur émission jusqu'à la fin de leur période de conservation. Ces trois conditions s'appliquent également aux factures papier.

Afin de respecter les obligations énoncées, les entreprises doivent mettre en place un processus de contrôle interne permanent et documenté de leur choix.

*Sur le plan fiscal*, les factures électroniques, les factures papier et les données constitutives du contrôle interne doivent être conservées pendant 6 ans sous leur forme originelle. Par ailleurs, le droit de contrôle de l'administration fiscale est étendu au processus de contrôle interne mis en œuvre par les entreprises.

En pratique, il existe trois procédures techniques de dématérialisation des factures :

- *l'échange de données informatisées* (EDI) : la facture est transmise au client grâce à un message électronique selon une norme prévue entre les parties ;
- *la facture électronique signée* : la signature « *doit être fondée sur un certificat qualifié et être créée par un dispositif sécurisé de création de signature électronique* » ;
- *tout autre dispositif technique* tel qu'un progiciel de gestion intégré avec mise en place d'un contrôle interne permanent et documenté.

# 3• LA FACTURATION

## A - Le principe de base de l'enregistrement des factures

L'entreprise enregistre ses achats et ses ventes *hors TVA*.

### 1) Les achats

À la réception de la facture adressée par le fournisseur, l'entreprise constate :

– une augmentation de ses **charges**, pour le montant hors taxes ;

– une **créance** vis-à-vis du Trésor public, pour le montant de la TVA ;

– une **dette** envers son fournisseur, pour le montant **toutes taxes comprises**, ou un **décaissement** en cas de règlement au comptant.

La comptabilisation s'effectue de la manière suivante :

| À débiter | À créditer |
|---|---|
| Comptes de charges<br>　60 Achats<br>　　*Comptes à détailler selon l'activité*<br>　　*de l'entreprise*<br><br>Comptes de tiers<br>　44566 TVA sur autres biens et services | Comptes de tiers<br>　401 Fournisseurs<br>　　*ou*<br>Comptes financiers<br>　512 Banques<br>　514 Chèques postaux<br>　530 Caisse |

**Exemple**

L'entreprise Lipson reçoit le 10 juin la facture n° 2351 d'Alex pour un montant de 2 500 € HT de marchandises, TVA 20 %, paiement le 30 juin.

|  |  | 10/6 |  |  |
|---|---|---|---|---|
| 607 | Achats de marchandises | | 2 500,00 | |
| 44566 | TVA sur autres biens et services | | 500,00 | |
| 401 | 　　　Fournisseurs | | | 3 000,00 |
| | *Alex FA n° 2351* | | | |

### 2) Les ventes

Lors de l'envoi de la facture à son client, l'entreprise constate :

– une augmentation de ses **produits**, pour le montant *hors taxes* ;

– une **dette** vis-à-vis du Trésor public, pour le montant de la TVA ;

– une **créance** sur son client pour le montant **toutes taxes comprises**, ou un **encaissement** en cas de règlement au comptant.

La comptabilisation s'effectue de la manière suivante :

| À débiter | À créditer |
|---|---|
| Comptes de tiers<br>  411 Clients<br>      *ou*<br>Comptes financiers<br>  512 Banques<br>  514 Chèques postaux<br>  530 Caisse | Comptes de produits<br>  70 Ventes<br>  *Comptes à détailler selon l'activité*<br>  *de l'entreprise*<br><br>Comptes de tiers<br>  44571 TVA collectée |

**Exemple**

Alex envoie le 8 juin à son client Lipson la facture n° 2351 pour un montant de 2 500 € HT de marchandises, TVA 20 %, paiement le 30 juin.

| | 8/6 | | |
|---|---|---|---|
| 411 | Clients | 3 000,00 | |
| 707 |     Ventes de marchandises | | 2 500,00 |
| 44571 |     TVA collectée | | 500,00 |
| | *Lipson FA n° 2351* | | |

# B - L'enregistrement des factures avec des réductions

## 1) La définition et le calcul des réductions

Les réductions sont classées en deux grandes catégories :

| Les réductions<br>à caractère commercial | La réduction<br>à caractère financier |
|---|---|
| Elles sont accordées au client<br>pour des raisons<br>de *politique commerciale* | Elle est accordée au client<br>pour des circonstances<br>liées à un *mode de règlement* |

Les réductions commerciales sont au nombre de trois et se définissent comme suit :

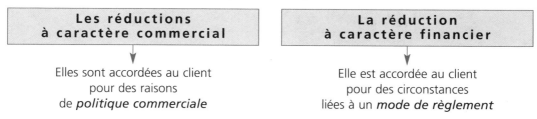

**Rabais** → réductions pratiquées *exceptionnellement* sur le prix de vente préalablement convenu pour tenir compte, par exemple, d'un défaut de qualité ou de conformité des objets vendus.

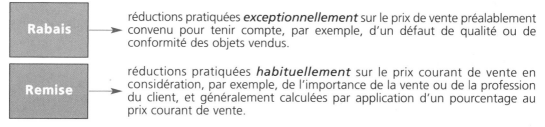

**Remise** → réductions pratiquées *habituellement* sur le prix courant de vente en considération, par exemple, de l'importance de la vente ou de la profession du client, et généralement calculées par application d'un pourcentage au prix courant de vente.

 **Ristourne** ➔ réductions de prix calculées sur l'**ensemble des opérations** faites avec le même tiers pour une période déterminée. La ristourne est une réduction généralement accordée au client après la facturation ; elle figure, le plus souvent, sur une facture d'avoir.

La définition de la réduction à caractère financier est la suivante :

 **Escompte** ➔ réduction de prix accordée pour paiement **comptant** ou **avant le terme normal** d'exigibilité.

Les réductions commerciales se calculent successivement, c'est-à-dire les unes après les autres ou **en cascade**.

L'escompte se calcule sur le dernier **Net commercial** ou sur le **Prix brut** s'il n'y a pas de réduction commerciale. Il vient se soustraire à l'un de ces derniers.

La TVA se calcule sur le **dernier net** (commercial ou financier). Elle vient majorer cette base de calcul pour déterminer le **Net à payer** (montant toutes taxes comprises).

Les calculs s'ordonnent de la manière suivante :

| Le Guenne | | |
|---|---|---|
| Facture n° | | |
| 25 juin N | Doit | K'Tell |
| Prix brut | | 5 000,00 |
| Remise 10 % | – | 500,00 |
| | | 4 500,00 |
| Remise 5 % | – | 225,00 |
| **Net commercial** | | 4 275,00 |
| Escompte 2 % | – | 85,50 |
| **Montant hors taxes\*** | | 4 189,50 |
| TVA 20 % | + | 837,90 |
| **Net à payer** | | 5 027,40 |

\* ou Net financier

## 2) L'enregistrement comptable des réductions

Le PCG mentionne que les achats tout comme les ventes « *sont comptabilisés déductions faites des rabais et remises déduits du montant des factures* ».

C'est donc le **Net commercial** qui est enregistré hors taxes dans une subdivision des comptes :

– « 60 Achats de marchandises » ;

– « 70 Ventes de marchandises » ;

selon la nature de l'opération.

Les réductions commerciales (rabais et remise) qui figurent sur la facture *ne sont jamais comptabilisées*.

L'escompte est *toujours comptabilisé* hors taxes :

- *comme une charge financière* pour le vendeur au *débit* du compte « 665 Escomptes accordés » ;
- *comme un produit financier* pour l'acheteur au *crédit* du compte « 765 Escomptes obtenus ».

Conformément aux *règles comptables*, les escomptes de règlement obtenus sont *déduits* du coût du stock à la fin de l'exercice bien qu'ils soient comptabilisés en produits financiers.

**Exemple**

L'entreprise Laz vend des marchandises à crédit, le 1er juin, à son client Mayer. La facture s'établit comme suit :

| | | |
|---|---|---:|
| Marchandises brutes | : | 8 000,00 |
| Remise 10 % | : | 800,00 |
| Net commercial | : | 7 200,00 |
| Escompte 2 % | : | 144,00 |
| Net financier | : | 7 056,00 |
| TVA 20 % | : | 1 411,20 |
| Net à payer | : | 8 467,20 |

**Chez le vendeur Laz**

1/6

| | | | |
|---|---|---:|---:|
| 411 | Clients | 8 467,20 | |
| 665 | Escomptes accordés | 144,00 | |
| 707 | Ventes de marchandises | | 7 200,00 |
| 44571 | TVA collectée | | 1 411,20 |
| | *Mayer FA n° ...* | | |

**Chez l'acheteur Mayer**

1/6

| | | | |
|---|---|---:|---:|
| 607 | Achats de marchandises | 7 200,00 | |
| 44566 | TVA sur autres biens et services | 1 411,20 | |
| 401 | Fournisseurs | | 8 467,20 |
| 765 | Escomptes obtenus | | 144,00 |
| | *Laz FA n° ...* | | |

# 4. L'AVOIR

Un avoir représente une somme d'argent que le *fournisseur doit à son client*.

## A - Les retours de marchandises

Le retour de marchandises doit s'effectuer dans des *conditions identiques* à celles prévues au départ sur la facture :

– *si une réduction commerciale* figurait sur la facture, elle doit être *déduite* également du prix brut des marchandises ou des produits retournés ;

– *si un escompte* figurait sur la facture, il doit être *déduit* également du net commercial des marchandises ou des produits retournés. En effet, le fournisseur n'a pas à supporter un escompte sur une marchandise ou sur un produit qui ne lui sera pas payé. De même, le client n'a pas à percevoir un escompte sur une marchandise ou sur un produit qu'il ne paiera pas.

Chez le fournisseur, comme chez le client, l'enregistrement comptable s'effectue à l'aide des *mêmes comptes* que ceux sélectionnés pour comptabiliser la facture initiale mais leur *mouvement est inversé*.

**Exemple**

L'entreprise Laz a réceptionné un retour de marchandises de son client Mayer. La facture d'avoir, adressée le 5 juin, s'établit comme suit :

| | | |
|---|---|---:|
| Marchandises brutes | : | 1 000,00 |
| Remise 10 % | : | 100,00 |
| Net commercial | : | 900,00 |
| Escompte 2 % | : | 18,00 |
| Net financier | : | 882,00 |
| TVA 20 % | : | 176,40 |
| Net à payer | : | 1 058,40 |

### Chez le vendeur Laz

|  |  | 5/6 |  |  |
|---|---|---|---:|---:|
| 707 | Ventes de marchandises | | 900,00 | |
| 44571 | TVA collectée | | 176,40 | |
| 411 | Clients | | | 1 058,40 |
| 665 | Escomptes accordés | | | 18,00 |
| | *Mayer AV n° …* | | | |

| | Chez l'acheteur Mayer | | |
|---|---|---|---|
| | 5/6 | | |
| 401 | Fournisseurs | 1 058,40 | |
| 765 | Escomptes obtenus | 18,00 | |
| 607 | Achats de marchandises | | 900,00 |
| 44566 | TVA sur autres biens et services | | 176,40 |
| | *Laz AV n° …* | | |

## B - Les réductions commerciales supplémentaires

Les réductions commerciales supplémentaires **modifient** les conditions de départ ; elles doivent donc être **comptabilisées** dans des comptes particuliers.

### 1) Chez le vendeur

Le PCG énonce : « *Les rabais, remises, ristournes accordés hors facture ou qui ne sont pas rattachables à une vente déterminée sont portés au **débit** du compte 709 Rabais, remises et ristournes accordés par l'entreprise* » (art. 947-70).

Ces réductions entraînent une **diminution** de la TVA collectée et de la créance client.

### 2) Chez l'acheteur

Le PCG indique : « *Le compte 609 Rabais, remises et ristournes obtenus sur achats, enregistre à son **crédit** les rabais, remises et ristournes sur achats obtenus des fournisseurs et dont le montant, non déduit des factures d'achats, n'est connu que postérieurement à la comptabilisation de ces factures* » (art. 946-60).

Ces réductions impliquent une **réduction** de la TVA déductible et de la dette fournisseur.

#### Exemple

L'entreprise Laz adresse le 2 juillet, à son client Mayer, la facture d'avoir suivante :

| | | |
|---|---|---|
| Ristourne sur ventes trimestrielles | : | 200,00 |
| TVA 20 % | : | 40,00 |
| Net porté en compte | : | 240,00 |

| | Chez le vendeur Laz | | |
|---|---|---|---|
| | 2/7 | | |
| 709 | RRR accordés par l'entreprise | 200,00 | |
| 44571 | TVA collectée | 40,00 | |
| 411 | Clients | | 240,00 |
| | *Mayer AV n° …* | | |

| Chez l'acheteur Mayer | | | |
|---|---|---|---|

| | 2/7 | | |
|---|---|---|---|
| 401 | Fournisseurs | 240,00 | |
| 609 | RRR obtenus sur achats | | 200,00 |
| 44566 | TVA sur autres biens et services | | 40,00 |
| | *Laz AV n° …* | | |

# C - Les réductions financières supplémentaires

L'escompte supplémentaire se comptabilise toujours dans les *mêmes conditions* que celles relatives à la facture :

– *chez le vendeur au débit* du compte « 665 Escomptes accordés » ;

– *chez l'acheteur au crédit* compte « 765 Escomptes obtenus ».

**Exemple**

L'entreprise Laz adresse, le 9 juillet, à son client Mayer la facture d'avoir suivante :

| Escompte | : | 150,00 |
|---|---|---|
| TVA 20 % | : | 30,00 |
| Net porté en compte | : | 180,00 |

| Chez le vendeur Laz | | | |
|---|---|---|---|

| | 9/7 | | |
|---|---|---|---|
| 665 | Escomptes accordés | 150,00 | |
| 44571 | TVA collectée | 30,00 | |
| 411 | Clients | | 180,00 |
| | *Mayer AV n° …* | | |

| Chez l'acheteur Mayer | | | |
|---|---|---|---|

| | 9/7 | | |
|---|---|---|---|
| 401 | Fournisseurs | 180,00 | |
| 765 | Escomptes obtenus | | 150,00 |
| 44566 | TVA sur autres biens et services | | 30,00 |
| | *Laz AV n°…* | | |

# CHAPITRE 8

# Les charges et les produits d'exploitation

## 1. PRINCIPES

Dans le cadre de son activité normale, l'entreprise supporte d'autres charges que les achats liés à son métier proprement dit et peut obtenir d'autres produits que son chiffre d'affaires. Ils forment, avec les achats et les ventes, *les charges et les produits liés au cycle d'exploitation de l'entreprise*.

## 2. LES AUTRES ACHATS ET CHARGES EXTERNES

*Les autres achats concernent les achats non stockables* (eau, énergie) ou *non stockés* par l'entreprise (fournitures de bureau...). Ils sont regroupés dans le compte « 606 Achats non stockés ».

*Les autres charges externes* correspondent à des *services extérieurs* en provenance des tiers. Le PCG distingue :

| **61 Services extérieurs** | **62 Autres services extérieurs** |
|---|---|
| Ils sont liés à l'investissement de l'entreprise | Ils sont liés à l'activité de l'entreprise |
| 611 Sous-traitance générale<br>612 Redevances de crédit-bail<br>614 Charges locatives et de copropriété<br>615 Entretien et réparations<br>616 Primes d'assurances<br>617 Études et recherches<br>618 Divers | 621 Personnel extérieur à l'entreprise<br>622 Rémunérations d'intermédiaires et honoraires<br>623 Publicité, publications, relations publiques<br>624 Transport de biens et transport collectif du personnel<br>625 Déplacements, missions et réceptions<br>626 Frais postaux et de télécommunications<br>627 Services bancaires et assimilés<br>628 Divers |

*Les services sous-traités* qui s'intègrent dans le cycle de production de l'entreprise sont inscrits dans les comptes « 604 Achats d'études et de prestations de services » et « 605 Achats de matériel, équipements et travaux ».

*Les autres achats et charges externes* peuvent faire l'objet de *réductions* (commerciales et/ou financière) et supporter la TVA. Les règles comptables sont identiques à celles relatives aux achats.

**Exemple**

Le 15 juin N, l'entreprise Eglet reçoit une facture EDF : 1 800 € HT, TVA 20 %. Le 20 juin N, elle achète en espèces un lot d'enveloppes Postexport : 30 €.

| | 15/6/N | | |
|---|---|---|---|
| 606 | Achats non stockés de matières et fournitures | 1 800,00 | |
| 44566 | TVA sur autres biens et services | 360,00 | |
| 401 | Fournisseurs | | 2 160,00 |
| | *EDF FA n° ...* | | |
| | 20/6/N | | |
| 626 | Frais postaux et de télécommunications* | 30,00 | |
| 530 | Caisse | | 30,00 |
| | *Pièce de caisse n° ... ; FA n° ...* | | |

\* Opération non soumise à la TVA

# 3. LES IMPÔTS ET TAXES*

L'entreprise supporte des *charges à caractère fiscal* (l'impôt sur les sociétés exclu) destinées soit à participer aux dépenses publiques, soit à financer des actions d'intérêt économique ou social. Ces impôts sont généralement versés annuellement.

## A - Les différentes taxes

### 1) Les charges fiscales assises sur les rémunérations versées aux salariés

Nous trouvons principalement :

| | |
|---|---|
| **Taxe sur les salaires** | • Concerne les employeurs non assujettis à la TVA sur 90 % au moins de leur CA.<br>• Taux variant de 4,25 % à 20 % suivant des tranches. |
| **Participation à la formation professionnelle continue (collecte 2015)** | • Contribution au financement de la formation professionnelle continue.<br>• Concerne tout employeur, quel que soit l'effectif.<br>• Taux applicable en fonction de l'effectif :<br>  – moins de 10 salariés :   taux de 0,55 %<br>  – de 10 à 19 salariés :   taux de 1,05 %<br>  – plus de 20 salariés :   taux de 1,60 %<br>La loi sur la formation professionnelle, l'emploi et la démocratie sociale du 5 mars 2014 prévoit une contribution unique de 1 % pour les entreprises de 10 salariés et plus, à partir de la collecte 2016 se rapportant aux rémunérations 2015. |

---

\* Pour un développement complet, voir chez le même éditeur, dans la même collection :
En poche *Fiscal* par B. et F. Grandguillot (édition annuelle en février)

| Participation à l'effort de construction | • Contribution à l'investissement dans la construction de logements.<br>• Concerne tout employeur ayant au minimum 20 salariés (taux 0,45 %). |
|---|---|
| Versement transport | • Contribution au financement des transports en commun.<br>• Concerne toute entreprise de plus de 9 salariés dans certaines agglomérations de plus de 10 000 habitants (taux variables). |
| Taxe d'apprentissage et la contribution supplémentaire (collecte 2015) | • Contribution au financement et au développement des formations technologiques et professionnelles.<br>• Concerne les entreprises qui exercent une activité industrielle, commerciale ou artisanale.<br>• Taxe proprement dite au taux de 0,68 % (0,44 % pour l'Alsace-Moselle).<br>• Contribution supplémentaire à l'apprentissage pour les entreprises d'au-moins 250 salariés, si le nombre moyen de salariés en contrat de professionnalisation ou d'apprentissage représente moins de 4 % (5 % à partir de 2015) de l'effectif annuel moyen (quota d'alternants) : taux variable de 0,60 % à 0,05 % selon le quota d'alternants (pour l'Alsace-Moselle 52 % des taux normaux). |

## 2) Les charges fiscales assises sur d'autres critères

Citons notamment :

| Taxe foncière | • Concerne les entreprises propriétaires de propriétés bâties et non bâties.<br>• Tarif fixé chaque année par la loi de finances. |
|---|---|
| Taxe sur les véhicules de sociétés (TVS) | • Concerne toutes les sociétés qui utilisent de manière habituelle des véhicules de tourisme ;<br>• Taux fixé soit en fonction de la puissance du véhicule, soit en fonction de l'émission de $CO_2$. Puis il est majoré d'un tarif *Air* variable selon le type de carburant (essence ou diésel). |
| Taxe sur les voitures particulières les plus polluantes | • Taxe instaurée depuis 2006 lors de la délivrance des cartes grises.<br>• Concerne les voitures d'occasion à forte émission de $CO_2$.<br>• Deux tarifs existent en fonction de la puissance du véhicule et en fonction de l'émission de $CO_2$. |
| Taxe écopastille ou malus | • Concerne les voitures neuves fortement émettrice de $CO_2$ acquises à partir de 2008.<br>• Tarif fixé soit en fonction de la puissance du véhicule, soit en fonction de l'émission de $CO_2$. |
| Taxe additionnelle annuelle à la taxe sur les conventions d'assurance | • Concerne les voitures neuves fortement émettrice de $CO_2$ acquises à partir de 2009.<br>• Montant forfaitaire de 160 €.<br>• En sont exclues les sociétés soumises à la TVS. |
| Droits d'enregistrement | • Concernent les entreprises qui accomplissent des opérations juridiques (ventes de biens, apports de sociétés...).<br>• Donnent lieu au versement de droits fixes, proportionnels ou progressifs. |
| Contribution économique et territoriale (CET) | • Concerne les personnes physiques ou morales et les sociétés non dotées de la personnalité morale qui exercent habituellement une activité professionnelle non salariée.<br>• Composée de la cotisation foncière des entreprises (CFE) et de la cotisation sur la valeur ajoutée des entreprises (CVAE).<br>• Cotisation foncière des entreprise (CFE) calculée sur la valeur locative des biens passibles de la taxe foncière. Son taux est déterminé par les communes ou les EPCI.<br>• Cotisation sur la valeur ajoutée des entreprise (CVAE) prélevée selon un barème progressif et due uniquement à partir de 500 000 € de CA. |

## B - La comptabilisation

Les différentes taxes s'enregistrent au **débit** du compte « 63 Impôts, taxes et versements assimilés », en tenant compte de la nature de l'assiette fiscale et de l'organisme collecteur par le **crédit** des comptes de tiers correspondants (État ou autres organismes).

### Exemple

Le 15 novembre N, la société AIE reçoit l'avis d'imposition de la taxe sur les véhicules de sociétés d'un montant de 21 600 € (à verser à l'administration des impôts).

Le 18 décembre N, elle règle, par chèque bancaire, à un organisme collecteur la participation des employeurs à l'effort de construction : 72 000 €.

| | | 15/11/N | | |
|---|---|---|---|---|
| 635 | | Autres impôts, taxes et versements assimilés (administration des impôts) | 21 600,00 | |
| 447 | | Autres impôts, taxes et versements assimilés *Avis n° …* | | 21 600,00 |
| | | 18/12/N | | |
| 633 | | Impôts, taxes et versements assimilés sur rémunération (autres organismes) | 72 000,00 | |
| 512 | | Banques *CH n° … ; FA n° …* | | 72 000,00 |

# 4. LES CHARGES DE PERSONNEL*

La rémunération du facteur travail représente un **coût** pour l'employeur. L'essentiel de ce coût constitue les charges de personnel.

Le personnel est un ensemble de personnes dont chacune est liée à l'entreprise par un **contrat de travail**.

Les charges de personnel d'une entreprise comprennent :

| Le salaire brut | Les charges sociales patronales |
|---|---|
| Il représente la partie essentielle des charges de personnel, comprenant la **rémunération** des salariés et les **cotisations** sociales salariales retenues par l'employeur. | Elles sont calculées à partir du montant des salaires bruts. |

Précisons que dans le cadre du pacte de responsabilité et de solidarité, la loi de financement rectificative de la Sécurité sociale (PLFRSS) pour 2014 comporte plusieurs mesures destinées à alléger à partir du 1er janvier 2015 les cotisations salariales et patronales. Par exemple, un employeur sera totalement exonéré de cotisations et de contributions de Sécurité sociale sur les salaires égaux au SMIC.

---

* Pour un développement complet, voir chez le même éditeur, dans la même collection :
En poche *La paie* par D. Grandguillot (édition annuelle en janvier)

Les principaux comptes relatifs aux salaires et aux cotisations sociales sont les suivants :

| Comptes de charges | Comptes de tiers |
|---|---|
| 641 Rémunération du personnel<br>645 Charges de sécurité sociale et de prévoyance | 421 Personnel – Rémunérations dues<br>425 Personnel – Avances et acomptes<br>427 Personnel – Oppositions<br>431 Sécurité sociale<br>437 Autres organismes sociaux |

## A - Le salaire brut

### 1) Les éléments de calcul du salaire

Les éléments de calcul du salaire sont présentés page suivante :

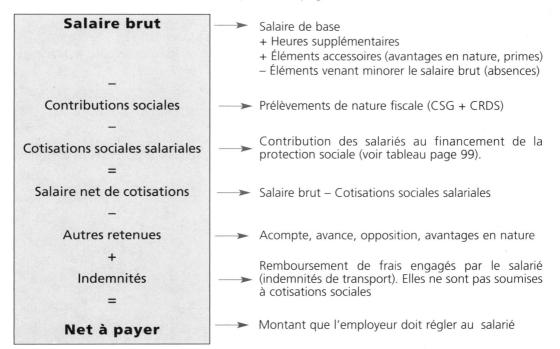

Tout employeur, quelle que soit son activité, doit établir un ***bulletin de paie*** pour chaque salarié et le lui remettre obligatoirement, lors du versement de chaque paie :

– *soit en main propre ou par courrier postal*, sous format papier ;

– *soit par courriel*, sous forme électronique, avec l'accord du salarié.

## 2) La comptabilisation des salaires

Il est utile pour l'organisation comptable de récapituler l'ensemble des éléments de calcul des bulletins de paie sur un document intitulé livre de paie. Celui-ci n'est pas obligatoire.

La comptabilisation des salaires s'effectue, conformément au PCG, en **quatre étapes** :

> ➤ **comptabilisation**, au cours du mois, **des avances et acomptes** versés au personnel au **débit** du compte « 425 Personnel – Avances et acomptes » par le **crédit** d'un compte de trésorerie ;

> ➤ **enregistrement du salaire brut** : le compte « 641 Rémunérations du personnel » est **débité** du montant des salaires bruts et des indemnités par la **contrepartie** du compte « 421 Personnel – Rémunérations dues » ;

> ➤ **enregistrement des retenues** : le compte « 421 Personnel – Rémunérations dues » est **débité** du montant des avances et acomptes versés, du montant des oppositions et du montant des cotisations salariales par le **crédit** des comptes de tiers « 425 Personnel – Avances et acomptes », « 427 Personnel – Oppositions » et « 43 Organismes sociaux » (subdivisé selon les besoins). Notons que, les cotisations d'assurance chômage sont recouvrées par l'URSSAF ;

> ➤ **comptabilisation du règlement des salaires nets** : le compte « 421 Personnel – Rémunérations dues » est **soldé** par la **contrepartie** d'un compte de trésorerie.

### Exemple

L'entreprise Kervignon vous fournit les éléments relatifs à la paie de son personnel concernant le mois de juin N :

| | |
|---|---:|
| – acomptes versés : | 55 000 € |
| – salaires bruts : | 495 000 € |
| – cotisations (Sécurité sociale, assurance chômage) : | 73 900 € |
| – cotisations (retraites complémentaires) : | 34 400 € |
| – indemnités de transport : | 6 700 € |

| | | 1/6 | | |
|---|---|---|---|---|
| 425 | | Personnel – Avances et acomptes | 55 000,00 | |
| 512 | | Banques | | 55 000,00 |
| | | *Acomptes : CH n° … ; CH n° … ; CH n° …* | | |
| | | 25/6 | | |
| 641 | | Rémunérations du personnel | 501 700,00 | |
| 421 | | Personnel – Rémunérations dues | | 501 700,00 |
| | | *Livre de paie du mois de juin (495 000 + 6 700)* | | |

| | | | | |
|---|---|---|---|---|
| | | 25/6 | | |
| 421 | | Personnel – Rémunérations dues | 163 300,00 | |
| 431 | | Sécurité sociale (URSSAF) | | 73 900,00 |
| 437 | | Autres organismes sociaux | | 34 400,00 |
| 425 | | Personnel – Avances et acomptes | | 55 000,00 |
| | | *Livre de paie du mois de juin* | | |
| | | 30/6 | | |
| 421 | | Personnel – Rémunérations dues | 338 400,00 | |
| 512 | | Banques | | 338 400,00 |
| | | *Fiche de paie n° ..., Vir n° ... (501 700 – 163 300)* | | |

# B - Les charges sociales patronales

## 1) Les cotisations sociales

Les cotisations sociales patronales, contribution au financement de la protection sociale des salariés (tableau p. 99), constituent une charge qui s'ajoute à celle des salaires bruts.

## 2) La comptabilisation des cotisations

La comptabilisation s'effectue mensuellement ou trimestriellement, conformément au PCG, en deux étapes :

> *enregistrement des cotisations patronales* au *débit* du compte « 645 Charges de sécurité sociale » et de prévoyance par le *crédit* du compte « 43 Organismes sociaux ». Notons que les cotisations d'assurance chômage sont désormais recouvrées par l'URSSAF ;

> *enregistrement du règlement* aux différents organismes sociaux :

Part salariale + Part patronale

Le compte « 43 Organismes sociaux » est *débité pour solde* par la contrepartie d'un compte de trésorerie.

Les déclarations auprès des différents organismes sociaux (URSSAF, caisses de retraites complémentaires ARRCO, AGIRC) peuvent être effectuées sur *un support unique,* la télédéclaration unifiée des cotisations sociales (DUCS EFI ou DUCS EDI). En outre, depuis le 1er janvier 2014, *les télédéclarations et les télépaiements sont obligatoires pour les entreprises* qui versent mensuellement leurs cotisations sociales et pour celles qui ont dépassé en 2013 le seuil de 35 000 € de cotisations, de contributions et de taxes sociales.

**Exemple**

Les charges sociales patronales de l'entreprise Kervignon sont les suivantes :

| | |
|---|---|
| – Sécurité sociale et assurance chômage : | 139 800 € |
| – retraites complémentaires : | 66 200 € |

| | | 30/6/N | | |
|---|---|---|---|---|
| 645 | | Charges de sécurité sociale et de prévoyance | 206 000,00 | |
| 431 | | Sécurité sociale (URSSAF) | | 139 800,00 |
| 437 | | Autres organismes sociaux | | 66 200,00 |
| | | *D'après le journal des charges patronales* | | |
| | | 15/7/N | | |
| 431 | | Sécurité sociale (URSSAF) | 213 700,00 | |
| 437 | | Autres organismes sociaux | 100 600,00 | |
| 512 | | Banques | | 314 300,00 |
| | | *DUCS EFI n° ...* | | |
| | | *(73 900 + 139 800) ; (34 400 + 66 200)* | | |

La base de calcul de certaines cotisations est ***plafonnée*** à un certain montant. Celui-ci est fixé chaque année, le 1er janvier, par la loi de financement de la Sécurité sociale.

On distingue trois tranches : **A**, **B** et **C**, délimitées chacune par un plancher et un plafond mensuels, soit au 1er janvier 2014 :

| ← | Salaire brut total | | → |
|---|---|---|---|
| **Tranche A** | **Tranche B** (tranche A x 4) | **Tranche C** (tranche A x 8) | |
| 0          3 129 € | 12 516 € | 25 032 € | |

## C - Le tableau des cotisations sociales

Ce tableau, présenté page ci-contre, indique le détail des charges sur salaire brut, leur base de calcul et s'il s'agit d'une cotisation à la charge du salarié (salariale) ou de l'employeur (patronale). Les taux n'ont pas été indiqués compte tenu de leurs variations fréquentes ; celles-ci n'altèrent en rien les principes de comptabilisation développés précédemment.

Les cotisations salariales et patronales versées aux mêmes organismes et calculées sur la même assiette peuvent être regroupées en une seule ligne dans le but de simplifier la présentation du bulletin de paie.

Un récapitulatif détaillé de chaque cotisation avec son taux et son montant doit être communiqué au salarié une fois l'an.

Toutefois, dans le cadre des ***50 premières mesures prévues pour simplifier la vie des entreprises*** et applicables en 2015, il est proposé de simplifier le bulletin de paie dans le double objectif de le rendre plus compréhensible pour le salarié et de faciliter pour les entreprises le calcul des charges qu'elles doivent payer.

| Nature de la charge | Base | Part salariale | Part patronale |
|---|---|:---:|:---:|
| CSG[1] (part non déductible) | 98,25 % du salaire brut[2] | X | |
| CSG (part déductible) | 98,25 % du salaire brut[2] | X | |
| CRDS[3] | 98,25 % du salaire brut[2] | X | |
| Sécurité sociale (URSSAF) | | | |
| • Maladie | Salaire brut | X | X |
| • Vieillesse plafonnée | Tranche A | X | X |
| • Vieillesse déplafonnée | Salaire brut | X | X |
| • Allocations familiales | Salaire brut | | X |
| • Accident du travail | Salaire brut | | X |
| • Aide logement plafonnée (tout employeur) | Tranche A | | X |
| • Aide logement déplafonnée (20 salariés et plus) | Salaire brut | | X |
| • Chômage | Tranches A + B | X | X |
| • AGS | Tranches A + B | | X |
| APEC (cadres) | Tranches A + B | X | X |
| Retraite complémentaire | | | |
| • Non cadres : | | | |
| ARRCO | Tranche A | X | X |
| ARRCO | Tranche B | X | X |
| AGFF | Tranche A | X | X |
| AGFF | Tranche B | X | X |
| • Cadres : | | | |
| ARRCO | Tranche A | X | X |
| AGIRC | Tranche B | X | X |
| AGIRC | Tranche C | X | X |
| AGFF | Tranche A | X | X |
| AGFF | Tranche B | X | X |
| GMP | Tranche B (minimale) | X | X |
| CET | Tranches A + B + C | X | X |
| Prévoyance | Tranche A | | X |
| Versement transport | Salaire brut | | X |
| Contribution de solidarité pour l'autonomie | Salaire brut | | X |
| Forfait social | Base[4] | | X |

(1) Contribution sociale généralisée
(2) Dans la limite de 4 fois le plafond annuel de la Sécurité sociale ; au-delà, 100 % du revenu brut
(3) Contribution au remboursement de la dette sociale
(4) Forfait social sur les contributions patronales de prévoyance complémentaire des salariés exonérées des cotisations de Sécurité sociale

# D - La comptabilisation du crédit d'impôt pour la compétitivité et l'emploi (CICE) pour les sociétés soumises à l'impôt sur les sociétés

*Toutes les entreprises employeurs, imposées au régime du réel* (IR ou IS) peuvent bénéficier du CICE depuis le 1er janvier 2013. Le CICE est calculé sur les rémunérations inférieures ou égales à 2,5 smic versées dans l'année civile.

Son taux est de 6 % depuis le 1er janvier 2014. Il est imputable sur l'IR ou sur l'IS.

**Pour les entreprises soumises à l'IR**, le CICE ne génère aucune écriture comptable car c'est l'entrepreneur ou l'associé qui en est bénéficiaire.

**Pour les entreprises soumises à l'IS**, l'ANC préconise de comptabiliser le CICE au **crédit** d'un sous-compte du compte « 64 Charges de personnel » dans la mesure où ce dernier permet de réduire les charges de personnel.

Le compte « 649 Produit d'impôt CICE » peut être créé. Ce produit doit être rattaché à l'exercice au rythme de l'engagement des charges de rémunération correspondantes. Ainsi, **un produit à recevoir** est calculé et comptabilisé à la clôture de l'exercice (voir chapitre 13).

Les entreprises éligibles au CICE **doivent indiquer sur chaque déclaration** de leurs cotisations URSSAF **le montant cumulé** de l'assiette du CICE. Une ligne spécifique a été créée à cet effet. De plus, le montant du CICE est déterminé sur **une déclaration spécifique** transmise à l'administration fiscale par l'entreprise après la clôture de l'exercice.

# 5. LES AUTRES PRODUITS D'EXPLOITATION

Les principaux produits d'exploitation relatifs aux **opérations courantes**, en dehors de ceux constituant le chiffre d'affaires, sont :

– les subventions d'exploitation ;

– les autres produits de gestion courante.

## A - Les subventions d'exploitation

Les subventions d'exploitation sont des **aides financières** non remboursables dont bénéficie l'entreprise pour lui permettre de **compenser** l'insuffisance de certains produits d'exploitation ou de **faire face** à certaines charges d'exploitation (aide à l'innovation, prime d'incitation à la création d'emplois...).

Les subventions d'exploitation sont comptabilisées dès qu'elles sont octroyées au **crédit** du compte « 74 Subventions d'exploitation » par la **contrepartie** du compte « 441 État – Subventions à recevoir ».

Lors de son encaissement, la créance sur l'État est **soldée** par la **contrepartie** d'un compte de trésorerie.

**Exemple**

Le 20 septembre N, l'État octroie à l'entreprise une subvention de 4 000 € dans le cadre d'un contrat de génération. Elle est versée le 30 octobre N.

|  | ——————— 20/9 ——————— |  |  |
|---|---|---|---|
| 441 | État – Subventions à recevoir | 4 000,00 |  |
| 74 | Subventions à recevoir |  | 4 000,00 |
|  | *Subvention contrat de professionnalisation* |  |  |
|  | ——————— 30/10 ——————— |  |  |
| 512 | Banques | 4 000,00 |  |
| 441 | État – Subventions à recevoir |  | 4 000,00 |
|  | *Subvention contrat de génération : CH n° …* |  |  |

# B - Les autres produits de gestion courante

Les autres produits de gestion courante comprennent essentiellement :

– les redevances perçues pour concessions, brevets, licences, marques… ;

– les revenus des immeubles non affectés aux activités professionnelles.

Ils sont portés au **crédit** du compte « 75 Autres produits de gestion courante » par la **contrepartie** d'un compte de créance ou de trésorerie.

### Exemple

Le 10 septembre N, l'entreprise perçoit le loyer mensuel de 800 € d'un appartement dont elle est propriétaire. Le locataire règle par chèque bancaire.

|  | ——————— 10/9 ——————— |  |  |
|---|---|---|---|
| 512 | Banques | 800,00 |  |
| 752 | Revenus des immeubles non affectés aux activités professionnelles |  | 800,00 |
|  | *Quittance n° … ; CH n° …* |  |  |

# CHAPITRE 9

# Les opérations avec l'étranger

## 1. PRINCIPES

Un grand nombre d'entreprises françaises réalisent des opérations avec des entreprises étrangères établies soit dans un État hors de l'Union européennne soit dans un État membre de l'Union européenne.

Au 1er janvier 2014, l'*euro est la monnaie unique* des dix-huit pays participant à l'Union économique et monétaire (*UEM*) et donc membres de la zone euro : Allemagne, Autriche, Belgique, Chypre, Espagne, Estonie, Finlande, France, Grèce, Irlande, Italie, Lettonie, Luxembourg, Malte, Pays-Bas, Portugal, Slovaquie et Slovénie.

La Lituanie entrera dans la zone euro le 1er janvier 2015 et en deviendra le 19e participant.

Les opérations avec l'étranger comprennent :

→ les opérations de *livraisons de biens corporels* avec l'étranger ;

→ les opérations de *prestations de services* avec l'étranger.

Le traitement comptable de ces opérations présente deux particularités :

– l'application des règles fiscales de territorialité en matière de TVA ;

– le traitement des différences de change pour les opérations libellés en monnaies étrangères, c'est-à-dire celles réalisées en dehors de la zone euro.

## 2. LES OPÉRATIONS DE LIVRAISONS DE BIENS CORPORELS

Il y a lieu de distinguer les opérations d'import-export et les opérations intra-communautaires.

| Les opérations d'import-export | Les opérations intracommunautaires |
|---|---|
| Elles représentent des échanges réalisés entre une entreprise *située en France* et une entreprise *établie dans un État hors de l'Union européenne.* | Elles représentent des échanges réalisés entre une entreprise *située en France* et une entreprise *établie dans un autre État membre de l'Union européenne.* |

## A - Les opérations d'importation libellées en monnaies étrangères

### 1) La facturation

Les importations sont *soumises à la TVA française*.

La TVA est réglée à l'administration des douanes et non au fournisseur, et est *exigible* au moment du *dédouanement*. Elle est calculée sur la valeur en douane, c'est-à-dire sur le prix réel des produits effectivement payé au moment du dédouanement.

Depuis le 1er janvier 2013, la TVA qui peut être déduite est celle qui *est due* à l'importation et non plus obligatoirement celle payée à l'administration des douanes. En conséquence, l'entreprise peut *exercer son droit à déduction* dès lors qu'elle est en possession d'une déclaration à l'importation la désignant comme destinataire des biens importés.

La comptabilisation des importations nécessite deux écritures :

– *enregistrement de la facture hors taxes* : le compte concerné « 60 Achats … » est *débité* et le compte « 401 Fournisseurs » est *crédité* ;

– *enregistrement de la TVA due ou payée à l'administration des douanes* : le compte « 44566 TVA sur autres biens et services » est *débité* et le compte « 443 Opérations particulière avec l'État » ou le compte de trésorerie concerné est *crédité*.

Ces deux écritures s'enregistrent soit :

– à la même date si la facturation est simultanée à la livraison ;

– à des dates différentes dans le cas inverse.

### 2) Le règlement

Les règlements relatifs aux dettes en monnaies étrangères doivent être *convertis en euros* sur la base du dernier cours de change du jour du règlement.

Une comparaison est effectuée entre le montant des dettes comptabilisées à la date de facturation et celui des règlements.

Les différences constatées représentent :

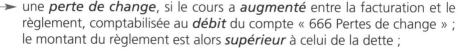

une *perte de change*, si le cours a *augmenté* entre la facturation et le règlement, comptabilisée au *débit* du compte « 666 Pertes de change » ; le montant du règlement est alors *supérieur* à celui de la dette ;

un *gain de change*, si le cours a *diminué* entre la facturation et le règlement, comptabilisé au *crédit* du compte « 766 Gains de change » ; le montant du règlement est alors *inférieur* à celui de la dette.

**Exemple**

L'entreprise Doar reçoit le 28 avril une facture, de son fournisseur japonais Zenne, d'un montant de 130 000 yens (cours du jour : 100 yens = 0,907 €). La livraison et la déclaration à l'importation sont effectuées le 9 mai. TVA à 20 %.

La TVA est payée à l'administration des douanes le 25 juin.

La conversion en euros est la suivante : 130 000 / 100 x 0,907 = 1 179,10 €

| | | | 28/4 | | |
|---|---|---|---|---|---|
| 607 | Achats de marchandises | | | 1 179,10 | |
| 401 | Fournisseurs | | | | 1 179,10 |
| | *Zenne FA n° ...* | | | | |
| | | | 9/5 | | |
| 44566 | TVA sur autres biens et services | | | 235,82 | |
| 443 | Opérations particulières avec l'État | | | | 235,82 |
| | *TVA exigible 1 179,10 x 20 % ; CH n° ...* | | | | |
| | | | 25/6 | | |
| 443 | Opérations particulières avec l'État | | | 235,82 | |
| 512 | Banques | | | | 235,82 |
| | *Douanes CH n° ...* | | | | |

L'entreprise Doar règle son fournisseur japonais le 28 juillet (cours du jour : 100 yens = 1,021 €).

La conversion en euros est la suivante : 130 000 / 100 x 1,021 = 1 327,30 €

L'entreprise constate : Règlement > Dette = Perte de change, soit :

1 327,30 – 1 179,10 = 148,20 €

| | | 28/7 | | |
|---|---|---|---|---|
| 401 | Fournisseurs | | 1 179,10 | |
| 666 | Pertes de change | | 148,20 | |
| 512 | Banques | | | 1 327,30 |
| | *Zenne CH n° ...* | | | |

# B - Les opérations d'exportation libellées en monnaies étrangères

## 1) La facturation

Les opérations d'exportation sont ***exonérées de TVA***. Les ventes à l'exportation se comptabilisent hors taxes.

Le compte « 411 Clients » est ***débité*** par la ***contrepartie*** d'une subdivision du compte « 70. Ventes ... ».

## 2) L'encaissement

Le principe de conversion est ***identique*** à celui des dettes en monnaies étrangères.

Une comparaison est effectuée entre le montant des créances comptabilisées à la date de facturation et celui des encaissements.

Les différences constatées représentent :

> une **perte de change**, si le cours a **diminué** entre la facturation et l'encaissement, comptabilisée au **débit** du compte « 666 Pertes de change » ; l'encaissement est alors **inférieur** à la créance ;

> un **gain de change**, si le cours a **augmenté** entre la facturation et l'encaissement, comptabilisé au **crédit** du compte « 766 Gains de change » ; l'encaissement est de ce fait **supérieur** à la créance.

**Exemple**

L'entreprise Doar vend des marchandises le 5 juin, à son client mexicain Pérez, pour un montant de 80 000 pesos (cours du jour : 100 pesos = 6,434 €)

La conversion en euros est la suivante : 80 000 / 100 x 6,434 = 5 147,20 €

|  |  | 5/6 |  |  |
|---|---|---|---|---|
| 411 | Clients | | 5 147,20 | |
| 707 | Ventes de marchandises | | | 5 147,20 |
| | *Pérez FA n° …* | | | |

Le client mexicain Pérez règle la facture le 12 juillet d'un montant de 80 000 pesos (cours du jour : 100 pesos = 6,787 €)

La conversion en euros est la suivante : 80 000 / 100 x 6,787 = 5 429,60 €

L'entreprise constate : Encaissement > Créance = Gain de change, soit :

　　　　5 429,60 – 5 147,20 = 282,40 €

|  |  | 12/7 |  |  |
|---|---|---|---|---|
| 512 | Banques | | 5 429,60 | |
| 411 | Clients | | | 5 147,20 |
| 766 | Gains de change | | | 282,40 |
| | *Pérez CH n° …* | | | |

## C - Les opérations intracommunautaires

### 1) Les règles de facturation et de TVA depuis le 1er janvier 2013

Pour les opérations réalisées depuis le 1er janvier 2013, *les principales règles* sont les suivantes :

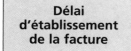

**Délai d'établissement de la facture** → *la facture doit être établie au plus tard le 15 du mois* qui suit celui au cours duquel s'est produit le fait générateur. Cette règle s'applique aux acquisitions intracommunautaires et aux livraisons intracommunautaires.

| | |
|---|---|
| **Dispense de la facturation des acomptes** | *il n'est plus obligatoire d'émettre une facture d'acompte* au titre des livraisons intracommunautaires exonérées de TVA. |
| **Exigibilité de la TVA** | *pour les acquisitions intracommunautaires et les livraisons intracommunautaires exonérées*, la TVA est exigible à l'émission de la facture ou au plus tard le 15 du mois suivant celui du fait générateur, si aucune facture n'est émise avant. |

### 2) Les acquisitions intracommunautaires

### a) La facturation

Les acquisitions intracommunautaires (achats) sont **soumises à la TVA française**. Contrairement aux importations, la TVA n'est pas collectée par l'administration des douanes mais par *l'acquéreur*.

La TVA relative à une acquisition intracommunautaire est à la fois :

une *TVA collectée à payer à l'État*
une *TVA déductible à récupérer* } pour le même montant.

Elle est donc **autoliquidée par l'acquéreur**. Aussi elle figure sur la même déclaration mensuelle de TVA (CA3). De plus, *la mention* « *Autoliquidation* » doit être portée sur la facture.

Il est nécessaire de distinguer la TVA due sur les acquisitions intracommunautaires de la TVA collectée sur les ventes réalisées en France ; pour cela, il existe *un compte spécifique* : « 445**2** TVA due intracommunautaire.

Des **subdivisions** des comptes d'achats, de la TVA déductible et des fournisseurs sont utilisées pour identifier les opérations intracommunautaires.

Les comptes « 60.1**2** Achats de … intracommunautaires » et « 44566**2** TVA déductible intracommunautaire » sont **débités** et les comptes « 4011**2** Fournisseurs Union européenne » et « 4452 TVA due intracommunautaire » sont **crédités**.

### b) Le règlement

Les règlements des dettes intracommunautaires entre les dix-huit pays de l'Union économique et monétaire (zone euro) n'entraînent **aucune différence de change**.

Le montant du règlement, identique au montant de la dette initiale, est porté au *crédit* d'un compte de trésorerie par le *débit* du compte « 401 Fournisseurs Union européenne ».

**Exemple**

La société Landudec achète des marchandises, à son fournisseur espagnol Païs, le 15 septembre pour un total de 180,30 €.

Le montant de la TVA s'élève à : 180,30 x 0,20 = 36,06 €

| | 15/9 | | |
|---|---|---|---|
| 60712 | Achats de marchandises intracommunautaires | 180,30 | |
| 445662 | TVA déductible intracommunautaire | 36,06 | |
| 4452 | TVA due intracommunautaire | | 36,06 |
| 40112 | Fournisseurs Union européenne | | 180,30 |
| | *Païs FA n° ...* | | |

La société LMD règle sa facture le 30 septembre.

| | 30/9 | | |
|---|---|---|---|
| 40112 | Fournisseurs Union européenne | 180,30 | |
| 512 | Banques | | 180,30 |
| | *Païs CH n° ...* | | |

Les règlements des dettes intracommunautaires des **dix pays hors zone euro** qui engendrent des résultat de change connaissent un traitement comptable identique à celui des différences de change relatives aux opérations d'importation (voir page 105).

### 3) Les livraisons intracommunautaires

### a) La facturation

Les livraisons intracommunautaires (ventes) sont **exonérées de TVA** et sont donc comptabilisées hors taxes. Le compte spécifique « 4111**2** Clients Union européenne » est **débité** pour le montant hors taxes de la créance par le **crédit** du compte « 7071**2** Ventes de marchandises intracommunautaires ».

### b) L'encaissement

Au même titre que les règlements des dettes intracommunautaires, les encaissements de créances intracommunautaires entre les dix-sept pays de l'Union économique et monétaire n'entraînent **aucune différence de change**.

Le compte de trésorerie concerné est **débité** par le **crédit** du compte « 4111**2** Clients Union européenne » pour le montant de la créance initiale.

**Exemple**

Le 6 septembre, la société Guertiot vend des marchandises à son client allemand Scheffer pour 1 500 €.

Le 15 octobre, la société Guertiot reçoit un virement de son client Scheffer pour solde de son compte.

| | 6/9 | | |
|---|---|---|---|
| 41112 | Clients Union européenne | 1 500,00 | |
| 70712 | Ventes de marchandises intracommunautaires | | 1 500,00 |
| | *Scheffer FA n° ...* | | |

| | | ———————— 15/10 ———————— | | |
|---|---|---|---|---|
| 512 | | Banques | 1 500,00 | |
| 41112 | | Clients Union européenne | | 1 500,00 |
| | | *Scheffer VIR n° …* | | |

Les encaissements des créances intracommunautaires des ***onze pays hors zone euro*** qui engendrent des résultat de change connaissent un traitement comptable identique à celui des différences de change relatives aux opérations d'exportations (voir page 105).

# 3. LES OPÉRATIONS DE PRESTATIONS DE SERVICES

Seules les prestations relevant du principe général de taxation et réalisées entre assujettis sont étudiées (voir page 75).

## A - Les achats de prestations de services auprès d'un prestataire assujetti établi hors de France (Union européenne et hors Union européenne)

### 1) La facturation

Le preneur assujetti français est ***redevable de la TVA en France*** ; il doit ***autoliquider la TVA*** et la faire figurer sur la même déclaration mensuelle de TVA CA3. De plus, *la mention Autoliquidation* doit être portée sur la facture.

Précisons que la nouvelle règle relative au délai d'établissement de la facture énoncée page 106 s'applique également aux prestations de services pour lesquelles la TVA est autoliquidée.

Actuellement, aucun compte spécifique n'est prévu pour identifier les prestations de services intracommunautaires et la TVA qui s'y rattache.

Dans l'attente d'une traduction comptable officielle, le traitement comptable suivant peut être proposé : les comptes 604 Achats d'études ou de prestations de services ou « 61 Services extérieurs » ou « 62 Autres services extérieurs » et « 44566 TVA sur autres biens et services » sont *débités* par le *crédit* des comptes « 401 Fournisseurs » et « 445(.) TVA due sur prestations de services ».

Le fait générateur et l'exigibilité sont simultanés et interviennent, en principe,  à la date de réalisation de la prestation ou à la date d'encaissement d'acomptes par le fournisseur.

### 2) Le règlement

Le règlement des dettes soit en monnaies étrangères, soit intracommunautaires subit le même traitement comptable que celui relatif aux importations ou aux acquisitions intracommunautaires (voir pages 104 et 107).

**Exemple**

La société Corre à reçu le 5 juin de son fournisseur Zabo établi au Luxembourg, la facture relative à la confection d'un panneau publicitaire pour un montant hors taxes de 600 €, TVA 20 %. L'exigibilité de la TVA intervient lors de la facturation.

| | 5/6 | | |
|---|---|---|---|
| 623 | Publicité, publications, relations publiques | 600,00 | |
| 44566 | TVA sur autres biens et services | 120,00 | |
| 445(.) | TVA due sur prestations de services | | 120,00 |
| 401 | Fournisseurs | | 600,00 |
| | *Zabo FA n° ...* | | |

# B - Les ventes de prestations de services à un preneur assujetti établi à l'étranger

## 1) La facturation

Le prestataire assujetti français facture la prestation *hors taxes*. La TVA est autoliquidée dans le pays du preneur assujetti, le cas échéant.

Dans l'attente d'une traduction comptable officielle, le compte « 411 Clients » est *débité* par le *crédit* du compte « 706 Prestations de services ».

Par ailleurs, *le prestataire français assujetti* doit déclarer mensuellement à l'aide de la déclaration européenne de services (DES) les prestations de services intracommunautaires facturées aux clients assujettis qui autoliquident la TVA dans leur État membre.

## 2) L'encaissement

L'encaissement des créances soit en monnaies étrangères, soit intracommunautaires connaît le même traitement comptable que celui relatif aux exportations ou aux livraisons intracommunautaires (voir pages 105 et 107).

**Exemple**

La société Satec, spécialisée dans le dépannage des machines outils, facture le 15 juin à son client italien Nani la réparation d'une machine : 320 € hors taxes.

| | 15/6 | | |
|---|---|---|---|
| 411 | Clients | 320,00 | |
| 706 | Prestations de services | | 320,00 |
| | *Nani FA n° ...* | | |

# CHAPITRE 10

# *L*a trésorerie

## **1**• GÉNÉRALITÉS

Les opérations relatives au cycle d'exploitation génèrent des *flux d'encaissements et de décaissements*. La situation de la trésorerie, d'après l'approche comptable, correspond :

– *aux soldes débiteurs* des comptes « 512 Banques », « 514 Chèques postaux » et « 530 Caisse » formant les *disponibilités* (liquidités) de l'entreprise ;

– *aux soldes créditeurs* des comptes « 512 Banques » et « 514 Chèques postaux » représentant les crédits à court terme (*découverts bancaires*) consentis à l'entreprise par les organismes financiers.

Le comptable chargé du suivi des opérations de trésorerie doit non seulement comptabiliser les règlements et les encaissements au comptant et à crédit réalisés à l'aide des instruments de paiement (espèces, chèques, virements, effets de commerce), mais également :

– *vérifier* périodiquement la *concordance* des comptes « 512 Banques » et « 514 Chèques postaux » tenus par l'entreprise avec ceux tenus par les organismes financiers ;

– *placer les surplus* de disponibilités ;

– *faire face aux insuffisances* de trésorerie.

## **2**• LES FLUX DE DISPONIBILITÉS

### A - Les instruments de paiement

#### *1) Les espèces et la pièce de caisse (PC)*

La pièce de caisse (ou reçu) est un *document interne* établi par une entreprise à la suite :

```
┌──► d'un encaissement  ⎫
│                        ⎬ effectué en espèces.
└──► d'un règlement      ⎭
```

#### *2) Le chèque*

Le chèque bancaire ou postal est un écrit par lequel une personne, *le tireur*, titulaire d'un compte financier, donne l'ordre à son banquier, *le tiré*, de payer à vue une somme déterminée à une autre personne appelée *le bénéficiaire*. Ce dernier peut être le tireur lui-même ou une autre personne.

### 3) La carte bancaire

La carte bancaire ou de crédit, émise par la banque (*l'émetteur*), est un moyen de paiement qui permet à son titulaire **de régler** ses achats ou services aux commerçants affiliés à un réseau interbancaire et équipés d'un terminal de paiement électronique, **d'effectuer** des paiements à distance ou en ligne, **de procéder** à des retraits d'espèces auprès d'un distributeur automatique de billets (DAB). Une entreprise peut donc effectuer des règlements et des encaissements par cartes bancaires.

La banque retient une commission, exonérée de TVA, sur les encaissements.

### 4) Le virement et le prélèvement

**Le virement** est une opération qui consiste, à partir d'un ordre de virement du débiteur, à **transférer des fonds** d'un compte bancaire ou postal à un autre compte bancaire ou postal. Il est utilisé :

– comme **moyen de paiement** direct d'un montant du compte du débiteur à celui du créancier ;

– pour **transférer** des fonds d'un compte de trésorerie à un autre compte de trésorerie de la même entreprise (virements internes).

**Le prélèvement** est une opération qui consiste, à partir d'un ordre de prélèvement du créancier et d'une autorisation de prélèvement du débiteur, à **transférer des fonds** d'un compte bancaire ou postal à un autre compte bancaire ou postal. Il est utilisé comme **moyen de paiement direct** d'un montant du compte du débiteur à celui du créancier.

Depuis le 1er février 2014, **les virements et les prélèvements européens SEPA\*** sont généralisés et remplacent définitivement les virements et les prélèvements nationaux avec une période transitoire jusqu'au 1er août 2014. Au-delà, toute opération non conforme doit être rejetée par les banques. L'ensemble des pays de l'Espace économique européen (l'Union européenne, l'Islande, le Liechtenstein, la Norvège), Monaco et la Suisse sont concernés. Ainsi, au sein de cette zone, les règles relatives aux virements et aux prélèvements sont harmonisées. À terme, les entreprises bénéficieront d'une **optimisation des coûts de gestion** des paiements ainsi que d'une **plus grande sécurisation** des règlements *fournisseurs-clients*.

## B - Le principe de comptabilisation

Les comptes de trésorerie font l'objet d'encaissements (emploi) et/ou de décaissements (ressource).

Les comptes retenus par le PCG sont présentés page suivante :

---

\* *Single Euro Payments Area*

| **Flux d'encaissements** | |
|---|---|
| **À débiter** | **À créditer** |
| 512 Banques<br>514 Chèques postaux<br>530 Caisse | Tout compte qui entraîne<br>une *augmentation* de la trésorerie.<br>Par exemple :<br>411 Clients<br>70   Ventes de marchandises<br>… |
| **Flux de décaissements** | |
| **À débiter** | **À créditer** |
| Tout compte qui entraîne<br>une *diminution* de la trésorerie.<br>Par exemple :<br>401 Fournisseurs<br>6    Comptes de charges<br>… | 512 Banques<br>514 Chèques postaux<br>530 Caisse |

Les chèques reçus et les encaissements effectués par cartes bancaires peuvent nécessiter l'utilisation d'un compte d'attente : « 5112 Chèques à encaisser » et « 5115 Cartes de crédit à encaisser » dans l'attente de l'avis de crédit de la banque.

Le compte « 530 Caisse » ne présente *jamais un solde créditeur* ; il est soit débiteur, soit nul.

**Exemple**

L'entreprise Valo comptabilise les opérations suivantes :

– 4 juin : ventes de marchandises, au comptant, contre remise d'un chèque bancaire toutes taxes comprises de 1 200 € (TVA 20 %) ;

– 5 juin : le client François effectue un virement postal de 5 000 €, pour solde de son compte ;

– 7 juin : achat de timbres-poste contre des espèces : 30 € ;

– 9 juin : achat de journaux économiques par carte bancaire : 42 € HT, TVA 2,1 %.

| | | 4/6 | | |
|---|---|---|---|---|
| 512 | Banques | | 1 200,00 | |
| 707 | Ventes de marchandises | | | 1 000,00 |
| 44571 | TVA collectée | | | 200,00 |
| | *FA n° … ; CH n° … (1 200,00 / 1,2 = 1 000,00)* | | | |

| | | | |
|---|---|---:|---:|
| | ————————— 5/6 ————————— | | |
| 514 | Chèques postaux | 5 000,00 | |
| 411 |     Clients | | 5 000,00 |
| | *François VIR n° …* | | |
| | ————————— 7/6 ————————— | | |
| 626 | Frais postaux et frais de télécommunications | 30,00 | |
| 530 |     Caisse | | 30,00 |
| | *PC n° …* | | |
| | ————————— 9/6 ————————— | | |
| 618 | Divers | 42,00 | |
| 44566 | TVA sur autres biens et services | 0,88 | |
| 512 |     Banque | | 42,88 |
| | *Presse, FA n° …* | | |

# 3. LES EFFETS DE COMMERCE

## A - Définition

Les effets de commerce sont des *instruments de paiement et de crédit*. Ils représentent à la fois *pour le client un instrument de crédit* avec une échéance à terme, et *pour le fournisseur des créances mobilisables* bénéficiant de garanties spécifiques et régies par le droit cambiaire.

Les effets de commerce (ou traites) se composent de lettres de change (*LC*) et de billets à ordre (*BO*). Ils sont présentés page ci-contre.

## La lettre de change

Écrit, sur support papier, par lequel une personne, le *tireur*, donne l'ordre à une autre personne, le *tiré*, de payer à une certaine échéance, une somme déterminée à un *bénéficiaire*, qui est le tireur lui-même ou un tiers. Généralement, le tireur présente la lettre de change à l'*acceptation* au tiré afin que ce dernier s'engage à payer.

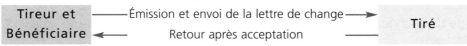

**Tireur et Bénéficiaire** ——— Émission et envoi de la lettre de change ——→ **Tiré**

◄——— Retour après acceptation

Contre cette LETTRE de CHANGE
stipulée SANS FRAIS
veuillez payer la somme indiquée
ci-dessous à l'ordre de :

A...............................LE...........

MONTANT POUR CONTRÔLE   DATE DE CRÉATION   ÉCHÉANCE   L.C.R. seulement   MONTANT

R.I.B. du TIRÉ
CODE établ.   CODE guichet   N° de compte   Clé RIB.   NOM et ADRESSE du TIRÉ

DOMICILIATION

ACCEPTATION OU AVAL

Signature du tireur

N° SIREN du TIRÉ

Ne rien inscrire au-dessous de cette ligne ⇓

## Le billet à ordre

Écrit, sur support papier, par lequel une personne, appelée *souscripteur*, s'engage à payer, à une certaine échéance, une somme déterminée à une autre personne appelée *bénéficiaire*.

**Bénéficiaire** ◄——— Émission et envoi du billet à ordre ——— **Souscripteur**

Contre le présent
BILLET À ORDRE
stipulée SANS FRAIS
nous paierons la somme indiquée
ci-dessous à :

A...............................LE...........

MONTANT POUR CONTRÔLE   DATE DE CRÉATION   ÉCHÉANCE   B.O.R. seulement   MONTANT

RIB SOUSCRIPTEUR
CODE établ.   CODE guichet   N° de compte   Clé RIB.   NOM et ADRESSE du SOUSCRIP-TEUR

DOMICILIATION

VALEUR EN

Signature du souscripteur

Bon pour aval

Ne rien inscrire au-dessous de cette ligne ⇓

La lettre de change relevé (*LCR*) papier permet le recouvrement d'une créance sans faire circuler matériellement le titre qui la représente. Le principe s'applique au billet à ordre, qui devient le billet à ordre relevé (*BOR*) papier. Les banques ne traitent que les opérations sur les lettres de change relevé et les billets à ordre relevé.

## B - La comptabilisation de la création des effets de commerce

La lettre de change, après son acceptation, et le billet à ordre, après son émission, sont enregistrés :

| Chez le fournisseur | Chez le client |
|---|---|
| Au **débit** du compte 413 Clients – Effets à recevoir par le **crédit** du compte 411 Clients. | Au **crédit** du compte 403 Fournisseurs – Effets à payer par le **débit** du compte 401 Fournisseurs. |

Après ces opérations :

– l'effet à recevoir reste *une créance mais devient mobilisable* : elle est inscrite au compte « 41 Clients » ;

– l'effet à payer demeure *une dette mais avec un engagement de payer* : elle est inscrite au compte « 40 Fournisseurs ».

**Exemple**

Les opérations suivantes sont comptabilisées chez le fournisseur Glémar et chez le client Dérec :

– 12/12 : envoi par l'entreprise Glémar de la LCR n° 14 à son client Dérec, montant 3 500 €, échéance 28 février ;

– 17/12 : le client Dérec envoie, en règlement d'une facture d'un montant de 4 800 €, le BOR n° 39, échéance 31 mars, à son fournisseur Glémar ;

– 19/12 : réception par l'entreprise Glémar de la LCR n° 14 acceptée par Dérec.

| | **Chez le fournisseur Glémar** | | |
|---|---|---|---|
| | 17/12 | | |
| 413 | Clients – Effets à recevoir | 4 800,00 | |
| 411 |     Clients | | 4 800,00 |
| | *Dérec BOR n° 39* | | |
| | 19/12 | | |
| 413 | Clients – Effets à recevoir | 3 500,00 | |
| 411 |     Clients | | 3 500,00 |
| | *Dérec LCR n° 14* | | |

| | Chez le client Dérec | | |
|---|---|---|---|
| | 17/12 | | |
| 401 | Fournisseurs | 4 800,00 | |
| 403 | Fournisseurs – Effets à payer | | 4 800,00 |
| | *Glémar BOR n° 39* | | |
| | 19/12 | | |
| 401 | Fournisseurs | 3 500,00 | |
| 403 | Fournisseurs – Effets à payer | | 3 500,00 |
| | *Glémar LCR n° 14* | | |

# C - La comptabilisation à l'échéance des effets de commerce

### 1) Le paiement des effets à payer

Le tiré ou souscripteur (acheteur/client) donne l'ordre, à sa banque ou à son centre postal, de payer les traites arrivées à échéance. À cet effet, l'entreprise leur adresse un relevé des effets à payer.

Lors de la réception de l'avis de débit, l'entreprise *solde* le compte « 403 Fournisseurs – Effets à payer » et constate une diminution, portée au *crédit*, de son compte « 512 Banques » ou « 514 Chèques postaux ».

#### Exemple

L'entreprise Dérec reçoit l'avis de débit le 3 mars d'un montant de 3 500 €, relatif au paiement de la LCR n° 14.

| | 3/3 | | |
|---|---|---|---|
| 403 | Fournisseurs – Effets à payer | 3 500,00 | |
| 512 | Banques | | 3 500,00 |
| | *Avis de débit n° …* | | |

### 2) L'encaissement des effets à recevoir

L'opération s'effectue par l'intermédiaire d'un établissement bancaire ou postal. Elle s'effectue en *deux temps* :

| **Avant l'échéance** | Le tireur remet les effets endossés à son établissement financier accompagnés d'un bordereau de remise à l'encaissement ; |
|---|---|
| | L'entreprise *débite* le compte « 5113 Effets à l'encaissement » par le *crédit* du compte « 413 Clients – Effets à recevoir ». |

**Après l'échéance**

L'établissement financier adresse à son client un avis (ou bordereau) d'encaissement qui mentionne :

| Net encaissé | = | Valeur nominale | – | (Commissions + TVA) |

| porté au **débit** des comptes « 512 Banques » ou « 514 Chèques postaux » | portée au **crédit** du compte « 5113 Effets à l'encaissement » | portées au **débit** des comptes « 6275 Frais sur effets » et « 44566 TVA sur autres biens et services » |

### Exemple

L'entreprise Glémar remet à l'encaissement le 25 février la LCR n° 14 d'un montant de 3 500 €.

Le 3 mars, la banque lui adresse l'avis de crédit avec le décompte suivant :

| | | |
|---|---|---:|
| Net encaissé : | 3 488 € |
| Commissions : | 10 € |
| TVA : | 2 € |

| | | 25/2 | | |
|---|---|---|---:|---:|
| 5113 | | Effets à l'encaissement | 3 500,00 | |
| 413 | | Clients – Effets à recevoir | | 3 500,00 |
| | | *Bordereau d'encaissement n° …* | | |
| | | 3/3 | | |
| 512 | | Banques | 3 488,00 | |
| 6275 | | Frais sur effets | 10,00 | |
| 44566 | | TVA sur autres biens et services | 2,00 | |
| 5113 | | Effets à l'encaissement | | 3 500,00 |
| | | *Avis de débit n° …* | | |

# 4• LES BESOINS DE TRÉSORERIE

Une entreprise peut avoir à faire face à ***des difficultés passagères*** de trésorerie (insuffisance de trésorerie). Pour résoudre ses besoins de trésorerie, elle dispose, entre autres, de quatre moyens de financement :

- le découvert bancaire ;
- l'escompte d'effets de commerce ;
- la cession de créances professionnelles (loi Dailly) ;
- l'affacturage.

## A - Le découvert bancaire

L'entreprise, pour faire face à une insuffisance momentanée de sa trésorerie, peut obtenir pour une période plus ou moins longue un découvert autorisé lui permettant d'honorer ses échéances. Le ***crédit ainsi obtenu*** donne lieu à la perception d'intérêts par la banque.

Ce coût financier est comptabilisé au *débit* du compte « 661 Charges d'intérêts » par la *contrepartie* du compte «512 Banques ».

Le découvert bancaire se traduit pour l'entreprise par un *solde créditeur* de son compte « 512 Banques ».

# B - L'escompte des effets de commerce

En cas de besoin de financement, le tireur peut *escompter* (c'est-à-dire vendre) ses effets de commerce auprès d'un établissement bancaire, avant leur date d'échéance.

L'opération entraîne pour l'entreprise une *augmentation* de ses liquidités et le paiement d'*agios* (Intérêts + Commissions TTC). La comptabilisation s'effectue *en deux étapes* :

| | |
|---|---|
| **Remise à l'escompte des effets** | Le tireur remet les effets endossés à sa banque, accompagnés d'un bordereau.<br><br>L'entreprise *débite* le compte « 5114 Effets à l'escompte », afin de suivre la circulation des effets, par le *crédit* du compte « 413 Clients – Effets à recevoir ». |

La banque adresse à son client un avis (ou bordereau d'escompte) qui mentionne :

| | | | | | |
|---|:---:|---|:---:|---|:---:|
| **Réception de l'avis de crédit** | | Net encaissé | = | Valeur nominale | − | Intérêts + (Commissions + TVA) |
| | | porté au *débit* du compte « 512 Banques » | | portée au *crédit* du compte « 5114 Effets à l'escompte » | | portées au *débit* des comptes « 6616 Intérêts bancaires », « 6275 Frais sur effets » et « 44566 TVA sur autres biens et services » |

La Banque postale *n'escompte pas* les effets de commerce.

### Exemple

15 mars : l'entreprise Atol escompte la LCR n° 27 d'un montant de 7 500 €.

20 mars : la banque lui adresse l'avis de crédit suivant :

| | |
|---|---|
| Net encaissé : | 7 438 € |
| Escompte : | 50 € |
| Commissions : | 10 € |
| TVA : | 2 € |

| | | | |
|---|---|---|---|
| | | 15/3 | |
| 5114 | Effets à l'escompte | 7 500,00 | |
| 413 | Clients – Effets à recevoir | | 7 500,00 |
| | *Bordereau d'escompte n° …* | | |
| | | 20/3 | |
| 512 | Banques | 7 438,00 | |
| 6616 | Intérêts bancaires | 50,00 | |
| 6275 | Frais sur effets | 10,00 | |
| 44566 | TVA sur autres biens et services | 2,00 | |
| 5114 | Effets à l'escompte | | 7 500,00 |
| | *Avis de crédit n° …* | | |

## C - Les cessions de créances professionnelles : loi Dailly

La cession de créances professionnelles consiste pour le créancier à **céder** tout ou partie de ses créances, non représentées par des effets de commerce, à sa banque.

L'entreprise récapitule les créances cédées sur un document intitulé *Bordereau de cession des créances professionnelles*. La banque lui **accorde un crédit** et verse immédiatement les fonds sur le compte bancaire de l'entreprise, déduction faite des agios. Le plus souvent, l'entreprise assure elle-même le recouvrement sur ses clients et rembourse par la suite la banque.

La comptabilisation de cette opération se déroule en **quatre étapes** :

- **cession des créances** : l'entreprise **débite** le compte « 4116 Créances professionnelles » cédées par le **crédit** du compte « 411 Clients » ;

- **crédit accordé par la banque** : le compte « 512 Banques » est **débité** pour le net porté en compte, les intérêts retenus sont enregistrés au **débit** du compte « 661 Charges d'intérêts » et le compte « 519 Concours bancaires courants » est **crédité** pour le montant du crédit accordé ;

- **encaissement des créances pour le compte de la banque** : le compte « 512 Banques » est **débité** par la **contrepartie** du compte « 4116 Créances professionnelles cédées » au fur et à mesure des échéances ;

- **remboursement du crédit** : l'entreprise **crédite** le compte « 512 Banques » par le **débit** du compte « 519 Concours bancaires courants ».

### Exemple

Le 15 mars : l'entreprise Atol cède des créances pour une valeur de 21 000 € dont l'échéance est fixée au 15 juillet. La banque vire les fonds sur le compte de son client avec le décompte suivant :

| | |
|---|---|
| Brut : | 21 000 € |
| Intérêts : | 350 € |
| Net : | 20 650 € |

Le 15 juillet, les clients règlent définitivement leurs créances.

| | | 15/3 | | |
|---|---|---|---|---|
| 4116 | Créances professionnelles cédées | | 21 000,00 | |
| 411 | Clients | | | 21 000,00 |
| | *Bordereau n° …* | | | |
| | | 15/3 | | |
| 512 | Banques | | 20 650,00 | |
| 661 | Charges d'intérêts | | 350,00 | |
| 519 | Concours bancaires courants | | | 21 000,00 |
| | *Avis de crédit n° …* | | | |

```
                        ─────────── 15/7 ───────────
   512      Banques                                           21 000,00
   4116          Créances professionnelles cédées                          21 000,00
            Avis de crédit n° ...
                        ─────────── 15/7 ───────────
   519      Concours bancaires courants                       21 000,00
   512          Banques                                                    21 000,00
            Avis de débit n° ...
```

# D - L'affacturage

L'affacturage ou le factoring correspond à une technique financière par laquelle une personne dénommée adhérent **transfère** ses créances commerciales à un établissement financier appelé affactureur ou *factor* qui se charge d'en opérer le recouvrement, moyennant une certaine rémunération (Commission d'affacturage soumise à la TVA + Commission de financement) et en garantit la bonne fin, même si elles sont impayées.

La comptabilisation s'effectue en deux étapes :

| **Transfert des créances au factor** | L'entreprise cède ses créances à la société d'affacturage. Le *factor* lui transmet un avis d'achat qui atteste de la cession.<br><br>L'entreprise **débite** le compte « 467 Autres comptes débiteurs » par le **crédit** du compte « 411 Clients ». |
|---|---|

| **Mise à disposition des fonds** | Le *factor* adresse à l'entreprise un bordereau ou un relevé de compte qui mentionne : |
|---|---|

| | Financement disponible | = | Créances cédées TTC | − | (Commission d'affacturage + TVA) + Commission de financement |
|---|---|---|---|---|---|
| | porté au **débit** des comptes « 512 Banques » ou « 514 Chèques postaux » | | portée au **crédit** du compte « 467 Autres comptes débiteurs » | | portées au **débit** des comptes « 6225 Rémunérations d'affacturage », « 44566 TVA sur autres biens et services » et « 668 Autres charges financières » |

Le compte « 467 Autres comptes débiteurs » est **crédité** pour solde.

### Exemple

10 mai : la société Prit cède pour 9 000 € TTC de créances à la société d'affacturage CXM ;

13 mai : réception du bordereau d'affacturage :

| | |
|---|---|
| Créances cédées : | 9 000 € |
| Commission d'affacturage : | 90 € |
| TVA : | 18 € |
| Commission de financement : | 66 € |
| Virement bancaire : | 8 826 € |

|  |  | 10/5 |  |  |
|---|---|---|---|---|
| 467 | | Autres comptes débiteurs | 9 000,00 | |
| 411 | | Clients | | 9 000,00 |
| | | *CXM, Avis d'achat n° ...* | | |
|  |  | 13/5 |  |  |
| 512 | | Banques | 8 826,00 | |
| 6225 | | Rémunérations d'affacturage | 90,00 | |
| 44566 | | TVA sur autres biens et services | 18,00 | |
| 668 | | Autres charges financières | 66,00 | |
| 467 | | Autres comptes débiteurs | | 9 000,00 |
| | | *CXM, Bordereau n° ...* | | |

# 5. LES EXCÉDENTS DE TRÉSORERIE

L'entreprise, pour gérer ses excédents temporaires de trésorerie, peut procéder à *l'acquisition de valeurs mobilières de placement* (VMP). Elles sont acquises pour être *cédées rapidement* dans le but de réaliser un *gain financier*.

Lorsque les valeurs mobilières de placement sont cédées, il faut donc *calculer et comptabiliser le résultat* (plus ou moins-value) sur cession.

## A - L'acquisition de valeurs mobilières de placement

L'entreprise distingue :

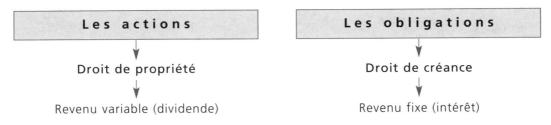

Le compte « 50 Valeurs mobilières de placement » fait partie de la *classe 5 Comptes financiers*, comme les disponibilités. Il se subdivise en « 503 Actions » et « 506 Obligations ».

En principe, l'écriture comptable relative à l'acquisition de ces titres est la suivante :

| À débiter | À créditer |
|---|---|
| 503 Actions<br>506 Obligations } pour leur valeur d'acquisition | 512 Banques |

Les frais d'acquisition de titres hors taxes prélevés par les banques ou par les sociétés de Bourse peuvent être, *sur option*, soit comptabilisés en charges, soit intégrés au coût d'acquisition.

**Exemple**

L'entreprise Pueblo achète 10 actions de Sociétés d'investissement à capital variable (SICAV )monétaire le 6 octobre au cours unitaire de 620 € ; les frais d'acquisition s'élèvent pour cette opération à 30 € hors taxes (TVA 20 %), l'entreprise opte pour leur inscription en charges.

| | | 6/10 | | |
|---|---|---|---|---|
| 503 | Actions | | 6 200,00 | |
| 6271 | Frais sur titres | | 30,00 | |
| 44566 | TVA sur autres biens et services | | 6,00 | |
| 512 | Banques | | | 6 236,00 |
| | *Avis de débit n° …* | | | |

## B - Les revenus de valeurs mobilières de placement

Les revenus, dividendes ou intérêts, générés par la possession de valeurs mobilières de placement constituent un *produit financier* comptabilisé au *crédit* du compte « 764 Revenus des valeurs mobilières de placement ».

**Exemple**

Le 5 mai : la société ALS a encaissé 199 € de dividendes distribués par la SICAV **B**.

| | | 5/5 | | |
|---|---|---|---|---|
| 512 | Banques | | 199,00 | |
| 764 | Revenus des valeurs mobilières de placement | | | 199,00 |
| | *Avis de crédit n° …* | | | |

## C - La cession de valeurs mobilières de placement

### 1) Le calcul de la plus ou moins-value

Le *résultat sur cession* s'exprime de la manière suivante :

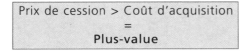

| Prix de cession > Coût d'acquisition | Prix de cession < Coût d'acquisition |
|:---:|:---:|
| = | = |
| Plus-value | Moins-value |

### 2) La comptabilisation

Le choix des comptes dépend du résultat de la cession :

> *pour une plus-value* :
> « 767 Produits nets sur cessions de valeurs mobilières de placement »

> *pour une moins-value* :
> « 677 Charges nettes sur cessions de valeurs mobilières de placement »

L'écriture comptable est la suivante :

| Cas d'une plus-value | |
|---|---|
| **À débiter** | **À créditer** |
| 512 Banques | 503 Actions |
| | ou/et |
| | 506 Obligations |
| | 767 Produits nets sur cessions de valeurs mobilières de placement |

| Cas d'une moins-value | |
|---|---|
| **À débiter** | **À créditer** |
| 512 Banques | 503 Actions |
| 667 Charges nettes sur cessions de valeurs mobilières de placement | ou/et |
| | 506 Obligations |

**Exemple**

L'entreprise Pueblo cède, le 15 novembre, ses actions SICAV, au cours de 622 €.
Montant de la cession : 10 x 622 = 6 220 €
Montant de la plus-value : 6 220 – 6 200 = 20 € (Prix de cession – Coût d'acquisition)
Plus-value constatée → compte 767 Produits nets sur cessions de valeurs mobilières de placement

| | | 15/11 | | |
|---|---|---|---|---|
| 512 | Banques | | 6 220,00 | |
| 503 | Actions | | | 6 200,00 |
| 767 | Produits nets sur cessions de valeurs mobilières de placement | | | 20,00 |
| | *Avis de crédit n° …* | | | |

# 6. L'ÉTAT DE RAPPROCHEMENT

## A - Généralités

L'entreprise doit *vérifier régulièrement* son compte « 512 Banques » et son compte « 514 Chèques postaux », à l'aide des relevés de compte fournis par les organismes financiers, afin de *contrôler la réciprocité et la simultanéité* des enregistrements effectués dans chaque comptabilité.

Le compte tenu par l'organisme financier fonctionne à l'inverse du compte de trésorerie tenu par l'entreprise : c'est le principe de la comptabilité réciproque.

En effet, l'organisme financier adresse à l'entreprise un extrait de sa propre comptabilité ; à ce titre :

– les *dépôts* de fonds constituent une *ressource* pour la banque ;

– les *retraits* de fonds constituent un *emploi* pour la banque.

L'état de rapprochement s'effectue, généralement, *tous les mois* ; en outre, pour respecter l'image fidèle de l'entreprise, il est indispensable de dresser un état de rapprochement à la date d'inventaire.

## B - La démarche

Après avoir pointé les opérations portées à la fois sur le compte « 512 Banques » et sur le relevé bancaire, l'entreprise dresse *dans un premier temps deux tableaux* pour expliquer la différence entre le solde du compte « 512 Banques » et le solde du relevé bancaire.

| Compte *Banques* au grand livre *512 Banques* | | | | Compte envoyé par la banque Relevé bancaire | | |
|---|---|---|---|---|---|---|
| **Opérations** | **Débit** | **Crédit** | | **Opérations** | **Débit** | **Crédit** |
| **Solde fin de période au ...** (Solde débiteur ou créditeur du compte « 512 Banques ») | **X** ou | **X** | | **Solde fin de période au ...** (Solde créditeur ou débiteur du dernier relevé de compte) | **X** ou | **X** |

Noter les opérations qui figurent sur le relevé de compte mais non encore comptabilisées par l'entreprise.

Noter les opérations qui figurent dans la comptabilité de l'entreprise mais non encore portées sur le relevé de compte.

L'entreprise calcule les nouveaux soldes et vérifie leur *concordance* (soldes identiques mais de sens contraire) :

**Solde débiteur du compte 512 Banques = Solde créditeur du relevé bancaire**

ou

**Solde créditeur du compte 512 Banques = Solde débiteur du relevé bancaire**

*Dans un deuxième temps*, l'entreprise doit ajuster son compte financier en enregistrant dans sa comptabilité les opérations manquantes, récapitulées dans le tableau : compte *Banques* au grand livre.

### Exemple

Le 30 octobre de l'exercice N, l'entreprise Atol constate que le solde de son compte « 512 Banques » est débiteur de 11 690 €. Le relevé bancaire adressé par la BP-ROP présente un solde créditeur de 17 925 € à la même date.
Elle constate les différences suivantes :
– le chèque n° 375 adressé au fournisseur Bato d'un montant de 3 700 € n'a pas été encore encaissé ;
– le virement bancaire du client Jégou, d'un montant de 2 560 €, n'a pas été enregistré dans les comptes de l'entreprise ;
– des intérêts (utilisation du découvert bancaire) sont portés sur l'extrait : 25 €.

| Compte Banques au grand livre 512 Banques | | |
|---|---|---|
| Opérations | Débit | Crédit |
| Solde au 30 octobre | 11 690 | |
| Virement Jégou | 2 560 | |
| Intérêts | | 25 |
| | 14 250 | 25 |
| Solde à nouveau | | 14 225 |

| Compte envoyé par la banque Relevé bancaire | | |
|---|---|---|
| Opérations | Débit | Crédit |
| Solde au 30 octobre | | 17 925 |
| CH n° 375 | 3 700 | |
| | 3 700 | 17 925 |
| Solde à nouveau | 14 225 | |

| | | | | |
|---|---|---|---|---|
| | | ——— 30/10 ——— | | |
| 512 | | Banques | 2 560,00 | |
| 411 | | Clients | | 2 560,00 |
| | | *État de rapprochement n° … ; Jégou VIR n° …* | | |
| | | ——— 30/10 ——— | | |
| 661 | | Charges d'intérêts | 25,00 | |
| 512 | | Banques | | 25,00 |
| | | *État de rapprochement n° …* | | |

# CHAPITRE 11

# Les investissements et leur financement

## 1. PRINCIPES

Les opérations d'investissement consistent à **acquérir** ou à **fabriquer** des immobilisations estimées utiles à l'activité de l'entreprise.

Les immobilisations sont des biens sur lesquels l'entreprise exerce un droit de propriété ou dispose de leur contrôle. Elles constituent l'*actif immobilisé*.

L'article 211-1 du PCG : « *Un actif est un élément identifiable du patrimoine ayant une valeur économique positive pour l'entité, c'est-à-dire un élément générant une ressource que l'entité contrôle du fait d'événements passés et dont elle attend des avantages économiques futurs* ».

## 2. LES OPÉRATIONS D'INVESTISSEMENT

Les éléments de l'actif immobilisé comprennent :

| Les immobilisations non financières | |
| --- | --- |
| **Les immobilisations incorporelles** | **Les immobilisations corporelles** |
| Actif non monétaire sans substance physique. Frais liés à la constitution ou au développement de l'entreprise (frais d'établissement, frais de recherche…) bien qu'ils ne correspondent pas à la définition d'un actif. | Actif physique détenu, soit pour être utilisé dans la production ou la fourniture de biens ou services, soit pour être loué à des tiers, soit à des fins de gestion interne et dont l'entité attend qu'il soit utilisé au-delà de l'exercice en cours. |
| Comptes<br>20 Immobilisations incorporelles | Comptes<br>21 Immobilisations corporelles |

## Les immobilisations financières

Ce sont des éléments représentant des créances assimilables à des prêts, des titres de participation et des titres immobilisés.

### Comptes

26 Participations et créances rattachées à des participations

27 Autres immobilisations financières

Les immobilisations doivent remplir **trois conditions** :

- leur valeur économique positive résulte de la perception d'**avantages économiques futurs** (potentiel de l'immobilisation à générer des flux nets de trésorerie) liés à leur utilisation ;
- elles doivent être **identifiables** ;
- leur coût ou leur valeur doit être évalué avec une **fiabilité suffisante**.

Les éléments qui ne remplissent pas ces conditions constituent des **charges**.

Les matériels et outillages, les matériels de bureau et le petit équipement de bureau sont généralement comptabilisés en charge si leur valeur unitaire n'excède pas **500 € hors taxes**. Le compte de TVA correspondant est alors le « 44566 TVA sur autres biens et services », et le compte de dettes correspondant est le « 401 Fournisseurs ».

Par ailleurs, les dépenses ultérieures qui ont pour objet d'**augmenter la valeur** d'une immobilisation ou de **prolonger sa durée d'utilisation** ne sont pas considérées comme des charges mais comme un composant (voir page 134) de l'immobilisation si elles remplissent les conditions de définition et de comptabilisation d'un actif.

## A - La classification des immobilisations

### 1) Les immobilisations incorporelles

### a) Les comptes

Les immobilisations incorporelles sont classées dans les comptes suivants :

| | |
|---|---|
| **201**<br>**Frais d'établissement** | il enregistre les dépenses engagées à l'occasion d'opérations qui conditionnent l'**existence ou le développement** de l'entreprise (frais de premier établissement : prospection, publicité ; frais de constitution et d'augmentation de capital).<br>Toutefois, la comptabilisation en charges constitue la méthode préférentielle. |
| **203**<br>**Frais de recherche et de développement** | il enregistre les frais de développement qui se rapportent à des projets nettement **individualisés** ayant de sérieuses chances de **réussite technique** et de rentabilité commerciale, et dont le coût peut être **distinctement établi**. Les dépenses engagées pour la recherche doivent être comptabilisées en charges. |

| | |
|---|---|
| **205**<br>**Concessions et droits similaires, brevets, licences, marques, procédés, logiciels, droits et valeurs similaires** | il enregistre les dépenses faites pour l'obtention de l'avantage que constitue la *protection accordée*, sous certaines conditions, au titulaire d'une concession, à l'inventeur, à l'auteur ou au bénéficiaire du droit d'exploitation d'un brevet, d'une licence, d'une marque, d'un procédé, de droits de propriété littéraire ou artistique. Il enregistre également les *dépenses* d'acquisition ou de création de *logiciels* destinés à un usage commercial ou aux besoins propres de l'entreprise ; les coûts de conception et de développement des *sites actifs internet,* sous certaines conditions (chance de réussite technique, intention d'utiliser ou de vendre le site…). |
| **206**<br>**Droit au bail** | il enregistre le montant versé ou dû au locataire précédent en considération du transfert à l'acheteur des *droits* résultant tant des conventions que de la législation sur la *propriété commerciale*. |
| **207**<br>**Fonds commercial** | il enregistre l'acquisition des éléments *incorporels* du fonds de commerce, y compris le droit au bail, qui ne font pas l'objet d'une évaluation et d'une comptabilisation séparées au bilan et qui concourent au *maintien ou au développement du potentiel d'activité de l'entité*. Ces éléments ne bénéficient pas nécessairement d'une protection juridique leur donnant une valeur certaine. |

## b) Les options possibles

Pour certains frais tels que les frais d'établissement et les frais de développement, il est permis aux entreprises, sous certaines conditions, de choisir un enregistrement comptable *soit en immobilisations, soit en charges*.

## 2) Les immobilisations corporelles

Elles comprennent les comptes :

| | |
|---|---|
| **211**<br>**Terrains** | il enregistre la *valeur* des terrains : terrains nus et/ou aménagés, sous-sols et sur-sols, carrières, terrains bâtis... |
| **212**<br>**Agencements et aménagements de terrains** | il enregistre les *dépenses* faites en vue de l'aménagement des terrains : clôtures, mouvements de terres... |
| **213**<br>**Constructions** | il comprend les *bâtiments*, les *installations*, agencements et aménagements, les ouvrages d'infrastructure. |
| **214**<br>**Constructions sur sol d'autrui** | il enregistre la *valeur* des constructions édifiées sur le sol d'autrui. |

| | |
|---|---|
| **215** <br> **Installations techniques, matériel et outillage industriels** | il enregistre les *installations complexes* spécialisées, les matériels industriels ainsi que l'outillage, leurs agencements et aménagements. |
| **218** <br> **Autres immobilisations corporelles** | il enregistre le montant des installations générales, agencements et aménagements divers financés par l'entreprise lorsqu'elle *n'est pas propriétaire* de ces éléments, le matériel de transport, le matériel de bureau et d'informatique, le mobilier et les emballages récupérables identifiables. |

## 3) Les immobilisations financières

Elles comprennent, principalement, les comptes suivants :

| | |
|---|---|
| **261** <br> **Titres de participation** | il enregistre les titres dont la possession durable est estimée utile à l'activité de l'entreprise, notamment parce qu'elle permet d'exercer une *influence* sur la société émettrice des titres ou d'en assurer le *contrôle*. |
| **267** <br> **Créances rattachées à des participations** | il regroupe les créances nées à l'occasion de *prêts octroyés* à des entités dans lesquelles le prêteur détient une participation. |
| **271** <br> **Titres immobilisés autres que les titres immobilisés de l'activité de portefeuille (droit de propriété)** | il regroupe les titres conférant un droit de propriété donnés en nantissement ou faisant l'objet d'un *blocage* temporaire *supérieur à un an*. |
| **272** <br> **Titres immobilisés (droit de créance)** | il regroupe les titres conférant un droit de créance ou faisant l'objet d'un *blocage* temporaire *supérieur à un an* (obligations et bons). |
| **273** <br> **Titres immobilisés de l'activité de portefeuille (TIAP)** | l'activité de portefeuille est définie comme une activité qui consiste à investir tout ou partie de ses actifs dans un portefeuille de titres pour en retirer, à plus ou moins longue échéance, une rentabilité satisfaisante et qui s'exerce *sans intervention* dans la gestion des entreprises dont les titres sont détenus. |
| **274** <br> **Prêts** | il enregistre tous les prêts à *long et moyen terme*, accordés par l'entreprise à des tiers. |
| **275** <br> **Dépôts et cautionnements versés** | il enregistre les sommes versées à des tiers à titre de *garantie d'exécution* de contrat et indisponibles jusqu'à la réalisation d'une condition suspensive. |

| 276 Autres créances immobilisées | il enregistre les créances qui seront *récupérées* à long, moyen et court terme, ainsi que les intérêts courus. |

## B - Le principe de comptabilisation

### 1) *Les immobilisations incorporelles et corporelles*

#### a) *La valeur d'entrée dans le patrimoine*

Les immobilisations incorporelles et corporelles acquises par l'entreprise s'évaluent, en règle générale, au *coût d'acquisition hors taxes* :

Prix d'achat net HT + Certains frais liés à l'acquisition = **Coût d'acquisition hors taxes**

Le coût d'acquisition se compose du prix d'achat hors taxes, net de réductions commerciales et d'escomptes de règlement, majoré des frais liés à l'acquisition.

La *TVA non récupérée* s'incorpore au coût d'acquisition.

Les frais liés à l'acquisition comprennent :

– tous les coûts *directement attribuables* engagés pour la mise en place et la mise en état de fonctionner, selon l'utilisation prévue (frais de transport, frais d'installation, coûts de préparation du site…) ;

– les droits de douane ;

– la TVA et les taxes assimilées non récupérables ;

– les frais à caractère juridique et fiscal tels que les commissions, les frais d'acte et les honoraires, les droits d'enregistrement, la rémunération du transitaire. Ces frais peuvent, sur option, être comptabilisés en *charges*.

#### b) *La comptabilisation*

Les comptes d'immobilisations « 20 Immobilisations incorporelles et/ou 21 Immobilisations corporelles » sont *débités* pour le coût d'acquisition hors taxes à la date d'entrée des biens dans le patrimoine de l'entreprise. La TVA récupérable s'enregistre au *débit* du compte de tiers « 44562 TVA sur immobilisations ».

La constatation de la dette résultant de l'acquisition de l'immobilisation s'enregistre au *crédit* du compte « 404 Fournisseurs d'immobilisations ». En effet, le PCG préconise de distinguer les dettes liées au cycle d'exploitation de celles liées aux investissements.

### Exemple

L'entreprise Genest vous demande d'enregistrer les opérations suivantes :

10 mai : achat d'une machine outil : 20 000 € hors taxes (TVA 20 %) à crédit ; frais d'installation : 1 000 € hors taxes ;

17 mai : acquisition d'un véhicule de tourisme, à crédit, montant hors taxes : 15 000 € (TVA 20 %).

25 mai : achat d'un terrain, non constructible, exonéré de TVA, suivant détail de l'acte n° … :

| | |
|---|---|
| – terrain : | 100 000 € |
| – coût de préparation du terrain (débroussaillage) : | 900 € |
| – frais d'acte (honoraires) : | 5 000 € |
| – TVA : | 1 180 € |
| – droits d'enregistrement, règlement fin de mois : | 4 800 € |

| | 10/5 | | |
|---|---|---|---|
| 2154 | Matériel industriel | 21 000,00 | |
| 44562 | TVA sur immobilisations | 4 200,00 | |
| 404 |     Fournisseurs d'immobilisations | | 25 200,00 |
| | *FA n° …* | | |
| | 17/5 | | |
| 2182 | Matériel de transport | 18 000,00 | |
| 404 |     Fournisseurs d'immobilisations | | 18 000,00 |
| | *FA n° …* | | |

**Option 1** : seuls les coûts directement attribuables sont attachés au coût d'acquisition

| | 25/5 | | |
|---|---|---|---|
| 211 | Terrains | 100 900,00 | |
| 6354 | Droits d'enregistrement et de timbre | 4 800,00 | |
| 622 | Rémunérations d'intermédiaires | 5 000,00 | |
| 44562 | TVA sur immobilisations | 180,00 | |
| 44566 | TVA sur autres biens et services | 1 000,00 | |
| 404 |     Fournisseurs d'immobilisations | | 100 900,00 |
| 467 |     Autres créditeurs | | 10 980,00 |
| | *Acte n° … ; Coût d'acquisition (100 000 + 900)* | | |
| | *TVA : 900 x 20 % = 180 ; 5 000 x 20 % = 1 000* | | |

**Option 2** : tous les coûts liés à l'acquisition sont rattachés au coût d'acquisition

| | 25/5 | | |
|---|---|---|---|
| 211 | Terrains | 110 700,00 | |
| 44562 | TVA sur immobilisations | 1 180,00 | |
| 404 |     Fournisseurs d'immobilisations | | 100 900,00 |
| 467 |     Autres créditeurs | | 10 980,00 |
| | *Acte n° … ;* | | |
| | *coût d'acquisition (100 000 + 900 + 4 800 + 5 000)* | | |

## 2) Les immobilisations financières

### a) La valeur d'entrée dans le patrimoine

Le coût d'entrée dans le patrimoine des titres correspond au *coût d'acquisition des titres*.

Les frais d'acquisition prélevés par les banques ou les sociétés de Bourse peuvent être, *sur option*, comptabilisés en charges financières ou intégrés au coût d'acquisition.

### b) La comptabilisation

Les comptes « 261 Titres de participation », « 271 Titres immobilisés autres que les titres immobilisés de l'activité de portefeuille (droit de propriété) » et « 272 Titres immobilisés (droit de créance) » sont **débités** pour le montant du coût d'acquisition ; les frais d'acquisition hors taxes peuvent être comptabilisés, sur option, au **débit** du compte « 6271 Frais sur titres », la TVA figure au **débit** du compte « 44566 TVA sur autres biens et services ». La contrepartie de l'opération est portée au **crédit** du compte « 512 Banques ».

**Exemple**

L'entreprise Casto, le 25 juin, acquiert 100 titres qu'elle souhaite conserver plus d'un an. Le détail du bordereau d'achat est le suivant :

| Titres : | 21 000 € |
| Frais : | 1 000 € |
| TVA : | 200 € |

Les frais ne sont pas rattachés au coût des titres.

| | | 25/6 | | |
|---|---|---|---|---|
| 272 | Titres immobilisés | | 21 000,00 | |
| 6271 | Frais sur titres | | 1 000,00 | |
| 44566 | TVA sur autres biens et services | | 200,00 | |
| 512 | Banques | | | 22 200,00 |
| | *Avis de débit n° …* | | | |

## 3) Les immobilisations produites par l'entreprise

### a) La valeur d'entrée dans le patrimoine

Il s'agit d'immobilisations *fabriquées* par l'entreprise *pour elle-même*. Elles entrent dans le patrimoine (classe 2) à leur *coût de production*.

Le coût de production est déterminé selon les mêmes principes que pour le coût d'acquisition. Il se compose du coût d'achat des matières et fournitures utilisées majoré des charges de production directement attribuables :

> **Coût d'achat des matières et fournitures utilisées + Charges de production**

### b) La comptabilisation

L'accroissement des immobilisations de l'entreprise produites par elle-même n'entraîne pas en contrepartie de sortie monétaire, mais un *enrichissement* de l'entreprise enregistré dans le compte « 72 Production immobilisée ».

L'opération est analysée comme une livraison à soi-même ; en conséquence, l'entreprise doit :

- *enregistrer* la valeur d'entrée de l'immobilisation en *débitant* le compte 20 ou 21 concerné ;
- *constater* l'enrichissement en *créditant* le compte « 72 Production immobilisée » ;
- *collecter* la TVA sur le montant porté dans le compte « 72 Production immobilisée » en *créditant* le compte 44571 TVA collectée ;
- *déduire* la TVA récupérable sur le montant porté dans le compte « 21 Immobilisations corporelles », lors de la livraison à elle-même du bien en *débitant* le compte « 44562 TVA sur immobilisations ».

Si la fabrication de l'immobilisation s'effectue *sur plusieurs exercices*, l'entreprise doit constater à chaque fin d'exercice le montant des travaux effectués au *débit* du compte « 23 Immobilisations corporelles en cours » et au *crédit* du compte « 72 Production immobilisée ». Le compte « 23 Immobilisations corporelles en cours » sera soldé lors de la mise en service du bien.

**Exemple**

L'entreprise Laniel construit un entrepôt pour elle-même. Le coût de fabrication s'élève à 50 000 € et les charges de personnel à 14 000 € ; TVA 20%.

| | | | |
|---|---|---|---|
| 213 | Constructions | 64 000,00 | |
| 44562 | TVA sur immobilisations | 12 800,00 | |
| 72 |     Production immobilisée | | 64 000,00 |
| 44571 |     TVA collectée | | 12 800,00 |
| | *Entrepôt, fiche analytique n° …* | | |

## 4) La comptabilisation d'une immobilisation corporelle par composants

### a) La décomposition d'une immobilisation

En application des **normes comptables**, l'entreprise doit distinguer parmi ses immobilisations corporelles qui ont une durée de vie limitée dans le temps (donc amortissables, voir chapitre 13) celles qui sont décomposables ou non.

| **Immobilisations non décomposables** | **Immobilisations décomposables** |
|---|---|
| Constituées d'éléments ayant tous la même durée d'utilisation et exploités de façon indissociable. | Constituées d'éléments identifiables ayant chacun des durées d'utilisation différentes, devant faire l'objet de remplacement à intervalles réguliers ou procurant des avantages économiques selon un rythme différent. |
| Par exemple : mobilier, matériel de bureau… | Par exemple : immeuble (structure, ascenseur, chaufferie…) ; autocar (carrosserie, moteur, aménagement intérieur…). |

## b) La notion de composant

Le coût d'entrée des immobilisations décomposables est, **dès leur entrée**, ventilé par composants.

Les composants formant l'immobilisation dans son ensemble comprennent :

- **la structure** : partie non décomposée de l'immobilisation ;
- **les composants de 1re catégorie** : autres éléments principaux destinés à être remplacés ;
- **sur option, les composants de 2e catégorie** : dépenses futures de gros entretien et grandes visites faisant l'objet de programmes pluriannuels.

Chaque composant sera comptabilisé **séparément** dans un sous-compte du compte principal concerné.

La décomposition de l'immobilisation en plusieurs composants **ne modifie en rien** le coût d'entrée global de l'immobilisation. Ce n'est que lors du renouvellement d'un composant à un coût différent de celui d'origine que la valeur d'origine sera modifiée.

Les composants sont identifiés en tant que tels seulement s'ils sont **significatifs**. Selon l'administration fiscale, sont jugés significatifs les composants :

– d'une valeur de 500 € au moins ;

– d'une valeur au moins égale à 15 % pour les meubles et à 1 % pour les immeubles du prix de revient global de l'immobilisation.

Par contre, **ne sont pas identifiés** en tant que composants les éléments principaux d'une immobilisation dont la durée d'amortissement est soit inférieure à 12 mois, soit supérieure à 80 % de la durée d'utilisation de l'immobilisation.

### Exemple

Le centre équestre Caval acquiert un camion destiné au transport des chevaux pour 128 000 € hors taxes, TVA 20 %. La valeur globale de l'immobilisation est ventilée de la manière suivante :

| | |
|---|---|
| – carosserie : | 27 000 € |
| – moteur : | 69 000 € |
| – aménagement de l'habitacle réservé aux chevaux : | 32 000 € |

| | 31/12/N | | |
|---|---|---|---|
| 2181.1 | Matériel de transport – Carosserie | 27 000,00 | |
| 2182.2 | Matériel de transport – Moteur | 69 000,00 | |
| 2183.3 | Matériel de transport – Habitacle de chevaux | 32 000,00 | |
| 44562 | TVA sur immobilisations | 25 600,00 | |
| 512 | Banques | | 153 600,00 |
| | *FA n° … ; CH n° …* | | |

## c) Les dépenses ultérieures

Les dépenses ultérieures (de remplacement, d'amélioration, les pièces détachées et de rechange…) doivent être identifiées comme des composants :

– soit dès l'origine : si les dépenses sont prévisibles,

– soit ultérieurement, dans le cas contraire, lors de l'engagement des dépenses,

à condition qu'elles répondent aux critères de définition et de comptabilisation d'un actif, appréciés au moment où interviennent les dépenses et par rapport à l'état de l'immobilisation à cette date.

# 3 • LES OPÉRATIONS DE FINANCEMENT

## A - Généralités

Les investissements peuvent être financés par :

– un délai de paiement accordé par le fournisseur ;

– des capitaux propres : apport initial (dans le cas d'une création) ou augmentation de capital (se référer à l'unité d'enseignement *Comptabilité des soci*étés) ;

– des subventions d'investissement ;

– des emprunts bancaires, accordés par un établissement financier, qui constituent des dettes financières ;

– un crédit-bail : location d'un bien avec option possible d'acquisition.

## B - L'emprunt auprès d'un établissement financier

L'entreprise distingue dans ses opérations comptables :

| | |
|---|---|
| **La réalisation de l'emprunt** | Le compte « 512 Banques » est *débité* du montant de l'emprunt. Le compte « 164 Emprunts auprès des établissements de crédit » est *crédité* du montant de la dette financière contractée. |
| **Le remboursement de l'emprunt**<br><br>**Annuité**<br>**=**<br>**Amortissement + Intérêts** | Le compte « 164 Emprunts auprès des établissements de crédi »t est *débité* du montant de l'amortissement de l'emprunt. Le compte « 661 Charges d'intérêts » est *débité* du montant des intérêts. Le compte « 512 Banques » est *crédité* du montant de l'annuité de remboursement. |

Les coûts d'emprunt (intérêts, frais d'émission…) *directement attribuables* pour financer l'acquisition ou la production d'immobilisations incorporelles ou corporelles qui demandent une longue période de préparation ou de construction avant de pouvoir être utilisées ou vendues peuvent être, *sur option*, soit comptabilisés en charges, soit incorporés au coût d'acquisition de l'immobilisation.

**Exemple**

L'entreprise Barte souscrit, le 2 mai N, auprès de la BP un emprunt de 500 000 €, remboursable en 5 ans (amortissement constant), au taux de 6 % l'an.

| | 2/5/N | | |
|---|---|---|---|
| 512 | Banques | 500 000,00 | |
| 164 | Emprunts auprès des établissements de crédit | | 500 000,00 |
| | *VIR n° …* | | |

Le 2 mai N + 1, l'entreprise rembourse par prélèvement la première annuité de l'emprunt.

| | 2/5/N + 1 | | |
|---|---|---|---|
| 164 | Emprunts auprès des établissements de crédit | 100 000,00 | |
| 661 | Charges d'intérêts | 30 000,00 | |
| 512 | Banques | | 130 000,00 |
| | *Amortissement : 500 000/5 ;* | | |
| | *Intérêts : 500 000 x 6 %* | | |

# C - Les subventions d'investissement

## 1) Définition

Les subventions d'investissement sont des aides financières octroyées aux entreprises par l'État ou par des collectivités publiques en vue :

– *d'acquérir ou de créer* des valeurs immobilisées ;

– *de financer* des activités à long terme (prime à la construction...).

## 2) La comptabilisation

### a) L'obtention de la subvention

En principe, la subvention d'investissement est comptabilisée dès qu'elle est octroyée au *crédit* du compte « 13 Subventions d'investissement » par le *débit* du compte « 441 État – Subventions à recevoir », puis elle est rapportée au résultat de manière échelonnée sur les exercices suivants (voir page 138).

**Exemple**

L'entreprise Darny reçoit le 20 septembre une notification de l'octroi d'une subvention destinée à financer la création d'installations antipollution.

Le montant de la subvention s'élève à 120 000 €.

Le 5 décembre, elle reçoit un virement du montant de la subvention.

| | 20/9 | | |
|---|---|---|---|
| 441 | État – Subventions à recevoir | 120 000,00 | |
| 131 |     Subventions d'équipement | | 120 000,00 |
| | *Notification n° ...* | | |
| | 5/12 | | |
| 512 | Banques | 120 000,00 | |
| 441 |     État – Subventions à recevoir | | 120 000,00 |
| | *VIR n° ...* | | |

La subvention d'investissement peut être comprise dans le résultat de l'exercice au cours duquel elle est attribuée. Elle est alors enregistrée directement au **crédit** du compte « 777 Quote-part des subventions d'investissement virée au résultat de l'exercice ».

### b) Le rapport de la subvention aux résultats

L'enrichissement généré par la subvention d'investissement constitue un **produit exceptionnel** réparti sur plusieurs exercices. L'échelonnement diffère selon que le bien est amortissable ou non.

L'article 312-1 du PCG stipule : « *La reprise de la subvention d'investissement qui finance une immobilisation amortissable s'effectue sur la même durée et au même rythme que l'amortissement de la valeur de l'immobilisation acquise ou créée au moyen de la subvention* ».

« *La reprise de la subvention d'investissement qui finance une immobilisation non amortissable est étalée sur le nombre d'années pendant lequel l'immobilisation est inaliénable aux termes du contrat. À défaut de clause d'inaliénabilité, le montant de la reprise de chaque exercice est égal au **dixième** du montant de la subvention* ».

« *Les fractions de subvention rapportées au résultat, à la clôture des exercices concernés, sont comptabilisées au **débit** du compte 139 Subventions d'investissement inscrites au compte de résultat par le **crédit** du compte 777 Quote-part de subventions d'investissement virée au résultat de l'exercice* ».

Seul figure au passif du bilan, parmi les capitaux propres, le **montant net** de la subvention non encore rapporté aux résultats :

| Solde créditeur du compte 131 Subventions d'équipement | – | Solde débiteur du compte 139 Subventions d'investissement inscrites au compte de résultat |
|---|---|---|

### Exemple

Du matériel industriel est acquis pour 250 000 € et subventionné à 50 %, durant l'exercice N. Il est amorti selon le mode linéaire sur 8 ans.

Le taux d'amortissement de l'immobilisation est de 12,50 % (100 / 8)

L'échelonnement de la subvention s'élève à : 125 000 x 12,50 % = 15 625 €

ou : [(250 000 x 12,50 %) (125 000 / 250 000)] = 15 625 €

| 31/12 | | |
|---|---|---|
| 139 | Subventions d'investissement inscrites au compte de résultat | 15 625,00 | |
| 777 |     Quote-part de subventions d'investissement virée au compte de résultat | | 15 625,00 |
| | *Fraction de subvention exercice « N »* | | |

# D - Le crédit-bail

Le crédit-bail est une opération qui consiste à louer, contre versement d'une *redevance*, des biens :

| **Mobiliers** | ⟶ Crédit-bail mobilier (meuble, matériel...) |
| **Immobiliers** | ⟶ Crédit-bail immobilier (construction…) |

L'entreprise locataire a la possibilité d'acquérir les biens à la fin du bail : c'est la levée de l'option d'achat, pour un prix fixé à l'avance tenant compte, au moins pour partie, des versements effectués à titre de loyer.

Le schéma suivant résume le principe du crédit-bail :

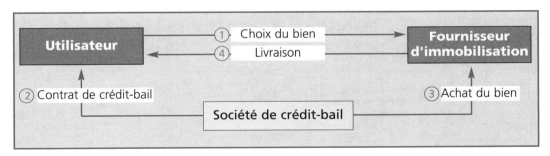

La redevance constitue une charge d'exploitation versée à la société de crédit-bail :

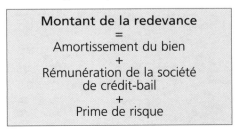

**Montant de la redevance**
=
Amortissement du bien
+
Rémunération de la société
de crédit-bail
+
Prime de risque

L'entreprise distingue dans ses opérations comptables :

| | |
|---|---|
| **Le versement de la redevance** | Le compte « 612 Redevances de crédit-bail » est *débité* du montant hors taxes du loyer concernant l'utilisation du bien.<br><br>Le compte « 44566 TVA sur autres biens et services » est *débité* du montant de la TVA.<br><br>Le compte « 512 Banques » est *crédité* du montant toutes taxes comprises de la facture. |
| **La levée de l'option d'achat**<br><br>=<br>Entrée dans le patrimoine | Le compte « 21 ... » concerné est *débité* pour le montant hors taxes établi conformément au contrat initial.<br><br>Le compte « 44562 TVA sur immobilisations » est *débité* du montant de la TVA.<br><br>Le compte « 512 Banques » est *crédité* du montant toutes taxes comprises de la facture. |

**Exemple**

L'entreprise Malouenne accepte un contrat de crédit-bail portant sur du matériel industriel : redevances 1 000 € ; TVA 20 %.

| | | | |
|---|---|---|---|
| 612 | Redevances de crédit-bail | 1 000,00 | |
| 44566 | TVA sur autres biens et services | 200,00 | |
| 512 | Banques | | 1 200,00 |
| | *FA n° ... ; prélèvement n° ...* | | |

À la fin du contrat, l'entreprise décide de lever l'option d'achat :

| | |
|---|---|
| Montant hors taxes : | 4 000 € |
| TVA 20 % : | 800 € |

| | | | |
|---|---|---|---|
| 2154 | Matériel industriel | 4 000,00 | |
| 44562 | TVA sur immobilisations | 800,00 | |
| 512 | Banques | | 4 800,00 |
| | *FA n° ... ; prélèvement n° ...* | | |

L'entreprise Malouenne devient propriétaire du matériel.

# PARTIE 3

# L'analyse comptable des opérations de fin d'exercice

# CHAPITRE 12

# *L*'inventaire intermittent

## 1. DÉFINITION

L'inventaire intermittent consiste à évaluer, *à la fin de l'exercice comptable*, la valeur du stock final après avoir réalisé un inventaire physique.

Les différents comptes de stocks n'enregistrent *aucun mouvement* au cours de l'exercice. Le *stock final* au dernier jour de l'exercice *N* devient le stock initial au premier jour de l'exercice *N + 1*.

À l'inventaire, il faut :

- *annuler* les stocks initiaux ;
- *créer* les stocks finals ;
- *intégrer* dans le compte de résultat les variations des stocks afin de prendre en compte pour le calcul du résultat la consommation des biens achetés et la production des biens fabriqués.

## 2. LES STOCKS

Les stocks et productions sont constitués de l'ensemble des biens ou des services qui interviennent dans le cycle d'exploitation de l'entreprise pour être :

– *soit vendus* en l'état ou au terme d'un processus de production à venir ou en cours ;

– *soit consommés* au premier usage.

On distingue :

| Stocks d'approvisionnements et de marchandises | Production en-cours et stocks de produits |
|---|---|
| 31 Matières premières (et fournitures)<br>32 Autres approvisionnements<br>37 Stocks de marchandises | 33 En-cours de production de biens<br>34 En-cours de production de services<br>35 Stocks de produits finis |

# 3• LES TRAVAUX EXTRACOMPTABLES

L'inventaire physique des stocks sert à *valoriser* les quantités réelles dont l'entreprise est *propriétaire* à la fin de l'exercice.

> **Stock final** = Quantités recensées x Coût unitaire

Les stocks de biens achetés sont évalués au *coût d'acquisition*.

Les stocks de produits et les en-cours de production sont évalués au *coût de production*.

Les coûts d'achat et les coûts de production à prendre en compte sont fournis par la comptabilité analytique et sont calculés d'après les *deux méthodes* préconisées par le PCG :

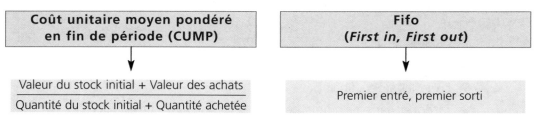

| **Coût unitaire moyen pondéré en fin de période (CUMP)** | **Fifo** *(First in, First out)* |
|---|---|
| $\dfrac{\text{Valeur du stock initial + Valeur des achats}}{\text{Quantité du stock initial + Quantité achetée}}$ | Premier entré, premier sorti |

Une fois la méthode retenue, l'entreprise doit respecter le principe de *permanence des méthodes*.

Conformément aux *règles comptables* relatives à l'évaluation des actifs, les stocks finals figurant au bilan doivent être évalués *net d'escompte* alors qu'au cours de l'exercice les escomptes relatifs aux achats sont encore comptabilisés en produits financiers.

Il est donc nécessaire d'effectuer un calcul pour déterminer la valeur du stock final à inscrire au bilan :

> Stock final avant déduction des escomptes − Escomptes de règlement comptabilisés en produits financiers = Stock final net d'escompte

# 4• LA COMPTABILISATION DES STOCKS

## A - L'annulation des stocks initiaux

### 1) Les stocks relatifs aux approvisionnements et aux marchandises

L'annulation du stock initial *diminue l'actif* ; l'appauvrissement est considéré comme *une charge*.

La comptabilisation s'effectue de la manière suivante :

| À débiter | À créditer |
|---|---|
| Comptes de charges | Comptes de stocks |
| 6031 Variation des stocks de matières premières | 31 Matières premières (et fournitures) |
| 6032 Variation des stocks des autres approvisionnements | 32 Autres approvisionnements |
| 6037 Variation des stocks de marchandises | 37 Stocks de marchandises |

## 2) Les stocks relatifs à la production

L'annulation d'un stock de produits *diminue l'actif* ; l'appauvrissement est considéré comme *une diminution de produits*. La comptabilisation est la suivante :

| À débiter | À créditer |
|---|---|
| Comptes de produits | Comptes de stocks |
| 7133 Variation des en-cours de production de biens | 33 En-cours de production de biens |
| 7134 Variation des en-cours de production de services | 34 En-cours de production de services |
| 7135 Variation des stocks de produits | 35 Stocks de produits finis |

# B - La création des stocks finals

## 1) Les stocks relatifs aux approvisionnements et aux marchandises

La création du stock final *augmente l'actif* ; l'enrichissement est considéré comme *une diminution de charge*. La comptabilisation s'effectue de la manière suivante :

| À débiter | À créditer |
|---|---|
| Comptes de stocks | Comptes de charges |
| 31 Matières premières (et fournitures) | 6031 Variation des stocks de matières premières |
| 32 Autres approvisionnements | 6032 Variation des stocks des autres approvisionnements |
| 37 Stocks de marchandises | 6037 Variation des stocks de marchandises |

### 2) Les stocks relatifs à la production

La création du stock final augmente l'actif ; l'enrichissement est considéré comme un *produit*. La comptabilisation s'effectue de la manière suivante :

| À débiter | À créditer |
|---|---|
| **Comptes de stocks** | **Comptes de produits** |
| 33 En-cours de production de biens | 7133　Variation des en-cours de production de biens |
| 34 En-cours de production de services | 7134　Variation des en-cours de production de services |
| 35 Stocks de produits finis | 7135　Variation des stocks de produits |

**Exemple**

L'entreprise Floch vous communique l'état de ses stocks au 31 décembre N :

| Intitulés des comptes | | Stocks initiaux (SI) | Stocks finals (SF) |
|---|---|---|---|
| 310 | Matières premières | 170 000 | 270 000 |
| 355 | Produits finis | 300 000 | 250 000 |
| 370 | Marchandises | 120 000 | 140 000 |

```
───────────── 31/12/N ─────────────
6031    Variation des stocks de matières premières    170 000,00
6037    Variation des stocks de marchandises          300 000,00
7135    Variation des stocks de produits finis        120 000,00
310         Stocks de matières premières                          170 000,00
370         Stocks de marchandises                                300 000,00
355         Stocks de produits finis                              120 000,00
        Annulation des stocks
───────────── 31/12/N ─────────────
310     Stocks de matières premières                  270 000,00
370     Stocks de marchandises                        250 000,00
355     Stocks de produits finis                      140 000,00
6031        Variation des stocks de matières premières            270 000,00
6037        Variation des stocks de marchandises                  250 000,00
7135        Variation des stocks de produits finis                140 000,00
        Création des stocks
```

## 5. LES VARIATIONS DES STOCKS ET LE COMPTE DE RÉSULTAT

Les **soldes** des comptes « 603 Variation des stocks (approvisionnements et marchandises) » et « 713 Variations des stocks (en-cours de production, produits) » expriment les variations des **stocks nets d'escompte** entre le premier jour et le dernier jour de l'exercice.

Les variations des stocks sont liées à l'activité de l'entreprise et *influent* sur le résultat ; elles doivent donc être intégrées au *compte de résultat*.

## A - Les variations des stocks de matières, d'autres approvisionnements et de marchandises

Les *soldes débiteurs* des comptes « 603 Variation des stocks (approvisionnements et marchandises) » signifient une *consommation de stocks* telle que :

> Stock initial > Stock final

L'entreprise a donc consommé ou vendu dans l'exercice plus de matières, d'approvisionnements ou de marchandises qu'elle n'en a achetés.

Inversement, *les soldes créditeurs* des comptes « 603 Variation des stocks (approvisionnements et marchandises) » traduisent un *surstockage* :

> Stock initial < Stock final

La consommation a été inférieure aux achats.

Or, pour calculer le résultat de l'exercice, il est nécessaire de *corriger* les achats du montant des variations des stocks afin de faire apparaître la *consommation de l'exercice* :

Achats + Variation des stocks (soldes débiteurs)
ou
Achats − Variation des stocks (soldes créditeurs)
} = Coût d'achat des marchandises vendues et/ou Coût d'achat des matières et autres approvisionnements consommés

Variation des stocks = Stock initial − Stock final

## B - Les variations des stocks de produits (production stockée)

Les *soldes débiteurs* des comptes « 713 Variations des stocks (en-cours de production, produits) » indiquent une *consommation* de stocks alors que les soldes créditeurs des mêmes comptes expriment un *surstockage*. Le raisonnement est identique à celui exposé pour les comptes « 603 Variation des stocks (approvisionnements et marchandises) ».

La production vendue doit être *corrigée* du montant de la production stockée pour faire apparaître au compte de résultat *la production de l'exercice* :

Production vendue + Variation des stocks (soldes créditeurs)
ou
Production vendue − Variation des stocks (soldes débiteurs)
} = Production de l'exercice

Production stockée = Stock final − Stock initial

La formation du résultat s'explique, notamment, par les comparaisons suivantes :

| | |
|---|---|
| Ventes de marchandises – Coût d'achat des marchandises vendues | |
| Production de l'exercice – | Coût d'achat des matières et approvisionnements consommés |

**Exemple**

L'entreprise Delandre fournit un extrait de la situation de ses comptes de gestion à l'inventaire :

| | Intitulés des comptes | Soldes débiteurs | Soldes créditeurs |
|---|---|---|---|
| 601 | Achats de matières premières | 340 000 | |
| 6031 | Variation des stocks de matières premières | 56 000 | |
| 6037 | Variation des stocks de marchandises | | 18 000 |
| 607 | Achats de marchandises | 124 000 | |
| 701 | Ventes de produits finis | | 876 000 |
| 707 | Ventes de marchandises | | 397 000 |
| 713 | Production stockée | | 47 000 |

Coût d'achat des marchandises vendues :
     124 000 – 18 000 = 106 000 € (surstockage)
Coût d'achat des matières premières consommées :
     340 000 + 56 000 = 396 000 € (consommation de stock)
Production de l'exercice :
     876 000 + 47 000 = 923 000 € (surstockage)
Extrait du compte de résultat :

| Charges | Exercice N | Produits | Exercice N |
|---|---|---|---|
| **Charges d'exploitation** | | **Produits d'exploitation** | |
| Achats de marchandises | 124 000 | Ventes de marchandises | 397 000 |
| Variation des stocks | – 18 000 | Production vendue | 876 000 |
| Achats de matières premières | 340 000 | Production stockée | 47 000 |
| Variation des stocks | 56 000 | | |

Pour réaliser un chiffre d'affaires commercial de 397 000 €, l'entreprise a supporté un coût d'achat des marchandises vendues de 106 000 €.

La production de l'exercice (923 000 €) a nécessité une consommation de matières premières de 396 000 €.

# CHAPITRE 13

# *L*es ajustements de charges et de produits

## 1. GÉNÉRALITÉS

La régularisation des comptes de charges et de produits consiste *à rattacher au résultat de l'exercice* toutes les charges et tous les produits de l'exercice, mais eux seuls, afin de respecter le principe d'indépendance des exercices.

Toutefois, on constate que les produits et les charges comptabilisés au cours de l'exercice ne correspondent pas nécessairement à ceux qui lui incombent. En conséquence, il est obligatoire, à la clôture de l'exercice N, d'effectuer les *ajustements* suivants :

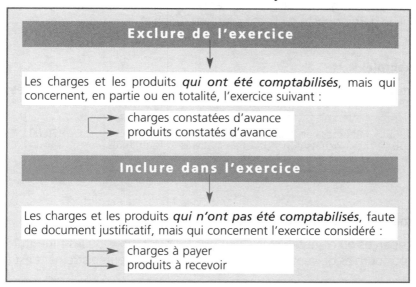

À l'ouverture de l'exercice suivant (N + 1), il faut *contre-passer* les écritures de régularisation de charges et de produits :

– les charges et les produits constatés d'avance sont alors *transférés* dans l'exercice qui les concerne ;

– les charges à payer et les produits à recevoir sont *annulés* et seront enregistrés en opérations courantes au moment de la comptabilisation du document comptable.

# 2 • LA COMPTABILISATION

## A - Les charges et les produits constatés d'avance

Il s'agit de charges et de produits qui ont été comptabilisés durant l'exercice, à partir d'une pièce justificative, alors qu'ils ne concernent qu'en partie ou pas du tout l'exercice qui s'achève.

### 1) Les charges constatées d'avance

L'ajustement consiste à *réduire ou à annuler* les comptes de charges qui correspondent à des achats de biens et services dont la fourniture ou la prestation interviendra ultérieurement (fournitures non consommées, loyers…). L'enregistrement est le suivant :

| À débiter | À créditer |
|---|---|
| 486 Charges constatées d'avance | 6.. Comptes de charges intéressés |

*Il n'y a pas lieu de régulariser la TVA.*

Le compte « 486 Charges constatées d'avance » est un compte de *régularisation actif* qui constitue le dernier poste de l'actif circulant du bilan.

**Exemple**

Il reste 150 € HT de fournitures administratives qui seront consommées en N + 1.

| | | 31/12/N | | |
|---|---|---|---|---|
| 486 | Charges constatées d'avance | | 150,00 | |
| 606 | Achats non stockés de matières et fournitures | | | 150,00 |
| | *Fournitures non consommées* | | | |

### 2) Les produits constatés d'avance

Les produits perçus ou comptabilisés avant que les prestations ou les fournitures aient été effectuées ou fournies doivent être *réduits ou annulés*. L'enregistrement est le suivant :

| À débiter | À créditer |
|---|---|
| 7.. Comptes de produits intéressés | 487 Produits constatés d'avance |

*Il n'y pas lieu de régulariser la TVA.*

Le compte « 487 Produits constatés d'avance » est un compte de *régularisation passif* qui constitue le dernier poste des dettes au bilan.

**Exemple**

L'entreprise a encaissé, le 20 décembre N, le loyer du mois de janvier N + 1 pour un montant de 600 €.

| | 31/12/N | | |
|---|---|---|---|
| 750 | Autres produits de gestion courante | 600,00 | |
| 487 | Produits constatés d'avance | | 600,00 |
| | *Perception du loyer d'avance* | | |

# B - Les charges à payer et les produits à recevoir

Ce sont des charges et des produits qui concernent l'exercice écoulé, *mais qui n'ont pas été comptabilisés* car les pièces justificatives ne sont pas encore parvenues ou n'ont pas été établies à la fin de l'exercice.

## 1) Les charges à payer

La charge relative à l'exercice dont le montant est suffisamment connu et évaluable doit être *enregistrée et intégrée* dans le compte de résultat.

Les dettes à venir figurent dans des comptes *rattachés* aux comptes de tiers concernés. Le schéma comptable est le suivant :

| À débiter | À créditer |
|---|---|
| 6.. Comptes de charges intéressés **(HT)**<br>44586 Taxes sur le chiffre d'affaires<br>sur factures non parvenues | 1688 Intérêts courus<br>408   Fournisseurs – Factures non parvenues<br>4286 Personnel – Autres charges à payer<br>4486 État – Charges à payer<br>4686 Divers – Charges à payer |

L'entreprise pourra *déduire la TVA* lorsqu'elle recevra la pièce justificative.

**Exemple**

L'entreprise n'a pas reçu la facture relative à la livraison de marchandises du 20 décembre N. Montant hors taxes : 3 000 €, TVA 20 %.

| | 31/12/N | | |
|---|---|---|---|
| 607 | Achats de marchandises | 3 000,00 | |
| 44586 | Taxes sur le chiffre d'affaires sur factures non par-venues | 600,00 | |
| 408 | Fournisseurs – Factures non parvenues | | 3 600,00 |
| | *Facture non parvenue* | | |

## 2) Les produits à recevoir

Le produit concernant l'exercice dont le montant est suffisamment connu et évaluable doit être **comptabilisé et intégré** dans le compte de résultat.

Les créances à venir figurent dans des comptes **rattachés** aux comptes de tiers concernés. Le schéma comptable est le suivant :

| À débiter | À créditer |
|---|---|
| 2768 Intérêts courus | 649 Produit d'impôt CICE |
| 418 Clients – Produits non encore facturés | 7.. Comptes de produits intéressés **(HT)** |
| *ou* | 44587 Taxes sur le chiffre d'affaires sur factures à établir |
| 4687 Débiteurs – Produits à recevoir | |
| 4287 Personnel – Produits à recevoir | |
| 4387 Organismes sociaux – Produits à recevoir | |
| 4487 État – Produits à recevoir | |

L'entreprise collectera la TVA lorsque la facture sera établie.

**Exemples**

La facture relative à une livraison effectuée le 10 décembre N n'a pas encore été établie. Montant hors taxes : 6 200 € ; TVA 20 %.

| | 31/12/N | | |
|---|---|---|---|
| 418 | Clients – Produits non encore facturés | 7 440,00 | |
| 707 | Ventes de marchandises | | 6 200,00 |
| 44587 | Taxes sur le chiffre d'affaires sur factures à établir | | 1 240,00 |
| | *Facture non établie* | | |

Les salaires versés en N ouvrant droit au CICE s'élèvent à 32 000 € ; taux du CICE 6 %.

| | | | |
|---|---|---|---|
| 4487 | État – Produits à recevoir | 1 920,00 | |
| 649 | Produit d'impôt CICE | | 1 920,00 |
| | *CICE : 32 000 x 6 %* | | |

# C - La régularisation des rabais, remises et ristournes

## 1) Les rabais, remises et ristournes à accorder

Ils sont assimilés à des **charges à payer** pour le fournisseur. La réduction commerciale sur ventes concerne l'exercice écoulé mais l'avoir sera établi sur l'exercice suivant.

À la clôture de l'exercice N, les comptes « 709 Rabais, remises et ristournes accordés par l'entreprise » et « 44587 Taxes sur le chiffre d'affaires sur factures » à établir sont **débités**, respectivement, du montant hors taxes et du montant de la TVA par le **crédit** du compte « 4198 Rabais, remises, ristournes à accorder » pour le montant toutes taxes comprises.

**Exemple**

L'entreprise doit accorder à un client une ristourne de fin d'année d'un montant de 1 500 € hors taxes (TVA 20 %) ; l'avoir sera établi en N + 1.

| | 31/12/N | | |
|---|---|---|---|
| 709 | Rabais, remises et ristournes accordés par l'entreprise | 1 500,00 | |
| 44587 | Taxes sur le chiffre d'affaires sur factures à établir | 300,00 | |
| 4198 | Rabais, remises, ristournes à accorder et autres avoirs à établir | | 1 800,00 |
| | *Avoir non établi* | | |

## 2) Les rabais, remises et ristournes à obtenir

Ils sont assimilés à des **produits à recevoir** pour le client.

À la clôture de l'exercice N, les comptes « 609 Rabais, remises et ristournes obtenus sur achats » et « 44586 Taxes sur le chiffre d'affaires sur factures non parvenues » sont **crédités**, respectivement, du montant hors taxes et du montant de la TVA par le **débit** du compte « 4098 Rabais, remises, ristournes à obtenir » pour le montant toutes taxes comprises.

**Exemple**

L'entreprise doit recevoir de son fournisseur une ristourne de fin d'année d'un montant de 500 € hors taxes (TVA 20 %) ; l'avoir ne parviendra qu'en N + 1.

| | 31/12/N | | |
|---|---|---|---|
| 4098 | Rabais, remises, ristournes à obtenir et autres avoirs non encore reçus | 600,00 | |
| 609 | Rabais, remises et ristournes obtenus sur achats | | 500,00 |
| 44586 | Taxes sur le chiffre d'affaires sur factures non parvenues | | 100,00 |
| | *Avoir non parvenu* | | |

# CHAPITRE 14

# *L*es amortissements des immobilisations

## **1 • PRINCIPES ET DÉFINITIONS**

L'entreprise doit, dans le respect de la règle de *prudence*, constater à chaque inventaire, l'amortissement annuel de chaque immobilisation amortissable afin de présenter une *image fidèle* de son patrimoine.

Les travaux d'inventaire relatifs aux amortissements consistent à *évaluer* ces amortissements et à les *comptabiliser*.

Les articles 214-1 et 214-4 du PCG fournissent les définitions suivantes : « *Un actif amortissable est un actif dont l'utilisation est déterminable.*
*L'amortissement d'un actif est la répartition systématique de son montant amortissable en fonction de son utilisation* ».

Ces deux définitions nécessitent l'explication de plusieurs notions.

| Notions | Explications |
|---|---|
| Utilisation déterminable | L'utilisation d'une immobilisation est déterminable lorsque l'usage attendu est *limité dans le temps* du fait de critères physique (usure), technique (obsolescence), juridique (durée de protection). En conséquence, les biens dont la durée d'utilisation est *indéterminable* ne sont pas amortissables. Il s'agit du droit au bail, du fonds commercial, des marques, des terrains (sauf carrières et terrains de gisement) et des immobilisations financières. |
| Mesure de l'utilisation | L'utilisation du bien se mesure par la *consommation* des avantages économiques attendus de l'actif, c'est-à-dire par son potentiel à générer des flux de trésorerie. Elle peut être déterminée par une *unité de mesure* telle que : l'unité de temps (durée d'utilisation) ou l'unité d'œuvre (nombre de pièces produites, de kilomètres effectués…). |
| | La mesure de l'utilisation ne se réfère pas aux usages de la profession mais à la *durée réelle* d'utilisation dans l'entreprise, sauf en cas de dérogation pour les PME. |
| Valeur amortissable | La répartition de la valeur amortissable de l'immobilisation s'effectue selon le *rythme* de consommation des avantages économiques attendus de l'actif par l'entreprise. |
| | Le montant amortissable d'un actif est sa *valeur brute* (valeur d'entrée dans le patrimoine) sous déduction de sa valeur résiduelle. |

| Notions | Explications |
|---|---|
| Valeur résiduelle | La valeur résiduelle est le montant, *déduction faite des coûts de sortie attendus*, que l'entreprise obtiendrait de la cession de l'actif sur le marché à la fin de son utilisation :<br><br>Valeur résiduelle = Prix de cession – Coûts de sortie<br><br>Elle doit être déterminée lors de l'*entrée* de l'actif dans le patrimoine. Elle n'est prise en compte dans la valeur amortissable que si elle est à la fois : *significative* (modification sensible des amortissements calculés) et *mesurable* (détermination de manière fiable, dès l'origine de la valeur de marché à la revente du bien en fin de période d'utilisation).<br><br>Il existe une divergence avec les règles fiscales puisque, du point de vue fiscal, la valeur résiduelle ne doit pas minorer la valeur amortissable. |

# 2. LE PLAN D'AMORTISSEMENT

## A - Principes

Le PCG, dans son article 214-4, précise : « *Le plan d'amortissement est la traduction comptable de la répartition de la valeur amortissable d'un actif selon le rythme de consommation des avantages économiques attendus en fonction de son utilisation probable* ».

L'entreprise doit établir, pour **chaque bien** amortissable, un plan d'amortissement **définitif**, à la date d'entrée du bien à l'actif, qui se présente sous la forme d'un tableau prévisionnel de la répartition de la valeur amortissable du bien, par tranches successives et sur une période déterminée.

Il comprend les éléments suivants :

– *la désignation et l'imputation comptable* de l'immobilisation à l'aide du PCG ;

– *la date de début de consommation* des avantages économiques attendus. Elle correspond le plus souvent à la date de mise en service du bien. Cette date fournit le point de départ de la première annuité ;

– *la base de calcul de l'amortissement* : elle correspond à la valeur d'origine (VO) du bien, c'est-à-dire au coût d'entrée dans le patrimoine. La valeur résiduelle peut venir en déduction de la valeur d'origine dans les conditions précitées (voir page 172) ;

– *la durée d'amortissement* : c'est la durée d'utilisation probable du bien en fonction des caractéristiques propres de l'entreprise, abstraction faite des durées d'usage fiscales, sauf pour les PME (voir page 181). Elle permet de calculer le taux d'amortissement.
Par exemple, pour 5 ans = 100 / 5, soit 20 %.

À titre indicatif, les taux les plus couramment utilisés en fonction des durées d'usage prévues par l'administration fiscale sont les suivants :

| | | | |
|---|---|---|---|
| Bâtiments commerciaux : | 2 à 5 % | Matériel de transport : | 20 à 25 % |
| Bâtiments industriels : | 2 à 5 % | Mobilier : | 10 % |
| Matériel : | 10 à 15 % | Matériel de bureau : | 10 à 20 % |
| Outillage : | 10 à 20 % | Agencements : | 5 à 10 % |

– *le mode d'amortissement* choisi : mode linéaire, à défaut de mode mieux adapté et indépendamment des modes d'amortissement fiscaux admis ;

– *l'annuité d'amortissement* de chaque exercice, c'est-à-dire le montant annuel de la répartition du coût de l'actif calculé en appliquant le taux d'amortissement à la base amortissable ;

– *les amortissements cumulés* , c'est-à-dire la somme des annuités pratiquée ;

– *la valeur nette comptable (VNC)*, à la fin de chaque exercice : c'est la valeur obtenue par différence entre la valeur d'origine et les amortissements cumulés. Elle peut être minorée par d'éventuelles dépréciations (voir chapitre 14) :

> **Valeur nette comptable** = Valeur d'origine\* – Amortissements cumulés

\* La valeur d'origine peut être minorée de la valeur résiduelle (voir page 156).

## B - La ventilation de l'immobilisation par composants

Conformément aux règles comptables, l'entreprise doit prévoir un plan d'amortissement *propre à chaque composant* constituant une immobilisation décomposable. Ce plan doit être élaboré d'après les caractéristiques spécifiques du composant (durée d'utilisation, mode d'amortissement…). Plusieurs plans d'amortissement sont donc établis pour une même immobilisation. Par exemple, un camion réservé au transport de chevaux peut être décomposé en : carosserie : amortie sur 10 ans ; moteur : amorti sur 5 ans et aménagement intérieur : amorti sur 3 ans.

Les coûts significatifs de *remplacement* d'un composant d'une immobilisation corporelle doivent être comptabilisés comme une *acquisition* d'immobilisation et *amortis* selon sa durée d'utilisation. La valeur nette comptable du composant remplacé doit être comptabilisée en charges.

Pour les immobilisations non décomposables, un *plan unique* est retenu pour l'ensemble de l'immobilisation.

## C - La modification du plan d'amortissement

Certains *événements* survenus au cours de l'utilisation de l'actif peuvent entraîner la modification du plan d'amortissement défini à la date d'entrée du bien à l'actif. La modification porte sur :

– *l'utilisation prévue* du bien, à la suite d'un changement d'exploitation du bien, de changements techniques, d'évolutions du marché ;

– *la base amortissable* du bien, à la suite :

- de dépenses ultérieures améliorant l'état ou le niveau de performance du bien ;
- du renouvellement d'un composant pour une valeur différente de sa valeur d'origine ;
- du remplacement d'un élément d'une immobilisation non identifié à l'origine comme composant ;
- de la constatation d'une dépréciation de l'actif, lorsque sa valeur actuelle est devenue inférieure à sa valeur nette comptable (voir dépréciation d'un actif, chapitre 14).

# 3. LES MODES D'AMORTISSEMENT

## A - Le mode d'amortissement comptable

Le PCG dans son article 214-14 définit le mode d'amortissement et conseille une méthode : « *Le mode d'amortissement doit permettre de traduire au mieux le rythme de consommation des avantages économiques attendus de l'actif par l'entité. Il est appliqué de manière constante pour tous les actifs de même nature ayant des conditions d'utilisation identiques. Le mode linéaire est appliqué à défaut de mode mieux adapté* ».

Cependant, les amortissements comptables évalués d'après les mesures relatives à la durée d'utilisation, à la prise en compte de la valeur résiduelle et au mode d'amortissement choisi peuvent être *inférieurs* aux modes d'amortissement fiscalement admis et calculés sur les durées d'usage. En conséquence, pour que les entreprises conservent les avantages des modes d'amortissement fiscaux, l'administration fiscale les autorise à constater des *amortissements dérogatoires* (voir p. 162) pour la différence entre les amortissements comptables et les amortissements fiscaux.

## B - Les modes d'amortissement fiscaux

Les deux modes d'amortissement fiscaux pratiqués sont :

| Le mode linéaire | Le mode dégressif |
|---|---|
| Applicable à *toutes les immobilisations amortissables*, y compris les frais d'établissement (pour une durée de 5 ans maximum). | Applicable à *certaines immobilisations* acquises neuves et d'une durée de vie égale ou supérieure à 3 ans (biens d'équipement industriel, immeubles à usage industriel de construction légère, certaines installations). |

### 1) Les modalités de calcul du mode linéaire

Le système linéaire (ou constant) répartit de *manière égale* la valeur amortissable du bien en fonction de la durée d'usage fiscale.

La date de départ de l'amortissement est la ***date de la mise en service*** du bien (qui peut donc être différente de la date de facturation).

***Le calcul du taux d'amortissement*** s'effectue le plus souvent d'après la durée d'utilisation (ou bien d'après le nombre d'unités d'œuvre) :

$$\frac{100}{\text{Durée d'utilisation}} = t \, \%$$

***L'annuité constante*** d'amortissement se calcule ainsi :

> **Valeur d'origine** (Base à amortir) **x t %**

Lorsque l'acquisition a lieu en cours d'exercice, l'entreprise doit pratiquer la règle du *prorata temporis* pour la première annuité (le calcul s'effectue toujours en jours). En conséquence, la dernière annuité est le complément de la première.

L'amortissement s'effectue sur la durée d'utilisation plus un exercice.

## 2) *Les modalités de calcul du mode dégressif*

Il répartit de ***manière inégale*** la valeur amortissable du bien en fonction de la durée d'usage fiscale. Le mode dégressif est caractérisé par l'application d'un taux constant à une valeur dégressive.

La date de départ de l'amortissement est le premier jour du mois d'acquisition, d'où une divergence avec la règle comptable précitée (voir page 162).

Le taux d'amortissement est égal à :

> **Taux linéaire x Coefficient**

Les coefficients dégressifs en vigueur à ce jour sont :

| Durée | Biens acquis | | |
|---|---|---|---|
| | jusqu'au 31/12/2000 | entre le 1/1/2001 et le 3/12/2008 et à partir du 1/1/2010 | entre le 4/12/2008 et le 31/12/2009 |
| 3 ou 4 ans | 1,5 | 1,25 | 1,75 |
| 5 ou 6 ans | 2 | 1,75 | 2,25 |
| + de 6 ans | 2,5 | 2,25 | 2,75 |

Les coefficients peuvent être ***majorés*** de 0,25 pour les matériels et outillages acquis ou fabriqués depuis le 1er janvier 2004 et affectés à des opérations de recherches scientifiques et techniques.

L'annuité d'amortissement se calcule en appliquant le taux déterminé :

> pour la première annuité, sur la ***valeur d'origine*** ;
> à partir de la deuxième annuité, sur la ***valeur nette comptable*** du bien à la clôture de l'exercice précédent.

Lorsque l'acquisition a lieu en cours d'exercice, l'entreprise doit pratiquer la règle du *prorata temporis*, pour la première annuité, du premier jour du mois d'acquisition à la date de l'inventaire (le calcul s'effectue en mois entier).

L'amortissement doit s'effectuer sur la durée d'utilisation du bien. Or, pour que la valeur nette comptable soit nulle à la fin de la dernière année de vie du bien, il est nécessaire à un moment donné d'abandonner le système dégressif et d'amortir la valeur nette comptable restante en pratiquant le **système linéaire**. En conséquence, lorsque l'annuité dégressive devient **inférieure** au quotient de la valeur nette comptable par le nombre d'années restant à courir, l'entreprise pratique une dotation **égale** à ce quotient.

Si :
$$\text{Taux dégressif} \leq \frac{100}{\text{Nombre d'années restant à courir}}$$

Alors :
$$\text{Annuité linéaire} = \frac{\text{Valeur nette comptable}}{\text{Nombre d'années restant à courir}}$$

La dernière annuité n'est pas le complément de la première.

L'amortissement s'effectue sur la durée d'usage fiscale.

Notons que l'amortissement dégressif est **plus avantageux** d'un point de vue fiscal que l'amortissement linéaire ; c'est pour cela que son champ d'application est réduit.

### Exemple 1 : mode linéaire et mode dégressif

Un matériel de bureau a été acquis le 10 mars N (2009), il a été mis en service le 13 mars ; son montant HT est de 35 000 €, sa durée d'utilisation est prévue pour 5 ans.

*Plan d'amortissement, en mode linéaire, du matériel de bureau*

Taux d'amortissement pratiqué : 100 / 5 = 20 %

Montant de l'annuité constante : 35 000 x 20 % = 7 000 €

Montant de la première annuité (du 13 mars au 31 décembre) :

$$\frac{7\,000 \times (17 + 270)}{360} = 5\,580,56 \text{ €}$$

Montant de la dernière annuité (du 1er janvier au 13 mars) :

$$\frac{7\,000 \times (60 + 13)}{360} = 1\,419,44 \text{ €}$$

Le tableau d'amortissement se présente comme suit :

| Exercice | Base à amortir | Annuité | Amortissements cumulés | Valeur nette comptable |
|----------|----------------|---------|------------------------|------------------------|
| N | 35 000,00 | 5 580,56 | 5 580,56 | 29 419,44 |
| N + 1 | 35 000,00 | 7 000,00 | 12 580,56 | 22 419,44 |
| N + 2 | 35 000,00 | 7 000,00 | 19 580,56 | 15 419,44 |
| N + 3 | 35 000,00 | 7 000,00 | 26 580,56 | 8 419,44 |
| N + 4 | 35 000,00 | 7 000,00 | 33 580,56 | 1 419,44 |
| N + 5 | 35 000,00 | 1 419,44 | 35 000,00 | 0 |

*Plan d'amortissement, en mode dégressif, du matériel de bureau*

Taux d'amortissement pratiqué : t = 20 % x (1,75 + 0,5) = 45 %

Montant de la première annuité : 35 000 x 45 % x 10 / 12 = 13 125 €

Montant de la deuxième annuité : (35 000 – 13 125) 45 % = 9 843,75 €

Montant de la troisième annuité :

$$\frac{12\ 031,25}{3} < 12\ 031,25 \times 45\ \% \implies \text{poursuite du taux dégressif}$$

Montant de la quatrième annuité :

$$\frac{6\ 617,19}{2} > 6\ 617,19 \times 45\ \% \implies \text{passage à l'annuité constante}$$

Le tableau d'amortissement se présente comme suit :

| Exercice | Base à amortir | Annuité | Amortissements cumulés | Valeur nette comptable |
|---|---|---|---|---|
| N | 35 000,00 | 13 125,00 | 13 125,00 | 21 875,00 |
| N + 1 | 21 875,00 | 9 843,75 | 22 968,75 | 12 031,25 |
| N + 2 | 12 031,25 | 5 414,06 | 28 382,81 | 6 617,19 |
| N + 3 | 6 617,19 | 3 308,60 | 31 691,40 | 3 308,59 |
| N + 4 | 3 308,59 | 3 308,59 | 35 000,00 | 0 |

## Exemple 2 : modification du plan d'amortissement

Une machine outil d'une valeur de 78 000 € HT mise en service le 1er janvier N est amortie en mode linéaire sur une durée de 6 ans. En janvier N + 3, la durée d'utilisation est ramenée à 5 ans.

Le plan d'amortissement initial de la machine se présente ainsi :

| Exercice | Base à amortir | Annuité* | Amortissements cumulés | Valeur nette comptable |
|---|---|---|---|---|
| N | 78 000 | 13 000 | 13 000 | 65 000 |
| N + 1 | 78 000 | 13 000 | 26 000 | 52 000 |
| N + 2 | 78 000 | 13 000 | 39 000 | 39 000 |
| N + 3 | 78 000 | 13 000 | 52 000 | 26 000 |
| N + 4 | 78 000 | 13 000 | 65 000 | 13 000 |
| N + 5 | 78 000 | 13 000 | 78 000 | 0 |

* 78 000/6 = 13 000

Le plan d'amortissement est modifié à partir de l'exercice N + 3.

La durée d'utilisation restante est de 2 ans au lieu de 3 ans.

L'annuité révisée sera de :

VNC au 31/12/N + 2     / Durée d'utilisation restante

      39 000        /         2         =   19 500

Le plan d'amortissement révisé est le suivant :

| Exercice | Base à amortir | Annuité | Amortissements cumulés | Valeur nette comptable |
|---|---|---|---|---|
| N | 78 000 | 13 000 | 13 000 | 65 000 |
| N + 1 | 78 000 | 13 000 | 26 000 | 52 000 |
| N + 2 | 78 000 | 13 000 | 39 000 | 39 000 |
| N + 3 | 78 000 | 19 500 | 58 500 | 19 500 |
| N + 4 | 78 000 | 19 500 | 78 000 | 0 |

# 4. LE CALCUL DES AMORTISSEMENTS DÉROGATOIRES

## A - Principes

Comme nous l'avons déjà énoncé, lorsque l'entreprise souhaite conserver les avantages des modes d'amortissement fiscaux, elle doit constater des amortissements dérogatoires résultant des **divergences** entre les règles comptables et les règles fiscales.

Il est alors nécessaire d'établir :

– *un plan d'amortissement comptable*, pour lequel les annuités sont calculées d'après les règles comptables en vigueur ;

– *un plan d'amortissement fiscal* où figurent les annuités calculées d'après la durée d'usage et le mode d'amortissement fiscal relatifs au bien concerné ;

– *un tableau comparatif des annuités fiscales et comptables* afin d'évaluer l'amortissement dérogatoire pour chaque exercice :

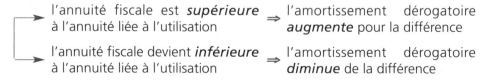

Deux cas peuvent se présenter :

l'annuité fiscale est *supérieure* à l'annuité liée à l'utilisation ⇒ l'amortissement dérogatoire **augmente** pour la différence

l'annuité fiscale devient *inférieure* à l'annuité liée à l'utilisation ⇒ l'amortissement dérogatoire **diminue** de la différence

### Exemple

Le 20 octobre N (2014), l'entreprise IDS met en service un outillage acheté le 1er octobre N pour 6 000 € HT qu'elle décide d'amortir sur 6 ans en mode linéaire. Cependant, elle souhaite bénéficier de l'amortissement dégressif fiscal sur une durée d'usage de 5 ans.

Le plan d'amortissement comptable est le suivant :

– annuité constante : 6 000 / 6 = 1 000 €

– première annuité pour 70 jours : 1 000 x 70 / 360 = 194,44 €

| Exercice | Base à amortir | Annuité | Amortissements cumulés | Valeur nette comptable |
|---|---|---|---|---|
| N | 6 000,00 | 194,44 | 194,44 | 5 805,56 |
| N + 1 | 6 000,00 | 1 000,00 | 1 194,44 | 4 805,56 |
| N + 2 | 6 000,00 | 1 000,00 | 2 194,44 | 3 805,56 |
| N + 3 | 6 000,00 | 1 000,00 | 3 194,44 | 2 805,56 |
| N + 4 | 6 000,00 | 1 000,00 | 4 194,44 | 1 805,56 |
| N + 5 | 6 000,00 | 1 000,00 | 5 194,44 | 805,56 |
| N + 6 | 6 000,00 | 805,56 | 6 000,00 | 0 |

Le plan d'amortissement fiscal s'établit ainsi :
– taux dégressif : 100 / 5 x 1,75 = 35 %
– première annuité pour 3 mois : 6 000 x 35 % x 3 / 12 = 525 €

| Exercice | Base à amortir | Annuité | Amortissements cumulés | Valeur nette comptable |
|---|---|---|---|---|
| N | 6 000,00 | 525,00 | 525,00 | 5 475,00 |
| N + 1 | 5 475,00 | 1 916,25 | 2 441,25 | 3 558,75 |
| N + 2 | 3 558,75 | 1 245,56 | 3 686,81 | 2 313,19 |
| N + 3 | 2 313,19 | 1 156,59 | 4 843,40 | 1 156,60 |
| N + 4 | 1 156,60 | 1 156,60 | 6 000,00 | 0 |

L'amortissement dérogatoire est déterminé de la manière suivante :

| Date | Annuité fiscale | Annuité comptable | | Annuité dérogatoire |
|---|---|---|---|---|
| N | 525,00 | 194,44 | | 330,56 |
| N + 1 | 1 916,25 | 1 000,00 | | 916,25 |
| N + 2 | 1 245,56 | 1 000,00 | | 245,56 |
| N + 3 | 1 156,59 | 1 000,00 | | 156,59 |
| N + 4 | 1 156,60 | 1 000,00 | | 156,60 |
| N + 5 | | 1 000,00 | – | 1 000,00 |
| N + 6 | | 805,56 | – | 805,56 |
| | 6 000,00 | 6 000,00 | | 0,00 |

## B - Une mesure de simplification pour les PME

*Pour les immobilisations non décomposables*, les PME ne dépassant pas deux des trois seuils suivants : total du bilan : 3 650 000 €, chiffre d'affaires : 7 300 000 €, nombre de salariés : 50, peuvent conserver dans leurs comptes individuels les **durées d'usage**. Il en résulte une **correspondance** entre l'amortissement comptable et l'amortissement fiscal qui permet d'échapper à l'utilisation de l'amortissement dérogatoire.

Toutefois, cette mesure de simplification ne vise ni la prise en compte de la valeur résiduelle du point de vue comptable, ni le mode d'amortissement dégressif ; dans ce cas, la divergence avec la règle fiscale fait l'objet d'un amortissement dérogatoire.

# 5. LA COMPTABILISATION DES AMORTISSEMENTS

Pour les entreprises souhaitant bénéficier des avantages fiscaux précités, autres que les PME concernées par la mesure de simplification, il est nécessaire de *scinder* l'amortissement fiscal en comptabilisant :

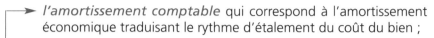

- *l'amortissement comptable* qui correspond à l'amortissement économique traduisant le rythme d'étalement du coût du bien ;

- *l'amortissement dérogatoire* qui représente la quote-part d'amortissement correspondant à l'avantage fiscal obtenu par rapport à l'amortissement comptable :

> Amortissement dérogatoire
> =
> Amortissement fiscal – Amortissement comptable

## A - L'amortissement comptable

L'annuité d'amortissement constitue à la fois une **charge non décaissable** (classe 6) et un amoindrissement de la valeur d'un élément de l'actif enregistré dans un compte spécifique. L'écriture est la suivante :

| À débiter | À créditer |
|---|---|
| 6811 Dotations aux amortissements sur immobilisations incorporelles et corporelles | 28.. Amortissements des immobilisations |

### Exemple

Enregistrer la première annuité comptable relative à l'outillage (soit 194,44 €).

| | | 31/12/N | | |
|---|---|---|---|---|
| 6811 | | Dotations aux amortissements sur immobilisations incorporelles et corporelles | 194,44 | |
| 2815 | | Amortissements des installations techniques, matériel et outillage industriels *Suivant plan d'amortissement* | | 194,44 |

Dans le compte de résultat, seule l'*annuité* de l'exercice considéré est **prise en compte**.

Au bilan, *les amortissements se cumulent* (soldes créditeurs des comptes « 28 Amortissements… ») d'un exercice à l'autre afin de faire apparaître la valeur nette comptable (VNC) de l'immobilisation concernée :

> **Brut – Amortissements cumulés = Valeur nette comptable**

# B - L'amortissement dérogatoire

Les amortissements dérogatoires sont assimilés à des *provisions réglementées* ; ils constituent un accroissement des capitaux propres et n'affectent donc pas la valeur nette comptable des biens.

L'amortissement dérogatoire est porté soit au *crédit*, soit au *débit* du compte « 145 Amortissements dérogatoires » par la *contrepartie* d'un compte de charges ou de produits exceptionnels, selon que l'amortissement fiscal excède ou non l'amortissement comptable.

L'écriture est la suivante :

| L'annuité fiscale est supérieure à l'annuité comptable | |
| --- | --- |
| **À débiter** | **À créditer** |
| 6872 Dotations aux provisions réglementées (immobilisations) | 145 Amortissements dérogatoires |
| **L'annuité fiscale est inférieure à l'annuité comptable** | |
| **À débiter** | **À créditer** |
| 145 Amortissements dérogatoires | 7872 Reprises sur provisions réglementées (immobilisations) |

**Exemple**

Enregistrer les amortissements dérogatoires relatifs à l'outillage pour les exercices N et N + 5 (soit respectivement 330,56 € et – 1 000 €).

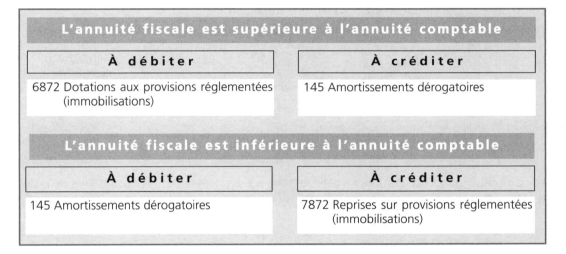

| | 31/12/N | | |
| --- | --- | --- | --- |
| 6872 | Dotations aux provisions réglementées (immobilisations) | 330,56 | |
| 145 | Amortissements dérogatoires | | 330,56 |
| | *Annuité dérogatoire de l'outillage* | | |

| | 31/12/N + 5 | | |
| --- | --- | --- | --- |
| 145 | Amortissements dérogatoires | 1 000,00 | |
| 7872 | Reprises sur provisions réglementées (immobilisations) | | 1 000,00 |
| | *Reprise de l'amortissement dérogatoire* | | |

# 6. LES AMORTISSEMENTS EXCEPTIONNELS FISCAUX

Les amortissements exceptionnels fiscaux sont constitués en application de textes particuliers et ne correspondent pas à l'objet normal d'un amortissement. Leur objectif est de *favoriser* certains investissements (logiciels, sites internet, immeubles professionnels construits dans certaines zones, robots industriels acquis ou créés par des PME entre le 1er octobre 2013 et le 31 décembre 2015) en procurant *une économie d'impôt*.

L'amortissement fiscal s'effectue, en principe, *sur 12 mois* comme pour les logiciels et les sites internet et sur 24 mois pour les robots industriels à compter de la date de mise en service. La part supplémentaire d'amortissement par rapport à l'amortissement comptable est constatée en *amortissement dérogatoire*.

Les calculs font l'objet d'un plan d'amortissement comportant les informations suivantes :

| Année | Annuité d'amortissement fiscal | Annuité d'amortissement comptable | Amortissement dérogatoire + Dotations | Amortissement dérogatoire – Reprises |
|---|---|---|---|---|
| N | | | | |
| N + ... | | | | |

La comptabilisation est identique à celle relative aux amortissements dérogatoires issus des divergence des règles comptables et fiscales (voir page 165).

### Exemple 1

L'entreprise acquiert le 12 avril N un logiciel de maintenance de production pour 24 000 € dont la durée d'utilisation prévue est de 3 ans. La législation fiscale autorise les entreprises à pratiquer un amortissement fiscal sur 12 mois à compter du premier jour du mois de l'achat.

Le tableau d'amortissement est le suivant :

| Exercice | Annuité fiscale | Annuité comptable | Amortissements dérogatoires + | Amortissements dérogatoires – |
|---|---|---|---|---|
| N | 24 000 x 9/12 = 18 000 | 24 000 x 1/3 x 9/12 = 6 000 | 12 000 | |
| N + 1 | 24 000 x 3/12 = 6 000 | 24 000 x 1/3 = 8 000 | | 2 000 |
| N + 2 | 0 | 24 000 x 1/3 = 8 000 | | 8 000 |
| N + 3 | 0 | 24 000 x 1/3 x 3/12 = 2 000 | | 2 000 |
| | 24 000 | 24 000 | 12 000 | 12 000 |

$$\begin{array}{ccccc} \text{Amortissements fiscaux} & = & \text{Amortissements économique} & = & \text{VO} \\ 24\ 000 & = & 24\ 000 & = & 24\ 000 \end{array}$$

Avantage fiscal à la fin de la durée d'utilisation du bien : 12 000 – 12 000 = 0

D'après le plan d'amortissement, les opérations comptabilisées au 31 décembre N et au 31 décembre N + 1 sont les suivantes :

| | 31/12/N | | |
|---|---|---|---|
| 6811 | Dotations aux amortissements sur immobilisations incorporelles | 6 000,00 | |
| 2805 | Amortissements des concessions et droits similaires, brevets, licences, logiciels, droits et valeurs similaires | | 6 000,00 |
| | *Annuité logiciel* | | |

| | 31/12/N | | |
|---|---|---|---|
| 6872 | Dotations aux provisions réglementées (immobilisations) | 12 000,00 | |
| 145 | Amortissements dérogatoires | | 12 000,00 |
| | *Amortissement dérogatoire logiciel* | | |

| | 31/12/N + 1 | | |
|---|---|---|---|
| 6811 | Dotations aux amortissements sur immobilisations incorporelles | 8 000,00 | |
| 2805 | Amortissements des concessions et droits similaires, brevets, licences, logiciels, droits et valeurs similaires | | 8 000,00 |
| | *Annuité logiciel* | | |

| | 31/12/N + 1 | | |
|---|---|---|---|
| 145 | Amortissements dérogatoires | 2 000,00 | |
| 7872 | Reprises sur provisions réglementées (immobilisations) | | 2 000,00 |
| | *Reprise de l'amortissement dérogatoire* | | |

Extraits du bilan et du compte de résultat au 31 décembre N + 1 :

### Bilan au 31/12/N + 1

| Actif | Exercice N | | | Passif | Exercice N |
|---|---|---|---|---|---|
| | Brut | Amortissements | Net | | Net |
| **Actif immobilisé** | | | | **Capitaux propres** | |
| Immobilisations incorporelles | | | | Provisions réglementées | 10 000 |
|   Concessions, brevets… | 24 000 | 14 000 | 10 000 | | |

| | 2805 Amortissements des concessions, des brevets… | | | | 145 Amortissements dérogatoires | |
|---|---|---|---|---|---|---|
| D | | C | | D | | C |
| | | 6 000 | | | 2 000 | 12 000 |
| | | 8 000 | | | SC 10 000 | |
| | SC 14 000 | | | | | |

Compte de résultat

| Charges | Exercice N | Produits | Exercice N |
|---|---|---|---|
| Charges d'exploitation | | ......................................... | |
| ......................................... | | ......................................... | |
| ......................................... | | Produits exceptionnels | |
| Dotations aux amortissements | 8 000 | Reprises sur provisions | 2 000 |

**Exemple 2**

Une PME spécialisée dans la fabrication de matériaux de construction a décidé d'investir en N (2015) dans un robot pour automatiser le processus de palettisation de sacs. Le coût d'acquisition est de 147 000 € hors taxes. La mise en service du robot est prévue pour le 1er mars N.

Elle souhaite bénéficier du régime de l'amortissement le plus favorable prévu pour ce type de bien et connaître le montant de chaque annuité de l'amortissement fiscal qu'elle pourra déduire du résultat. Le robot est éligible à un amortissement exceptionnel sur 24 mois à partir de sa date de mise en service et calculé selon le mode linéaire.

Le calcul des annuités de l'amortissement fiscal est le suivant :

– première annuité fiscale N :        147 000 x 10/24 = 61 250 €

– deuxième annuité fiscale N + 1 :    147 000 x 12/24 = 73 500 €

– troisième annuité fiscale N + 2 :   147 000  x  2/24 = 12 250 €

# CHAPITRE 15

# *L*es dépréciations des immobilisations incorporelles et corporelles

## 1. PRINCIPES

En application des *règles comptables*, l'entreprise doit vérifier à chaque inventaire et pour chaque immobilisation incorporelle ou corporelle, amortissable ou non, s'il existe un indice montrant que l'actif a pu *perdre de sa valeur de manière significative*.

Dans l'affirmative, il faut effectuer un *test de dépréciation* qui consiste à déterminer l'existence et le montant de la dépréciation.

## 2. LA DÉMARCHE RELATIVE À L'ÉVALUATION DES DÉPRÉCIATIONS

La détermination d'une dépréciation se déroule en *plusieurs étapes obligatoires* et dans un ordre précis.

### A - Les étapes

①  **Indice de perte**

*Rechercher* à chaque clôture d'exercice, l'existence d'un *indice interne* (obsolescence, performances économiques inférieures aux prévisions…) ou *externe* (baisse anormale de la valeur du marché, changements importants ayant un effet négatif sur l'entreprise, dans l'environnement technique, économique ou juridique…) prouvant que l'actif a *perdu sensiblement* de sa valeur.

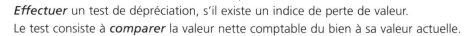

**Test de dépréciation**

*Effectuer* un test de dépréciation, s'il existe un indice de perte de valeur.

Le test consiste à *comparer* la valeur nette comptable du bien à sa valeur actuelle.

### Définition des valeurs

*La valeur actuelle* (VA) est la *plus élevée* de la valeur vénale (VV) ou de la valeur d'usage (VU).

*La valeur vénale* est le montant qui pourrait être obtenu, *à la date de clôture*, *de la vente* d'un actif lors d'une transaction conclue à des conditions normales de marché, *net des coûts*.

*La valeur d'usage* est la valeur des *avantages économiques futurs* attendus de son *utilisation* et de sa *sortie*. Elle est calculée à partir des estimations de ces avantages économiques futurs attendus. Dans la plupart des cas, la valeur d'usage est déterminée en fonction des *flux nets de trésorerie attendus*.

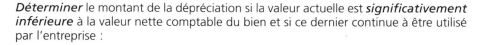

**Montant de la dépréciation**

*Déterminer* le montant de la dépréciation si la valeur actuelle est *significativement inférieure* à la valeur nette comptable du bien et si ce dernier continue à être utilisé par l'entreprise :

Valeur actuelle $<$ Valeur nette comptable $\Longrightarrow$ Dépréciation

Dépréciation = Valeur nette comptable – Valeur actuelle

*Sur les exercices suivants*, la dépréciation est *ajustée*, c'est-à-dire augmentée, diminuée ou annulée en fonction de l'évolution de l'indice de perte.

## B - Les modalités pratiques du calcul des dépréciations

Pour éviter, dans certains cas, de calculer la valeur d'usage, il est préconisé d'utiliser la méthode suivante pour évaluer la dépréciation :

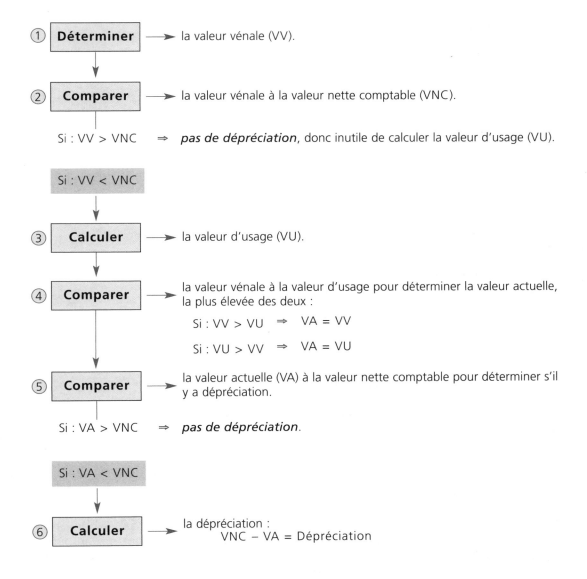

① **Déterminer** ⟶ la valeur vénale (VV).

② **Comparer** ⟶ la valeur vénale à la valeur nette comptable (VNC).

Si : VV > VNC ⟹ *pas de dépréciation*, donc inutile de calculer la valeur d'usage (VU).

Si : VV < VNC

③ **Calculer** ⟶ la valeur d'usage (VU).

④ **Comparer** ⟶ la valeur vénale à la valeur d'usage pour déterminer la valeur actuelle, la plus élevée des deux :

Si : VV > VU ⟹ VA = VV

Si : VU > VV ⟹ VA = VU

⑤ **Comparer** ⟶ la valeur actuelle (VA) à la valeur nette comptable pour déterminer s'il y a dépréciation.

Si : VA > VNC ⟹ *pas de dépréciation*.

Si : VA < VNC

⑥ **Calculer** ⟶ la dépréciation :
VNC – VA = Dépréciation

**Exemple**

La valeur nette comptable d'une construction est de 50 000 €.

Différentes hypothèses de valeur vénale et de valeur d'usage vous sont communiquées afin d'évaluer, si nécessaire, la dépréciation :

| Hypothèse | Valeur vénale | Valeur d'usage |
|:---:|:---:|:---:|
| 1 | 42 000 | 46 000 |
| 2 | 54 000 | |
| 3 | 42 000 | 38 000 |

**Hypothèse 1**

    VV < VNC  :  42 000 < 50 000

    VV < VU   :  42 000 < 46 000

    VA = VU   :  46 000

    VA < VNC  :  46 000 < 50 000 ⇒ Dépréciation

    VNC – VA  :  50 000 – 46 000 = 4 000

**Hypothèse 2**

    VV > VNC  :  54 000 > 50 000, donc pas de dépréciation

**Hypothèse 3**

    VV < VNC  :  42 000 < 50 000

    VV > VU   :  42 000 > 38 000

    VA = VV   :  42 000

    VA < VNC  :  42 000 < 50 000 ⇒ Dépréciation

    VNC – VA  :  50 000 – 42 000 = 8 000

# 3• LA COMPTABILISATION

Les travaux comptables se déroulent dans un ordre précis et s'échelonnent sur plusieurs exercices.

## A - La comptabilisation de la première dépréciation (exercice N)

La dépréciation d'une immobilisation incorporelle et corporelle constitue à la fois :

– *une charge d'exploitation calculée* (non décaissable) qui ne vient pas amoindrir la trésorerie, enregistrée au *débit* du compte « 6816 Dotations pour dépréciations des immobilisations incorporelles et corporelles » ;

– *une diminution de la valeur du bien* concerné enregistrée, indirectement par l'intermédiaire d'une subdivision du compte spécifique « 29 Dépréciations des immobilisations », à son *crédit*.

## B - La comptabilisation des ajustements (exercice N + 1 et N + ...)

La dépréciation *n'est pas définitive* si l'immobilisation continue d'être utilisée par l'entreprise. Il y a lieu d'estimer, à chaque inventaire, la nouvelle valeur actuelle du bien pour *ajuster* en conséquence la dépréciation :

– si l'indice de perte a *augmenté*, la dépréciation doit être *complétée*. L'enregistrement comptable est identique à celui de la constitution de la dépréciation ;

– si l'indice de perte a *diminué voire disparu*, la dépréciation doit être *réduite* voire *annulée et rapportée* au résultat. Le montant de l'ajustement est porté au *débit* d'une subdivision du compte « 290 Dépréciations des immobilisations incorporelles » ou « 291 Dépréciations des immobilisations corporelles » par le *crédit* du compte « 7816 Reprises sur dépréciations des immobilisations incorporelles et corporelles ».

**Exemple**

Au 31 décembre N, à la suite du test de dépréciation, la valeur actuelle du fonds commercial est évaluée à 206 000 €, alors que sa valeur comptable est de 230 000 €.

Au 31 décembre N + 1, d'après le nouveau test de dépréciation, l'estimation de la valeur actuelle est de 210 000 €.

*Constitution de la dépréciation au 31 décembre N*

| Dépréciation | = | Valeur comptable | – | Valeur actuelle |
|---|---|---|---|---|
| 24 000 € | = | 230 000 | – | 206 000 |

| | 31/12/N | | |
|---|---|---|---|
| 6816 | Dotations aux dépréciations des immobilisations incorporelles et corporelles | | |
| 2907 | Dépréciations du fonds commercial | 24 000,00 | |
| | *D'après test de dépréciation* | | 24 000,00 |

*Ajustement de la dépréciation au 31 décembre N + 1*

| Ajustement | = | VA au 31/12/N | – | VA au 31/12/N + 1 |
|---|---|---|---|---|
| – 4 000 € | = | 206 000 | – | 210 000 |

| | 31/12/N + 1 | | |
|---|---|---|---|
| 2907 | Dépréciations du fonds commercial | 4 000,00 | |
| 7816 | Reprises sur dépréciations des immobilisations incorporelles et corporelles | | 4 000,00 |
| | *D'après test de dépréciation* | | |

*Montant de la dépréciation au 31 décembre N + 1*

| | 230 000 | – | 210 000 | = | 20 000 |
|---|---|---|---|---|---|
| ou | | | | | |
| | 24 000 | – | 4 000 | = | 20 000 |

# 4. LES CONSÉQUENCES DES DÉPRÉCIATIONS SUR LES IMMOBILISATIONS AMORTISSABLES

La constatation d'une dépréciation d'une immobilisation et son ajustement ultérieur *modifient la base amortissable* pour l'exercice suivant et *nécessitent la révision* du plan d'amortissement en conséquence de manière prospective (c'est-à-dire pour les exercices à venir) :

$$\text{Nouvelle base à amortir pour l'exercice suivant} = \text{Valeur nette comptable avant dépréciation} - \text{Dépréciation}$$

Lors d'ajustements ultérieurs, en cas de *reprise* de dépréciations, le montant de cette dernière est *limité*. En effet, la valeur nette comptable d'une immobilisation amortissable, majorée du montant de la reprise, ne doit pas être supérieure à la valeur nette comptable sans aucune dépréciation.

$$\text{Valeur nette comptable} + \text{Reprises} \leq \text{Valeur nette comptable sans dépréciation}$$
$$\text{(Valeur brute} - \text{Amortissements cumulés)}$$

Pour tenir compte de l'incidence des dépréciations sur l'évaluation de la base amortissable et sur le montant des amortissements de l'actif concerné, il est utile d'élaborer *deux plans* d'amortissement :

→ un plan *sans tenir compte* des dépréciations et de leurs ajustements, donc avec une base amortissable correspondant à la valeur d'origine ;

→ un plan *intégrant* dans les calculs l'incidence des dépréciations et de leurs ajustements sur la base amortissable.

**Exemple**

L'entreprise Poudec acquiert le 1er janvier N un matériel de bureau d'une valeur de 9 000 €. Ce dernier est amortissable en mode linéaire sur une durée de 6 ans.

Fin de l'exercice N + 2, le test de dépréciation fait apparaître une dépréciation de 1 800 €.

Fin de l'exercice N + 3, la reprise sur dépréciation s'élève à 1 500 €.

*Plan d'amortissement initial*, en mode linéaire, du matériel de bureau

| Exercice | Base à amortir | Annuité | Amortissements cumulés | Valeur nette comptable |
|---|---|---|---|---|
| N | 9 000 | 1 500 | 1 500 | 7 500 |
| N + 1 | 9 000 | 1 500 | 3 000 | 6 000 |
| N + 2 | 9 000 | 1 500 | 4 500 | 4 500 |
| N + 3 | 9 000 | 1 500 | 6 000 | 3 000 |
| N + 4 | 9 000 | 1 500 | 7 500 | 1 500 |
| N + 5 | 9 000 | 1 500 | 9 000 | 0 |

La VNC (3 000 €) à la fin de N + 3 représente le montant plafonné de la reprise.

*Plan révisé*

| | | |
|---|---|---|
| VNC au 31/12 N + 2 avant la dépréciation | | 4 500 |
| Dépréciation | – | 1 800 |
| Nouvelle base amortissable | = | 2 700 |
| Annuité N + 3 : 2 700 / 3 | – | 900 |
| VNC au 31/12 N + 3 | = | 1 800 |
| Reprise | + | 1 500 |
| Valeur actuelle = | | 3 300 |

D'après le plan initial, la valeur nette comptable au 31 décembre N + 3 ne doit pas être supérieure à 3 000 €. En conséquence, la reprise sera limitée à : 1 200 € (3 000 – 1 800).

Les deux dernières annuités seront égales chacune à : 3 000 / 2 = 1 500 €

*Tableau*

| Matériel de bureau | | | | | | |
|---|---|---|---|---|---|---|
| Date | Base amortissable | Annuité | Amortissements cumulés | Dépréciation | | VNC |
| | | | | Dotations | Reprises | |
| N | 9 000 | 1 500 | 1 500 | 0 | 0 | 7 500 |
| N + 1 | 9 000 | 1 500 | 3 000 | 0 | | 6 000 |
| N + 2 | 9 000 | 1 500 | 4 500 | 1 800 | | 2 700 |
| N + 3 | 2 700 | 900 | 5 400 | | 1 200 | 3 000 |
| N + 4 | 3 000 | 1 500 | 6 900 | | | 1 500 |
| N + 5 | 1 500 | 1 500 | 8 400 | | | 0 |

Au 31 décembre N + 5, on constate des amortissements cumulés pour 8 400 €, une dépréciation pour 600 € (1 800 – 1 200) ; donc une VNC nulle :

$$(8\ 400 + 600 = 9\ 000)$$

# 5. LE TRANSFERT DE LA DÉPRÉCIATION EN AMORTISSEMENT

## A - Principes

*Les divergences* entre les règles comptables et les règles fiscales en ce qui concerne la valeur actuelle des immobilisations amortissables et la base de calcul de la dépréciation pénalisent les entreprises. En effet, l'application de ces règles entraînent le plus souvent une dépréciation fiscalement déductible *inférieure* à celle comptabilisée.

*Afin de faciliter la déduction fiscale* des dépréciations, un avis de l'ex Comité national de la comptabilité (introduit sous forme de commentaire dans le recueil des normes comptables françaises) préconise de transférer, à la fin de chaque exercice, en compte d'amortissement la dépréciation constatée à la clôture d'un exercice précédent, à hauteur de l'amortissement qui aurait été pratiqué en l'absence de dépréciation.

> **Montant du transfert**
> =
> Dotations aux amortissements
> calculées sur la nouvelle base amortissable
> –
> Dotations aux amortissements qui auraient été
> comptabilisées en l'absence de dépréciation

Précisons que ce mécanisme est *indépendant* du suivi de l'indice de perte de valeur. Par ailleurs, le montant du transfert ne modifie pas la base amortissable pour le calcul des amortissements ultérieurs.

## B - Le schéma comptable

Les dotations complémentaires aux amortissements et les reprises sur dépréciations correspondant au transfert sont enregistrées respectivement en *charges exceptionnelles et en produits exceptionnels* à la fin de chaque exercice sur la *durée d'utilisation* restant à courir du bien.

### Exemple

Un outil acquis le 1er janvier N pour 3 000 € est amortissable en mode linéaire sur une durée d'utilisation de 6 ans.

Fin N + 2, une dépréciation non déductible fiscalement de 600 € est comptabilisée.

Aucun ajustement n'est enregistré de fin N + 3 à fin N + 5.

*Montant du transfert*

De N à N + 2 les dotations aux amortissements sont de 500 €.

À la fin de N + 2, la valeur nette comptable avant la dépréciation est de :

3 000 – (500 x 3) = 1 500 €

La nouvelle base amortissable est de :

1 500 – 600 = 900 €

À partir de N + 3 les dotations aux amortissements sont de :

900 / 3 = 300 €

Le montant du transfert de N + 3 à N + 5 est de :

500 – 300 = 200 €

*Comptabilisation du transfert*

De N + 3 à N + 5, 200 € de dépréciation sont transférés en amortissements, soit un total de 600 €.

| | 31/12 | | |
|---|---|---|---|
| 2915 | Dépréciations des installations techniques, matériel et outillage industriels | 200,00 | |
| 7876 |     Reprises sur dépréciations exceptionnelles | | 200,00 |
| | *Transfert de la dépréciation* | | |
| | 31/12 | | |
| 6871 | Dotations aux amortissements exceptionnels des immobilisations | 200,00 | |
| 2815 |     Amortissements des installations techniques, matériel et outillage industriels | | 200,00 |
| | *Transfert de la dépréciation* | | |

La dépréciation non déductible se transforme ainsi en amortissement déductible sur la durée de vie restante de l'outil.

# CHAPITRE 16

# *L*es dépréciations des autres éléments d'actif

## 1 • GÉNÉRALITÉS

En application du principe de prudence, les dépréciations des autres éléments d'actif correspondent à des dépréciations *non définitives* subies sur des éléments d'actif autres que les immobilisations incorporelles et corporelles.

Les dépréciations des autres éléments d'actif figurent au bilan en *diminution* du poste d'actif concerné.

### A - Les éléments d'actif concernés

Les éléments d'actif qui peuvent nécessiter la constitution de dépréciations sont :

– les participations et les autres immobilisations financières ;

– les stocks ;

– les créances ;

– les valeurs mobilières de placement.

Les comptes de dépréciations correspondants sont identifiés par le chiffre **9** au deuxième rang ; par exemple : « **49** Dépréciations des comptes de tiers ».

### B - L'évaluation de la dépréciation

L'évaluation de la dépréciation résulte de la *comparaison* entre deux valeurs à la date de clôture :

| Valeur brute ou Valeur d'entrée dans le patrimoine | − | Valeur d'inventaire ou Valeur actuelle |
|---|---|---|

La valeur actuelle s'apprécie en fonction du marché et de l'utilité du bien pour l'entreprise.

La comparaison est effectuée élément par élément.

L'entreprise doit *suivre l'évolution* du risque sur les exercices ultérieurs afin d'ajuster la dépréciation en conséquence.

# C - Le schéma général de la comptabilisation

## 1) La constitution de la dépréciation

L'entreprise doit procéder aux dépréciations nécessaires, même en cas d'absence ou d'insuffisance de bénéfice.

La dépréciation constitue un **coût non décaissable** (appauvrissement du patrimoine) et une **diminution** de la valeur d'un élément d'actif.

L'enregistrement comptable est le suivant :

| À debiter | À crediter |
|---|---|
| 6681 Dotations aux dépréciations – Charges d'exploitation<br>686 Dotations aux dépréciations – Charges financières<br>687 Dotations aux dépréciations – Charges exceptionnelles | 296 Dépréciations des participations et créances rattachées à des participations<br>297 Dépréciations des autres immobilisations financières<br>39. Dépréciations des stocks et en-cours<br>49. Dépréciations des comptes de tiers<br>59. Dépréciations des valeurs mobilières de placement |

## 2) L'ajustement de la dépréciation à la clôture d'un exercice ultérieur

La perte probable peut évoluer en fonction d'événements qui se sont produits au cours de l'exercice, soit :

– *le risque de perte a augmenté* : il faut alors **compléter** la dépréciation du montant nécessaire. L'enregistrement comptable est identique à celui de la constitution de la dépréciation ;

– *la dépréciation est devenue, en tout ou partie, sans objet* : il est nécessaire de **réduire ou d'annuler** la dépréciation et de la rapporter au résultat.

L'écriture comptable est la suivante :

| À debiter | À crediter |
|---|---|
| 296 Dépréciations des participations et créances rattachées à des participations<br>297 Dépréciations des autres immobilisations financières<br>39. Dépréciations des stocks et en-cours<br>49. Dépréciations des comptes de tiers<br>59. Dépréciations des valeurs mobilières de placement | 781 Reprises sur amortissements, dépréciations et provisions – Produits d'exploitation<br>786 Reprises sur dépréciations et provisions – Produits financiers<br>787 Reprises sur dépréciations et provisions – Produits exceptionnels |

Les ajustements **ne se compensent jamais** entre eux.

# 2. LES DÉPRÉCIATIONS POUR CRÉANCES DOUTEUSES

L'entreprise constate, à l'inventaire, que certains clients n'ont pas réglé leur dette à l'échéance prévue, même après plusieurs lettres de rappel. Leur situation permet de penser qu'un *risque partiel* de non-paiement est apparu.

Les travaux comptables se déroulent dans un ordre précis et peuvent s'échelonner sur *plusieurs exercices*.

## A - Le reclassement de la créance (exercice N)

La créance douteuse, pour son montant toutes taxes comprises, doit être transférée au *débit* du compte « 416 Clients douteux » pour reclassement par le *crédit* du compte « 411 Clients ».

### Exemple

Au 31 décembre N, l'entreprise Morvan constate que son client Vadias est douteux. Le montant de la créance TTC s'élève à 14 400 €, TVA 20 %.

| | | 31/12/N | | |
|---|---|---|---|---|
| 416 | Clients douteux | | 14 400,00 | |
| 411 | Clients | | | 14 400,00 |
| | *Vadias, client douteux* | | | |

## B - La constitution de la dépréciation (exercice N)

La perte probable s'exprime généralement en pourcentage du montant *hors taxes* de la créance.

La dépréciation est enregistrée au *débit* du compte « 6817 Dotations aux dépréciations des actifs circulants » par le *crédit* du compte « 491 Dépréciations des comptes clients ».

### Exemple

La perte probable sur le client Vadias est évaluée à 50 %.

Montant hors taxes de la créance : 14 400 / 1,20 = 12 000 €

Montant de la dépréciation : 12 000 x 50 % = 6 000 €

| | | 31/12/N | | |
|---|---|---|---|---|
| 6817 | Dotations aux dépréciations des actifs circulants | | 6 000,00 | |
| 491 | Dépréciation des comptes clients | | | 6 000,00 |
| | *Vadias, calcul de la dépréciation* | | | |

## C - L'ajustement de la dépréciation à la clôture d'un exercice ultérieur (exercice N + ...)

La situation de chaque client douteux doit être réexaminée à la fin de chaque exercice afin d'apprécier l'évolution de la perte probable et de modifier la dépréciation en conséquence. L'entreprise constate, soit :

– *une augmentation de la dépréciation* : la comptabilisation est identique à celle relative à la constitution de la dépréciation ;

– *une diminution de la dépréciation* : le montant du réajustement est porté au *débit* du compte « 491 Dépréciation des comptes clients » par le *crédit* du compte « 7817 Reprises sur dépréciations des actifs circulants ».

**Exemple**

Au 31 décembre N + 1, la situation financière de Vadias s'est améliorée. Il a réglé pendant l'exercice 3 600 €.

La perte probable est estimée à 30 % du solde.

Solde de la créance, toutes taxes comprises, du client Vadias :

14 400 – 3 600 = 10 800 €

Solde hors taxes de la créance : 10 800 / 1,20 = 9 000 €

Calcul de la nouvelle dépréciation : 9 000 x 30 % = 2 700 €

Montant de l'ajustement de la dépréciation : 6 000 – 2 700 = 3 300 €

La dépréciation a diminué.

| 491 | Dépréciation des comptes clients | 3 300,00 | |
| 7817 | Reprises sur dépréciations des actifs circulants | | 3 300,00 |
| | *Vadias, ajustement de la dépréciation* | | |

## D - La régularisation d'une créance douteuse pour solde (exercice N + ...)

La perte n'est plus probable mais *définitive* du fait :

– soit de l'entreprise (abandon de la relance) ;

– soit du client (liquidation judiciaire).

La perte doit être constatée au *débit* du compte « 654 Pertes sur créances irrécouvrables » pour le montant hors taxes. La TVA collectée restant à percevoir sera remboursée par l'État ; elle est portée au *débit* du compte « 44571 TVA collectée » par la *contrepartie* du compte « 416 Clients douteux » pour solde.

La dépréciation devenue sans objet doit être annulée, donc rapportée au résultat : le compte « 491 Dépréciations des comptes clients » est *débité* par le *crédit* du compte « 7817 Reprises sur dépréciations des actifs circulants ».

**Exemple**

Au 31 décembre N + 2, la créance sur le client Vadias est devenue irrécouvrable. Il a effectué un dernier règlement de 6 600 € au cours de l'exercice.

Solde de la créance, toutes taxes comprises, du client Vadias :
$$14\ 400 - (3\ 600 + 6\ 600) = 4\ 200\ €$$

Montant de la perte : 4 200 / 1,20 = 3 500 €

Montant de la TVA collectée à rembourser par l'État : 3 500 x 20 % = 700 €

| | | | |
|---|---|---:|---:|
| 654 | Pertes sur créances irrécouvrables | 3 530,00 | |
| 44571 | TVA collectée | 700,00 | |
| 416 | Clients douteux | | 4 230,00 |
| | *Vadias, constatation de la perte* | | |
| 481 | Dépréciations des comptes clients | 2 700,00 | |
| 7817 | Reprises sur dépréciations des actifs circulants | | 2 700,00 |
| | *Vadias, annulation de la dépréciation* | | |

# E - Le cas d'une créance irrécouvrable dans l'exercice

L'entreprise constate qu'une créance de l'exercice est irrécouvrable, la perte de celle-ci est donc définitive et *aucune dépréciation* n'a pu être constituée.

La perte est portée au *débit* du compte « 654 Pertes sur créances irrécouvrables » ou « 6714 Créances devenues irrécouvrables dans l'exercice » sur décision de l'entreprise, pour son montant hors taxes ; la TVA initialement collectée et non payée par le client est comptabilisée au *débit* du compte « 44571 TVA collectée » ; la créance est soldée pour son montant toutes taxes comprises au *crédit* du compte « 411 Clients ».

**Exemple**

Au 31 décembre N, l'entreprise Morvan constate que son client Imann est irrécouvrable. Le montant de la créance TTC s'élève à 7 800 €, TVA 20 %.

Montant hors taxes de la créance : 7 800 / 1,20 = 6 500 €

Montant de la TVA collectée à rembourser par l'État : 6 500 x 20 % = 1 300 €

| | 31/12/N | | |
|---|---|---:|---:|
| 6714 | Pertes sur créances irrécouvrables | 6 500,00 | |
| 44571 | TVA collectée | 1 300,00 | |
| 411 | Clients | | 7 800,00 |
| | *Imann, créance irrécouvrable* | | |

# 3• LES DÉPRÉCIATIONS DES TITRES

L'entreprise constate à l'inventaire que certains titres ont une valeur d'inventaire inférieure à leur valeur d'origine. La situation permet de penser qu'une *moins-value latente* est apparue.

Les titres sont évalués catégorie par catégorie (même société émettrice, mêmes droits au sein de la société émettrice).

Selon la nature des titres, la valeur d'inventaire est fondée sur des critères différents :

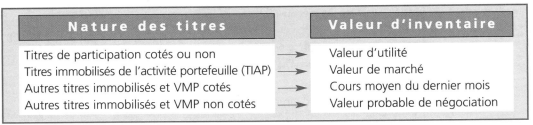

| Nature des titres | Valeur d'inventaire |
|---|---|
| Titres de participation cotés ou non | Valeur d'utilité |
| Titres immobilisés de l'activité portefeuille (TIAP) | Valeur de marché |
| Autres titres immobilisés et VMP cotés | Cours moyen du dernier mois |
| Autres titres immobilisés et VMP non cotés | Valeur probable de négociation |

## A - La constitution de la dépréciation (exercice N)

La dépréciation est portée au *débit* du compte de charges financières « 6866 Dotations aux dépréciations des éléments financiers » par le *crédit* d'une subdivision des comptes de dépréciation selon la catégorie des titres concernés, soit : « 296 Dépréciation des participations et créances rattachées à des participations », « 297 Dépréciation des autres immobilisations financières » ou « 590 Dépréciation des valeurs mobilières de placement ».

### Exemple

À la clôture de l'exercice N, l'entreprise Pronot dresse l'état suivant de ses titres :

| Quantité | Nature | Valeur d'entrée | Valeur d'inventaire |
|---|---|---|---|
| 150 | Titres de participation **A** | 320 | 350 |
| 200 | Valeurs mobilières de placement **B** | 240 | 210 |

#### Titres de participation

La plus-value n'est pas comptabilisée en vertu du principe de prudence : il n'y a donc aucune écriture.

#### Valeurs mobilières de placement

La moins-value est comptabilisée, soit : (240 – 210) 200 = 6 000 €

| | 31/12/N | | |
|---|---|---|---|
| 6866 | Dotations aux dépréciations des éléments financiers | 6 000,00 | |
| 590 |     Dépréciations des valeurs mobilières de placement | | 6 000,00 |
| | *Valeurs mobilières de placement B, calcul de la dépréciation* | | |

# B - L'ajustement de la dépréciation à la clôture d'un exercice ultérieur (exercice N + ...)

En application des principes généraux, il faut analyser la nouvelle situation de chaque titre et procéder, soit :

– *à une augmentation de la dépréciation* : la comptabilisation est identique à celle relative à la constitution de la dépréciation ;

– *à une réduction ou à une suppression de la dépréciation* : le montant du réajustement est porté au *débit* d'une subdivision des comptes « 296 Dépréciations des participations et créances rattachées à des participations », « 297 Dépréciations des autres immobilisations financières » ou « 590 Dépréciations des valeurs mobilières de placement » par la *contrepartie* du compte « 7866 Reprises sur dépréciations des éléments financiers ».

**Exemple**

À la clôture de l'exercice N, l'entreprise Pronot dresse l'état suivant de ses titres :

| Quantité | Nature | Valeur d'entrée | Valeur d'inventaire |
|---|---|---|---|
| 150 | Titres de participation **A** | 320 | 270 |
| 200 | Valeurs mobilières de placement **B** | 240 | 215 |

*Titres de participation*

La moins-value est comptabilisée, son montant est le suivant :

$$(320 - 270)\ 150 = 7\ 500\ \text{€}$$

*Valeurs mobilières de placement*

La moins-value est comptabilisée, la nouvelle dépréciation s'élève à :

$$(240 - 215)\ 200 = 5\ 000\ \text{€}$$

L'ajustement est le suivant :

$$6\ 000 - 5\ 000 = 1\ 000\ \text{€}\ (\text{réduction de la dépréciation})$$

| | | 31/12/N | | |
|---|---|---|---|---|
| 6866 | | Dotations aux dépréciations des éléments financiers | 7 500,00 | |
| 2961 | | Dépréciation des titres de participation | | 7 500,00 |
| | | *Titres de participation A :* | | |
| | | *calcul de la dépréciation* | | |
| | | 31/12/N | | |
| 590 | | Dépréciations des valeurs mobilières de placement | 1 000,00 | |
| 7866 | | Reprises sur dépréciations des éléments financiers | | 1 000,00 |
| | | *Ajustement de la dépréciation des valeurs mobilières de placement B* | | |

# 4. LES DÉPRÉCIATIONS DES STOCKS

L'entreprise constate, à l'inventaire, que certains stocks ont une *valeur d'inventaire inférieure à leur valeur d'entrée* (coût d'acquisition pour les stocks d'approvisionnements, coût de production pour les stocks de produits).

Dans le cadre de l'inventaire intermittent, les dépréciations relatives aux stocks initiaux sont *soldées* simultanément aux stocks correspondants, et les dépréciations des stocks finals sont *créées* en même temps que les stocks finals.

La *dépréciation* du stock final est portée au *débit* du compte « 6817 Dotations aux dépréciations des actifs circulants » par le *crédit* d'une subdivision du compte « 39 Dépréciations des stocks et en-cours ».

L'*annulation* de la dépréciation du stock initial s'enregistre au *débit* d'une subdivision du compte « 39 Dépréciations des stocks et en-cours » par le *crédit* du compte « 7817 Reprises sur dépréciations des actifs circulants ».

Il n'y a donc *pas d'ajustement* entre les anciennes et les nouvelles dépréciations.

**Exemple**

La situation des stocks au 31 décembre N est la suivante :
- stock initial de marchandises :                        18 000 €
- dépréciation du stock initial de marchandises :         4 000 €
- stock final de marchandises :                          22 000 €
- dépréciation du stock final :                           2 000 €

| | 31/12/N | | |
|---|---|---|---|
| 6817 | Dotations aux dépréciations des actifs circulants | 2 000,00 | |
| 397 | Dépréciation des stocks de marchandises | | 2 000,00 |
| | *Provision sur stock final* | | |

| | 31/12/N | | |
|---|---|---|---|
| 397 | Dépréciation des stocks de marchandises | 4 000,00 | |
| 7817 | Reprises sur dépréciations des actifs circulants | | 4 000,00 |
| | *Annulation des provisions sur stock initial* | | |

# CHAPITRE 17

# Les provisions pour risques et charges

## 1. PRINCIPES

Selon l'article 321-5 du PCG, une provision pour risques et charges est un passif dont l'échéance ou le montant ne sont pas fixés de façon précise.

À l'inventaire, l'entreprise constate qu'elle doit faire face :

| À des risques probables | À des charges probables |
|---|---|
| *Risques identifiés inhérents* à l'activité de l'entreprise : litiges, garanties données aux clients, amendes et pénalités... | *Charges importantes* prévisibles qui ne peuvent être supportées sur un seul exercice. Elles sont donc réparties sur plusieurs exercices (par exemple : gros entretiens...). |

Conformément aux *règles comptables*, les dépenses de gros entretien ou de grandes révisions faisant l'objet de programmes pluriannuels peuvent, *sur option*, être comptabilisées soit *en provisions pour gros entretien ou grandes révisions* (compte numéro « 1572 »), soit comme un *composant*, dit de 2e catégorie, distinct de l'immobilisation et amorti sur sa propre durée de vie.

## 2. LA COMPTABILISATION

Pour être comptabilisées, les provisions pour risques et charges doivent *remplir trois conditions* :

– l'existence d'une *obligation envers un tiers* à la clôture de l'exercice ;

– l'obligation devra provoquer, probablement ou certainement, une sortie de ressource au bénéfice du tiers *sans contrepartie* équivalente de celui-ci, après la date de clôture ;

– le montant de la provision devra correspondre à la *meilleure évaluation* possible à la date de clôture.

Les provisions pour risques et charges sont portées au *crédit* d'une subdivision du compte « 15 Provisions pour risques et charges » à la clôture de l'exercice.

Les schémas de comptabilisation relatifs à la constitution, aux ajustements et aux annulations de provisions sont identiques à ceux des dépréciations d'actif (autres que les immobilisations).

## A - La constitution de la provision (exercice N)

L'évaluation de la provision peut être faite à partir de devis, d'outils statistiques, d'estimation forfaitaire...

La provision est enregistrée, selon le caractère du risque ou de la charge probable, au *débit* du compte « 6815 Dotations aux provisions d'exploitation » ou « 6865 Dotations aux provisions financières » ou « 6875 Dotations aux provisions exceptionnelles » par le *crédit* d'une subdivision du compte « 15 Provisions ».

> **Exemple**
>
> L'entreprise a procédé, au cours de l'exercice, à un licenciement qualifié d'abusif par l'avocat défendant le salarié. À la clôture de l'exercice N, une provision de 8 000 € doit être constituée suite à l'engagement d'une procédure.

| | 31/12/N | | |
|---|---|---|---|
| 6875 | Dotations aux provisions exceptionnelles | 8 000,00 | |
| 151 | Provisions pour risques | | 8 000,00 |
| | *Litige salarié* | | |

## B - L'ajustement de la provision à la clôture d'un exercice ultérieur (exercice N + ...)

En application des principes généraux, il faut analyser en fonction des circonstances l'évolution du risque ou de la charge et procéder, soit :

– à *une augmentation de la provision* : la comptabilisation est identique à celle relative à la constitution de la provision ;

– à *une réduction de la provision* : le montant du réajustement est porté au *débit* d'une subdivision du compte « 15 Provisions pour risques et charges » par le *crédit* d'une subdivision du compte « 7815 Reprises sur provisions d'exploitation » ou « 7865 Reprises sur provisions financières » ou « 7875 Reprises sur provisions exceptionnelles », selon le caractère de la dotation initiale.

La provision doit être *annulée* à la clôture de l'exercice dans lequel le risque ou la charge est intervenu. La comptabilisation est identique à celle relative à une réduction de la provision.

**Exemple**

Au cours de l'exercice N + 2, l'entreprise a été condamnée à verser au salarié 8 500 € de dommages et intérêts.

L'extinction du risque s'est produit au cours de l'exercice N + 2. En conséquence, la provision antérieurement constituée doit être annulée à la clôture de l'exercice N + 2.

| | | ─────── 31/12/N + 2 ─────── | | |
|---|---|---|---|---|
| 151 | | Provisions pour risques | 8 000,00 | |
| 7875 | | Reprises sur provisions exceptionnelles | | 8 000,00 |
| | | *Litige salarié : annulation provision* | | |

L'entreprise a supporté au cours de l'exercice une charge de 8 500 €.

Elle a rapporté au résultat la provision de 8 000 € à la clôture.

L'incidence sur le résultat est une diminution de 500 € de ce dernier :

$$8\ 500 - 8\ 000 = 500\ €$$

# CHAPITRE 18

# Les cessions d'immobilisations

## 1. PRINCIPES

Au cours de sa vie, une entreprise peut céder des immobilisations :

→ pour les remplacer par d'autres plus performantes :

→ dans le cadre d'une restructuration.

Les cessions d'immobilisations nécessitent **deux étapes** de comptabilisation à des dates différentes :

| La cession | → En cours d'exercice, à la date de cession |

| La sortie du patrimoine | → À la clôture de l'exercice, lors de l'inventaire |

Les cessions d'immobilisations dégagent des **plus ou moins-values**, qui affectent le résultat de l'exercice, par comparaison du prix de cession avec le coût d'acquisition.

## 2. LA CESSION

Le prix de la cession est considéré comme un **produit exceptionnel**.

L'écriture comptable est la suivante :

| À débiter | À créditer |
|---|---|
| 462 Créances sur cessions d'immobilisations<br>*ou*<br>5.. Trésorerie | 775 Produits des cessions d'éléments d'actif<br>44571 TVA collectée (s'il y a lieu) |

**Exemple**

L'entreprise Placido a cédé, le 1er avril N, du matériel pour 25 000 € hors taxes contre remise d'un chèque bancaire ; TVA 20 %.

```
                    ─────────── 1/4/N ───────────
    512   │ Banques                                           30 000,00 │
    775   │      Produits des cessions d'éléments d'actif               │  25 000,00
    44571 │      TVA collectée                                         │   5 000,00
          │ CH n° …                                                     │
```

# 3. LES RÉGULARISATIONS À L'INVENTAIRE

L'immobilisation doit *sortir du patrimoine* puisqu'elle n'appartient plus à l'entreprise.

## A - Les immobilisations non amortissables

Les immobilisations non amortissables (terrains, fonds commercial, titres…) peuvent faire l'objet de *dépréciations*.

Dans ce cas, leur sortie du patrimoine engendre deux opérations :

- *l'annulation de l'immobilisation* pour sa valeur d'origine. La perte de patrimoine constitue une charge exceptionnelle portée au *débit* du compte « 675 Valeurs comptables des éléments d'actif cédés » par la *contrepartie du compte d'immobilisation* pour solde ;

- *l'annulation de la dépréciation* constituée sur un exercice antérieur, comptabilisée au *débit* d'une subdivision du compte « 29 Dépréciations des immobilisations » concernée, par le *crédit* du compte « 7816 Reprises sur dépréciations des immobilisations incorporelles et corporelles » ou « 7866 Reprises sur dépréciations des éléments financiers ».

### Exemple

L'entreprise Hurun a cédé le 5 octobre N, un terrain dont la valeur d'acquisition est de 46 000 € et qui a subi une dépréciation de 5 400 €.

```
                    ─────────── 31/12/N ───────────
    675   │ Valeurs comptables des éléments d'actif cédés    46 000,00 │
    211   │      Terrains                                              │  46 000,00
          │ Sortie du terrain                                          │
                    ─────────── 31/12/N ───────────
    2911  │ Dépréciations des terrains                        5 400,00 │
    7816  │      Reprises sur dépréciations des immobilisations        │
          │      incorporelles et corporelles                         │   5 400,00
          │ Annulation de la dépréciation                              │
```

# B - Les immobilisations amortissables

## 1) Les immobilisations amortissables totalement amorties

Lorsque l'immobilisation est *totalement amortie*, la valeur nette comptable est nulle ; en effet :

> Total des amortissements pratiqués = Valeur d'origine du bien

Dans ce cas, *aucune perte* de patrimoine n'est constatée puisque la valeur économique du bien est nulle. Il suffit de solder le compte d'immobilisation par son *crédit* et le compte d'amortissement correspondant par son *débit*.

**Exemple**

L'entreprise Marzin a cédé le 28 septembre N une photocopieuse totalement amortie, dont le coût d'acquisition était de 3 700 €.

| | 31/12/N | | |
|---|---|---|---|
| 28183 | Amortissements du matériel de bureau | 3 700,00 | |
| 2183 | Matériel de bureau | | 3 700,00 |
| | *Sortie de la photocopieuse* | | |

## 2) Les immobilisations amortissables partiellement amorties et non dépréciées

Lorsque l'immobilisation n'est pas complètement amortie, il faut constater un complément d'amortissement du *premier jour de l'exercice à la date de cession*.

Le compte « 6811 Dotations aux amortissements sur immobilisations incorporelles et corporelles » est *débité* de l'annuité complémentaire par le *crédit* du compte « 28… Amortissements des immobilisations de l'immobilisation concernée ».

**Exemple**

L'entreprise Placido pratique l'amortissement linéaire sur 8 ans. L'immobilisation a été acquise le 1er octobre N – 4 pour un montant HT de 80 000 €. La date de cession est le 1er avril N.

| | 31/12/N | | |
|---|---|---|---|
| 6811 | Dotations aux amortissements sur immobilisations incorporelles et corporelles | 2 500,00 | |
| 2815 | Amortissements des installations techniques, matériel et outillage industriels | | 2 500,00 |
| | *Dotation complémentaire :* | | |
| | *80 000,00 x 0,125 x 3 / 12* | | |

Dans un deuxième temps, il faut procéder à *l'annulation* de l'immobilisation, des amortissements pratiqués jusqu'à la date de cession et en déduire la perte de patrimoine correspondant à la valeur nette comptable du bien à la date de cession.

> Coût d'acquisition de l'immobilisation
> –
> Amortissements cumulés jusqu'à la date de cession
> =
> Valeur nette comptable

La diminution de patrimoine constitue une **charge exceptionnelle**.

L'écriture comptable est la suivante :

| À débiter | À créditer |
|---|---|
| 675. Valeurs comptables des éléments d'actif cédés<br>28.. Amortissements …<br>    *de l'immobilisation concernée* | 21.. *Intitulé de l'immobilisation concernée* |

Le résultat de cession apparaît par différence entre les comptes « 675 Valeurs comptables des éléments d'actif cédés » et « 775 Produits des cessions d'éléments d'actif cédés » :

> Produits des cessions d'éléments d'actif cédés
> \>
> Valeurs comptables des éléments d'actif cédés   ⟹   Plus-value de cession

> Produits des cessions d'éléments d'actif cédés
> <
> Valeurs comptables des éléments d'actif cédés   ⟹   Moins-value de cession

**Exemple**

L'entreprise Placido vous communique la situation du compte « 2815 Amortissements des installations techniques, matériel et outillage industriels » :

```
                              2815
                                    |  2 500   N – 4
                                    | 10 000   N – 3
                                    | 10 000   N – 2
                                    | 10 000   N – 1
                                    |  2 500   N
```

| | | 31/12/N | | |
|---|---|---|---|---|
| 675 | | Valeurs comptables des éléments d'actif cédés | 45 000,00 | |
| 2815 | | Amortissements des installations techniques, matériel et outillage industriels | 35 000,00 | |
| 215 | |     Installations techniques, matériel et outillage industriels | | 80 000,00 |
| | | *Annulation* | | |

L'entreprise a réalisé une moins-value sur cette opération de 20 000 € :

775 Produits des cessions d'éléments d'actif cédés : 25 000
–
675 Valeurs comptables des éléments d'actif cédés : 45 000

### 3) *Les immobilisations amortissables partiellement amorties et dépréciées*

Rappelons que la constatation d'une dépréciation entraîne la **modification** du plan d'amortissement :

– la base amortissable d'origine est réduite du montant de la dépréciation :

Valeur d'origine – Dépréciations

– les amortissements constatés à partir de cette nouvelle base amortissable sont inférieurs à ceux qui auraient été pratiqués si le bien n'avait pas été déprécié ;

– la valeur nette comptable portée au bilan est égale à :

Valeur d'origine – Amortissements cumulés – Dépréciations

Lorsqu'une immobilisation partiellement amortie et ayant fait l'objet d'une dépréciation est cédée, les travaux d'inventaire comportent trois opérations :

– *la constatation d'une annuité* d'amortissement complémentaire (voir traduction comptable page 193) ;

– *l'annulation de la dépréciation* (voir traduction comptable page 192) ;

– *l'annulation de l'immobilisation*, *des amortissements pratiqués* jusqu'à la date de cession et *la constatation de la perte de patrimoine*.

Le montant porté au **débit** du compte « 675 Valeurs comptables des éléments d'actif cédés » ne peut pas être égal à la valeur nette comptable puisque cette dernière prend en compte la dépréciation qui doit être annulée, d'après le PCG (art. 942-29), par le **crédit** du compte « 7816 Reprises sur dépréciations des immobilisations incorporelles et corporelles ».

Par ailleurs, toujours d'après le PCG (art. 946-67), le compte « 675 Valeurs comptables des éléments d'actif cédés » est **débité** du montant de la valeur brute, le cas échéant diminué des amortissements, des éléments d'actif cédés.

En conséquence, le montant porté au **débit** du compte « 675 Valeurs comptables des éléments d'actif cédés » correspond à la valeur nette comptable du bien, à la date de clôture de l'exercice de cession, **majoré** du montant de la dépréciation ou bien, à la valeur d'origine **minorée** des amortissements cumulés.

Les montants portés aux comptes « 28 Amortissements des immobilisations » et « 2… Immobilisations » sont identiques à ceux correspondant aux immobilisations non dépréciées (voir traduction comptable page 194).

**Exemple**

La société Le Baron a cédé le 18 octobre N un bâtiment. La situation des comptes, après inventaire, relatifs à ce bâtiment se présente ainsi :

| | Solde débiteur | Solde créditeur |
|---|---|---|
| 213 Constructions | 92 000 | |
| 2813 Amortissements des constructions | | 64 000 |
| 2913 Dépréciation des constructions | | 4 500 |

## Valeur nette comptable

| VNC | = | Valeur d'origine | – | Amortissements cumulés | – | Dépréciation |
|---|---|---|---|---|---|---|
| 23 500 | = | 92 000 | – | 64 000 | – | 4 500 |

## Régularisation des comptes

| | 31/12/N | | |
|---|---|---|---|
| 2913 | Dépréciation des constructions | 4 500,00 | |
| 7816 | Reprises sur dépréciations des immobilisations incorporelles et corporelles | | 4 500,00 |
| | *Annulation de la dépréciation* | | |

La valeur du compte « 675 Valeurs comptables des éléments d'actif cédés » est égale à :

         VNC    +    Dépréciation            :   23 500 + 4 500 = 28 000

     ou

Valeur d'origine   –  Amortissements cumulés   :   92 000 – 64 000 = 28 000

| | 31/12/N | | |
|---|---|---|---|
| 675 | Valeurs comptables des éléments d'actif cédés | 28 000,00 | |
| 2813 | Amortissements des constructions | 64 000,00 | |
| 213 | Constructions | | 92 000,00 |
| | *Régularisation du bâtiment* | | |

# CHAPITRE 19

# *L*es comptes annuels

## **1**. GÉNÉRALITÉS

L'article 112-1 du PCG précise « *Le bilan, le compte de résultat et l'annexe qui forment un tout indissociable sont établis à la clôture de l'exercice au vu des enregistrements comptables et de l'inventaire* ». Ils représentent des *états périodiques* sur la situation de l'entreprise. Ils sont à la fois une obligation (sauf dispense) et une nécessité de gestion :

> Bilan + Compte de résultat + Annexe = **Comptes annuels**

D'après l'article 810-2 du PCG, l'entreprise a la possibilité de présenter « *le bilan et le compte de résultat soit sous forme de tableau, soit sous forme de liste* ».

Les documents de synthèse sont détaillés en rubriques et en postes. Ils doivent comporter les chiffres relatifs aux postes de l'exercice antérieur (article 810-3 du PCG).

Les tableaux sont établis à partir *des soldes des comptes* issus de la balance après inventaire :

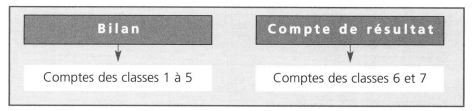

| **Bilan** | **Compte de résultat** |
|---|---|
| Comptes des classes 1 à 5 | Comptes des classes 6 et 7 |

## **2**. LE BILAN

### **A - Généralités**

Le bilan représente la *situation financière* de l'entreprise à une date donnée.

Il récapitule :

– *les ressources* de l'entreprise, l'origine des fonds ou encore les moyens de financement ;

– *les emplois, l'utilisation des fonds ou encore les besoins de financement* de l'entreprise (investissements, biens et créances du cycle d'exploitation).

À tout besoin de financement correspond un moyen de financement, donc :

$$\boxed{\text{Total actif = Total Passif}}$$

Le bilan comptable est l'outil de base de l'analyse financière[1].

## B - La présentation simplifiée

La structure du bilan (en tableau), par rubriques, est la suivante :

### Bilan

| Actif | Exercice N | | | Exercice N − 1 | Passif | Exercice N | Exercice N − 1 |
|---|---|---|---|---|---|---|---|
| | Brut | Amortissements et Dépréciations (à déduire) | Net | | | | |
| Capital souscrit-non appelé **Actif immobilisé**    Classe 2 : immobilisations | | | | | **Capitaux propres**    Comptes 10 et 14 | | |
| Total I | | | | | Total I | | |
| **Actif circulant**    Classe 3 : stocks    Classe 4 : créances    Classe 5 : comptes financiers | | | | | **Provisions**    Compte 15 | | |
| Total II | | | | | Total II | | |
| Charges à répartir sur plusieurs exercices (III) Primes de remboursement des emprunts (IV) | | | | | **Dettes**    Compte 16    Classes 4 et 5 | | |
| Écarts de conversion Actif (V) | | | | | Total III Écarts de conversion Passif (IV) | | |
| Total général (I + II + III + IV + V) | | | | | Total général (I + II + III + IV) | | |

Les comptes qui ont un *solde débiteur se placent à l'actif*, sauf les comptes :

– « 119 Report à nouveau (solde débiteur) » ;

– « 129 Résultat de l'exercice (perte) » ;

– et « 108 Compte de l'exploitant »,

qui figurent au passif en déduction des capitaux propres.

Les comptes qui ont *un solde créditeur se placent au passif*, sauf les comptes :

– « 28 Amortissements des immobilisations » ;

– « 29 Dépréciations des immobilisations » ;

– « 39 Dépréciations des stocks et en-cours » ;

– « 49 Dépréciations des comptes de tiers » ;

– et « 59 Dépréciations des comptes financiers ».

---

[1] Pour un développement complet, se reporter à l'ouvrage : *Mémentos LMD Analyse financière 2014/2015,* écrit par les mêmes auteurs dans la même collection et publié chez le même éditeur.

Les comptes « 28 Amortissements des immobilisations » ont un **solde créditeur** qui représente le montant des amortissements cumulés, de la date d'entrée du bien dans le patrimoine à la date d'inventaire concernée.

Les comptes « 28 Amortissements des immobilisations » figurent à l'**actif du bilan en soustraction** des comptes d'immobilisations afin d'obtenir la valeur nette comptable :

Valeur brute – Amortissement = **Net** (Valeur nette comptable)

Les dépréciations d'actif, dont le montant correspond au solde créditeur des comptes « 29 Dépréciations des immobilisations », « 39 Dépréciations des stocks et en-cours », « 49 Dépréciations des comptes de tiers » et « 59 Dépréciations des comptes financiers », figurent à l'actif du bilan en déduction de la valeur brute comptable des postes de l'actif concernés afin d'obtenir leur valeur nette :

Valeur brute – Dépréciations = **Net** (Valeur actuelle)

Le résultat s'obtient par différence entre :

Total actif net – Total passif = **Résultat** (Bénéfice ou Perte)

Le résultat se positionne au *passif* dans la masse des *capitaux propres* :

bénéfice ⟶ avec le signe +

perte ⟶ avec le signe –

Le résultat ainsi déterminé est *identique à celui du compte de résultat (*double détermination du résultat).

Dans le cas d'un bilan après répartition, le poste résultat n'apparaît plus ; c'est la *situation nette* qui est déterminée.

Le bilan établi en liste permet de faire apparaître deux soldes intermédiaires :

– l'excédent de l'actif circulant sur les dettes à moins d'un an ;

– l'excédent de l'actif sur les dettes à moins d'un an.

La structure simplifiée du bilan en liste (avant répartition) est la suivante :

---

ACTIF IMMOBILISÉ

   **Total I**

ACTIF CIRCULANT

   **Total II**

Charges à répartir sur plusieurs exercices (**III**)

Primes de remboursement des emprunts (**IV**)

Écarts de conversion Actif (**V**)

   **Total ACTIF VI (I + II + III + IV + V)**

DETTES À MOINS D'UN AN

   **Total VII**

**Excédent de l'actif circulant sur les dettes à moins d'un an (II – VII)**

**Excédent de l'actif sur les dettes (VI – VII)**

DETTES À PLUS D'UN AN

   **Total VIII**

Écarts de conversion Passif (**IX**)

PROVISIONS

   **Total X**

CAPITAUX PROPRES

**Total XI ou [VI – (VII + VIII + IX + X)]**

---

## C - Le tableau de correspondance des comptes

Les regroupements suivants s'opèrent pour dresser les différents postes du bilan présentés pages 201 et 202 :

**Art. 821-1 Modèle de bilan (en tableau) (avant répartition)** *(système de base)*

| ACTIF | Exercice N | | | Exercice N – 1 |
|---|---|---|---|---|
| | **Brut** | **Amortissements et dépréciations (à déduire)** | **Net** | **Net** |
| Capital souscrit - non appelé.................................. | 109. | | | |
| ACTIF IMMOBILISÉ *(a)* : | | | | |
| Immobilisations incorporelles : | | | | |
| Frais d'établissement.................................... | 201. | | | |
| Frais de recherche et de développement ............... | 203. | | | |
| Concessions, brevets, licences, marques, | | | | |
| procédés, logiciels, droits et valeurs similaires.......... | 205. | | | |
| Fonds commercial (1)............................................ | 206.207. | | | |
| Autres.............................................................. | 208. | | | |
| Immobilisations incorporelles en cours .................... | 232. | | | |
| Avances et acomptes ......................................... | 237. | | | |
| Immobilisations corporelles : | | | | |
| Terrains ......................................................... | 211.212. | | | |
| Constructions.................................................. | 213.214. | | | |
| Installations techniques, matériel et outillage | | | | |
| industriels ..................................................... | 215. | | | |
| Autres............................................................ | 218. | | | |
| Immobilisations corporelles en cours .................... | 231. | | | |
| Avances et acomptes ......................................... | 238. | | | |
| Immobilisations financières (2) : | | | | |
| Participations *(b)*............................................ | 261.266. | | | |
| Créances rattachées à des participations................. | 267.268. | | | |
| Titres immobilisés de l'activité de portefeuille.......... | 273. | | | |
| Autres titres immobilisés ....................................... | 271.272.27682. | | | |
| Prêts .............................................................. | 274.27684. | | | |
| Autres ............................................................ | 275.2761.27685.27688. | | | |
| **Total I** ........................................................ | x | x | x | x |
| ACTIF CIRCULANT : | | | | |
| Stocks et en-cours *(a)* : | | | | |
| Matières premières et autres approvisionnements ... | 31.32. | | | |
| En-cours de production [biens et services] *(c)*.......... | 33.34. | | | |
| Produits intermédiaires et finis ......................... | 35. | | | |
| Marchandises.................................................. | 37. | | | |
| Avances et acomptes versés sur commandes ............. | 4091. | | | |
| Créances (3) : | | | | |
| Créances Clients (a) et Comptes rattachés *(d)* ........ | 411.413.416.417.418. | | | |
| Autres ................................................................ | 4096.4097.4098.425.4287.4387.441.443D.444D.4452.4456.44581.44582.44583.44586.4487.451D.455D.456D (sauf 4562). 458D. 462. 465.467.4687.478D. | | | |
| Capital souscrit - appelé, non versé........................ | 4562. | | | |
| Valeurs mobilières de placement *(e)* : | | | | |
| Actions propres..................................................... | 502. | | | |
| Autres titres ..................................................... | 50 (sauf 502.509.). | | | |
| Instruments de trésorerie ........................................... | 52. | | | |
| Disponibilités ...................................................... | 51D (sauf 5186.519).53.54. | | | |
| Charges constatées d'avance (3)............................. | 486. | | | |
| **Total II** ........................................................ | x | x | x | x |
| Charges à répartir sur plusieurs exercices **(III)** ............ | 481. | | | |
| Primes de remboursement des emprunts **(IV)** ............ | 169. | | | |
| Écarts de conversion Actif **(V)**............................ | 476. | | | |
| **TOTAL GÉNÉRAL (I + II + III + IV + V)** ........ | x | x | x | x |

(1) Dont droit au bail
(2) Dont à moins d'un an (brut)
(3) Dont à plus d'un an (brut)

*(a)* Les actifs avec clause de réserve de propriété sont regroupés sur une ligne distincte portant la mention « dont ... avec clause de réserve de propriété ». En cas d'impossibilité d'identifier les biens, un renvoi au pied du bilan indique le montant restant à payer sur ces biens. Le montant à payer comprend celui des effets non échus. *(b)* Si des titres sont évalués par équivalence, ce poste est subdivisé en deux sous-postes « Participations évaluées par équivalence » et « Autres participations ». Pour les titres évalués par équivalence, la colonne « Brut » présente la valeur globale d'équivalence si elle est supérieure au coût d'acquisition. Dans le cas contraire, le prix d'acquisition est retenu. La dépréciation globale du portefeuille figure dans la 2ᵉ colonne. La colonne « Net » présente la valeur globale d'équivalence positive ou une valeur nulle. *(c)* À ventiler, le cas échéant, entre biens, d'une part, et services d'autre part. *(d)* Créances résultant de ventes ou de prestations de services. *(e)* Poste à servir directement s'il n'existe pas de rachat par l'entité de ses propres actions.

## Art. 821-1 *(suite)* Modèle de bilan (en tableau) (avant répartition) *(système de base)*

| PASSIF | Exercice N | Exercice N – 1 |
|---|---|---|
| **CAPITAUX PROPRES *** | | |
| Capital [dont versé...] *(a)* | 101.108. (dont versé = 1013). | |
| Primes d'émission, de fusion, d'apport | 104. | |
| Écarts de réévaluation *(b)* | 105. | |
| Écart d'équivalence *(c)* | 107. | |
| Réserves : | | |
|     Réserve légale | 1061. | |
|     Réserves statutaires ou contractuelles | 1063. | |
|     Réserves réglementées | 1062.1064. | |
|     Autres | 1068. | |
| Report à nouveau *(d)* | 110. ou 119. | |
| **Résultat de l'exercice [bénéfice ou perte] *(e)*** | 120. ou 129. | |
| Subventions d'investissement | 13. | |
| Provisions réglementées | 14. | |
| **Total I** | x | x |
| PROVISIONS | | |
| Provisions pour risques | 151. | |
| Provisions pour charges | 15 (sauf 151). | |
| **Total II** | x | x |
| DETTES (1) *(g)* | | |
| Emprunts obligataires convertibles | 161.16881. | |
| Autres emprunts obligataires | 163.16883. | |
| Emprunts et dettes auprès des établissements de crédit (2) | 164.16884.512C.514C.517C.5186.519. | |
| Emprunts et dettes financières diverses (3) | 165.166.1675.168 (sauf 16881.16883. 16884).17.426.45C (sauf 457). | |
| Avances et acomptes reçus sur commandes en cours | 4191. | |
| Dettes Fournisseurs et Comptes rattachés *(f)* | 401.403.4081.4088 (en partie). | |
| Dettes fiscales et sociales | 421.422.424.427.4282.4284.4286.43 (sauf 4387).442.443C.444C.4455.4457.44584. 44587.446.447.4482.4486.457. | |
| Dettes sur immobilisations et Comptes rattachés | 269.279.404.405.4084.4088 (en partie). | |
| Autres dettes | 4196.4197.4198.464.467C.4686.478C.509. | |
| Instruments de trésorerie | 52. | |
| Produits constatés d'avance (1) | 487. | |
| **Total III** | x | x |
| Écarts de conversion Passif **(IV)** | 477. | |
| **TOTAL GÉNÉRAL (I + II + III + IV)** | x | x |

(1) Dont à plus d'un an
    Dont à moins d'un an
(2) Dont concours bancaires courants et soldes créditeurs de banques
(3) Dont emprunts participatifs

*Le cas échéant, une rubrique « Autres fonds propres » est intercalée entre la rubrique « Capitaux propres » et la rubrique « Provisions » avec ouverture des postes constitutifs de cette rubrique sur des lignes séparées (montant des émissions de titres participatifs, avances conditionnées...). Un total I *bis* fait apparaître le montant des autres fonds propres entre le total I et le total II du passif du bilan. Le total général est complété en conséquence.
*(a)* Y compris capital souscrit non appelé. *(b)* À détailler conformément à la législation en vigueur. *(c)* Poste à présenter lorsque des titres sont évalués par équivalence. *(d)* Montant entre parenthèses ou précédé du signe moins (–) lorsqu'il s'agit de pertes reportées. *(e)* Montant entre parenthèses ou précédé du signe moins (–) lorsqu'il s'agit d'une perte. *(f)* Dettes sur achats ou prestations de services. *(g)* À l'exception, pour l'application du (1), des avances et acomptes reçus sur commandes en cours.

*Rappelons que les petites entreprises* (y compris les micro-entreprises) au sens comptable peuvent désormais présenter un bilan simplifié.

**Exemple**

La société Hamel vous remet l'extrait de la balance après inventaire suivant :

| Numéros | Intitulés des comptes | Soldes | |
|---|---|---|---|
| | | Débiteurs | Créditeurs |
| 101 | Capital | | 500 000 |
| 1061 | Réserve légale | | 50 000 |
| 1068 | Autres réserves | | 360 000 |
| 164 | Emprunts auprès des établissements de crédit | | 300 000 |
| 211 | Terrains | 120 000 | |
| 213 | Constructions | 500 000 | |
| 215 | Installations techniques, matériel et outillage industriels | 324 480 | |
| 2182 | Matériel de transport | 125 290 | |
| 2183 | Matériel de bureau et matériel informatique | 38 450 | |
| 2184 | Mobilier | 45 120 | |
| 2813 | Amortissements des constructions | | 100 200 |
| 2815 | Amortissements des installations techniques, matériel et outillage industriels | | 280 135 |
| 28182 | Amortissements du matériel de transport | | 40 467 |
| 28183 | Amortissements du matériel de bureau et matériel informatique | | 17 919 |
| 28184 | Amortissements du mobilier | | 21 420 |
| 311 | Matières premières | 92 264 | |
| 355 | Stocks de produits finis | 245 000 | |
| 401 | Fournisseurs | | 145 340 |
| 403 | Fournisseurs – Effets à payer | | 23 205 |
| 411 | Clients | 604 696 | |
| 413 | Clients – Effets à recevoir | 135 520 | |
| 416 | Clients douteux ou litigieux | 154 180 | |
| 421 | Personnel – Rémunérations dues | | 125 400 |
| 431 | Sécurité sociale | | 36 248 |
| 437 | Autres organismes sociaux | | 12 586 |
| 44551 | TVA à décaisser | | 23 325 |
| 486 | Charges constatées d'avance | 6 345 | |
| 487 | Produits constatés d'avance | | 10 353 |
| 491 | Dépréciations des comptes clients | | 131 000 |
| 503 | Actions | 81 200 | |
| 512 | Banques | 37 875 | |
| 530 | Caisse | 13 021 | |
| 5903 | Dépréciations des actions | | 2 000 |

*Le bilan et les calculs justificatifs* sont présentés aux pages 204 à 206.

| ACTIF | Exercice N | | | Exercice N – 1 |
|---|---|---|---|---|
| | Brut | Amortissements et dépréciations (à déduire) | Net | Net |
| Capital souscrit - non appelé............................... | | | | |
| ACTIF IMMOBILISÉ *(a)* : | | | | |
| Immobilisations incorporelles : | | | | |
| Frais d'établissement............................................ | | | | |
| Frais de recherche et de développement ................ | | | | |
| Concessions, brevets, licences, marques, procédés, logiciels, droits et valeurs similaires.......... | | | | |
| Fonds commercial (1)............................................ | | | | |
| Autres................................................................... | | | | |
| Immobilisations incorporelles en cours ................... | | | | |
| Avances et acomptes ............................................ | | | | |
| Immobilisations corporelles : | | | | |
| Terrains................................................................ | 120 000 | | 120 000 | |
| Constructions....................................................... | 500 000 | 100 200 | 399 800 | |
| Installations techniques, matériel et outillage industriels ............................................................ | 324 480 | 280 135 | 44 345 | |
| Autres................................................................... | 208 860 | 79 806 | 129 054 | |
| Immobilisations corporelles en cours ...................... | | | | |
| Avances et acomptes ............................................ | | | | |
| Immobilisations financières (2) : | | | | |
| Participations *(b)*................................................. | | | | |
| Créances rattachées à des participations................. | | | | |
| Titres immobilisés de l'activité de portefeuille.......... | | | | |
| Autres titres immobilisés ....................................... | | | | |
| Prêts .................................................................... | | | | |
| Autres................................................................... | | | | |
| **Total I** ....................................................... | 1 153 340 | 460 141 | 693 199 | |
| ACTIF CIRCULANT : | | | | |
| Stocks et en-cours *(a)* : | | | | |
| Matières premières et autres approvisionnements ... | 92 264 | | 92 264 | |
| En-cours de production [biens et services] *(c)*.......... | | | | |
| Produits intermédiaires et finis .............................. | 245 000 | | 245 000 | |
| Marchandises........................................................ | | | | |
| Avances et acomptes versés sur commandes ............. | | | | |
| Créances (3) : | | | | |
| Créances Clients (a) et Comptes rattachés *(d)* ........ | 894 396 | 131 000 | 763 396 | |
| Autres .................................................................. | | | | |
| Capital souscrit - appelé, non versé......................... | | | | |
| Valeurs mobilières de placement *(e)* : | | | | |
| Actions propres..................................................... | | | | |
| Autres titres ......................................................... | 81 200 | 2 000 | 79 200 | |
| Instruments de trésorerie....................................... | | | | |
| Disponibilités........................................................ | 50 896 | | 50 896 | |
| Charges constatées d'avance (3)............................. | 6 345 | | 6 345 | |
| **Total II** ...................................................... | 1 370 101 | 133 000 | 1 237 101 | |
| Charges à répartir sur plusieurs exercices **(III)** ........... | | | | |
| Primes de remboursement des emprunts **(IV)** ........... | | | | |
| Écarts de conversion Actif **(V)**................................. | | | | |
| **TOTAL GÉNÉRAL (I + II + III + IV + V)** ........ | 2 523 441 | 593 141 | 1 930 300 | |
| (1) Dont droit au bail (2) Dont à moins d'un an (brut) (3) Dont à plus d'un an (brut) | | | | |

*(a)* Les actifs avec clause de réserve de propriété sont regroupés sur une ligne distincte portant la mention « dont ... avec clause de réserve de propriété ». En cas d'impossibilité d'identifier les biens, un renvoi au pied du bilan indique le montant restant à payer sur ces biens. Le montant à payer comprend celui des effets non échus. *(b)* Si des titres sont évalués par équivalence, ce poste est subdivisé en deux sous-postes « Participations évaluées par équivalence » et « Autres participations ». Pour les titres évalués par équivalence, la colonne « Brut » présente la valeur globale d'équivalence si elle est supérieure au coût d'acquisition. Dans le cas contraire, le prix d'acquisition est retenu. La dépréciation globale du portefeuille figure dans la 2e colonne. La colonne « Net » présente la valeur globale d'équivalence positive ou une valeur nulle. *(c)* À ventiler, le cas échéant, entre biens, d'une part, et services d'autre part. *(d)* Créances résultant de ventes ou de prestations de services. *(e)* Poste à servir directement s'il n'existe pas de rachat par l'entité de ses propres actions.

| PASSIF | Exercice N | Exercice N – 1 |
|---|---|---|
| CAPITAUX PROPRES * | | |
| Capital [dont versé...] *(a)*................................................. | 500 000 | |
| Primes d'émission, de fusion, d'apport ....................................... | | |
| Écarts de réévaluation *(b)* .................................................. | | |
| Écart d'équivalence *(c)* ..................................................... | | |
| Réserves : | | |
|     Réserve légale .......................................................... | 50 000 | |
|     Réserves statutaires ou contractuelles................................ | | |
|     Réserves réglementées .................................................. | | |
|     Autres ................................................................... | 360 000 | |
| Report à nouveau *(d)* ........................................................ | | |
| **Résultat de l'exercice [bénéfice ou perte] *(e)*** ........................ | 343 843 | |
| Subventions d'investissement ................................................. | | |
| Provisions réglementées....................................................... | | |
| **Total I**.................................................................... | 1 253 843 | |
| PROVISIONS | | |
| Provisions pour risques....................................................... | | |
| Provisions pour charges....................................................... | | |
| **Total II**................................................................... | | |
| DETTES (1) *(g)* | | |
| Emprunts obligataires convertibles............................................ | | |
| Autres emprunts obligataires ................................................. | | |
| Emprunts et dettes auprès des établissements de crédit (2) ........ | 300 000 | |
| Emprunts et dettes financières diverses (3) .................................. | | |
| Avances et acomptes reçus sur commandes en cours.................. | | |
| Dettes Fournisseurs et Comptes rattachés *(f)* ............................ | 168 545 | |
| Dettes fiscales et sociales.................................................... | 197 559 | |
| Dettes sur immobilisations et Comptes rattachés........................ | | |
| Autres dettes ................................................................. | | |
| Instruments de trésorerie ..................................................... | | |
| Produits constatés d'avance (1)............................................... | 10 353 | |
| **Total III**.................................................................. | 676 457 | |
| Écarts de conversion Passif **(IV)** ......................................... | | |
| **TOTAL GÉNÉRAL (I + II + III + IV)**.............................. | 1 930 300 | |

(1) Dont à plus d'un an
    Dont à moins d'un an
(2) Dont concours bancaires courants et soldes créditeurs de banques
(3) Dont emprunts participatifs

*Le cas échéant, une rubrique « Autres fonds propres » est intercalée entre la rubrique « Capitaux propres » et la rubrique « Provisions » avec ouverture des postes constitutifs de cette rubrique sur des lignes séparées (montant des émissions de titres participatifs, avances conditionnées...). Un total I *bis* fait apparaître le montant des autres fonds propres entre le total I et le total II du passif du bilan. Le total général est complété en conséquence.
*(a)* Y compris capital souscrit non appelé. *(b)* À détailler conformément à la législation en vigueur. *(c)* Poste à présenter lorsque des titres sont évalués par équivalence. *(d)* Montant entre parenthèses ou précédé du signe moins (–) lorsqu'il s'agit de pertes reportées. *(e)* Montant entre parenthèses ou précédé du signe moins (–) lorsqu'il s'agit d'une perte. *(f)* Dettes sur achats ou prestations de services. *(g)* À l'exception, pour l'application du (1), des avances et acomptes reçus sur commandes en cours.

Pour dresser le bilan, les calculs suivants ont été effectués.

*Immobilisations corporelles*

Autres (comptes 2182 Matériel de transport, 2183 Matériel de bureau et matériel informatique, 2184 Mobilier) :

125 290 + 38 450 + 45 120 = **208 860** €

Montant des amortissements (comptes 28182 Amortissements du matériel de transport, 28183 Amortissements du matériel de bureau et matériel informatique, 28184 Amortissements du mobilier) :

40 467 + 17 919 + 21 420 = **79 806** €

***Créances clients et comptes rattachés*** (comptes 411 Clients, 413 Clients – Effets à recevoir, 416 Clients douteux ou litigieux) :

604 696 + 135 520 + 154 180 = **894 396** €

***Disponibilités*** (comptes 512 Banques, 530 Caisse) :

37 875 + 13 021 = **50 896** €

***Dettes fournisseurs et comptes rattachés*** (comptes 401 Fournisseurs, 403 Fournisseurs – Effets à payer) :

145 340 + 23 205 = **168 545** €

***Dettes fiscales et sociales*** (comptes 421 Personnel, 431 Sécurité sociale, 437 Autres organismes sociaux, 44551 TVA à décaisser) :

125 400 + 36 248 + 12 586 + 23 325 = **197 559** €

*Le résultat* est égal à **343 843** €, selon le calcul ci-dessous :

Total actif – Total passif
1 930 300   –   1 586 457

***Le résultat est identique à celui trouvé dans le compte de résultat*** (voir page 212). Le principe de la ***double détermination*** est respecté.

# 3. LE COMPTE DE RÉSULTAT

## A - Généralités

Le compte de résultat décrit l'***activité ou l'exploitation*** de l'entreprise pour une période donnée. Il détermine :

– les ***ressources produites*** par l'activité de l'entreprise ;

– les ***charges occasionnées*** par les moyens mis en œuvre ;

– le ***résultat*** de l'entreprise, fruit de son activité, par comparaison entre les deux éléments précédents.

Le compte de résultat est l'outil de base d'analyse de l'activité et de la rentabilité de l'entreprise*.

# B - La présentation simplifiée

La structure du compte de résultat (en tableau), par rubriques est la suivante :

| Charges | Exercice | | Produits | Exercice | |
|---|---|---|---|---|---|
| | **N** | **N – 1** | | **N** | **N – 1** |
| **Charges d'exploitation**<br>Comptes 60 – 609<br>Comptes 603 (+ ou –)<br>Comptes 61 – 619<br>       62 – 629<br>Comptes 63 + 64 + 65 + 681 | | | **Produits d'exploitation**<br>Comptes 707 – 7097<br>Comptes 701 à 706  – 7091 à 7096<br>       708 – 7098<br>Comptes 713 (+ ou –)<br>Comptes 72 + 74 + 75 + 781 et 791 | | |
| **Quotes-parts de résultat sur opérations faites en commun**<br>Compte 655 | | | **Quotes-parts de résultat sur opérations faites en commun**<br>Compte 755 | | |
| **Charges financières**<br>Comptes 66 + 686 | | | **Produits financiers**<br>Comptes 76 + 786 et 796 | | |
| **Charges exceptionnelles**<br>Comptes 67 + 687 | | | **Produits exceptionnels**<br>Comptes 77 + 787 et 797 | | |
| **Participation des salariés**<br>**Impôts sur les bénéfices**<br>Compte 69 | | | | | |
| **Solde créditeur = Bénéfice** | | | **Solde débiteur = Perte** | | |
| Total général | | | Total général | | |

Les *charges nettes ont un solde débiteur*, sauf les comptes *603 Variation des stocks* qui peuvent avoir un solde créditeur (ils sont alors précédés du signe – ou mis entre parenthèses).

Les *produits nets ont un solde créditeur,* sauf les comptes *713 Variation des stocks* qui peuvent avoir un solde débiteur (ils sont alors précédés du signe – ou mis entre parenthèses).

Le résultat s'obtient par différence entre :

> Total des produits – Total des charges = **Résultat (bénéfice ou perte)**

Le résultat :

- bénéfice ⟶ est placé du côté des charges ;
- perte ⟶ est placé du côté des produits.

Le résultat ainsi déterminé est *identique à celui du bilan* (double détermination du résultat).

---

* Pour un développement complet, se reporter à l'ouvrage : *Mémentos LMD Analyse financière 2013/2014,* écrit par les mêmes auteurs dans la même collection et publié chez le même éditeur.

Le compte de résultat établi en liste permet de faire apparaître les résultats intermédiaires suivants :

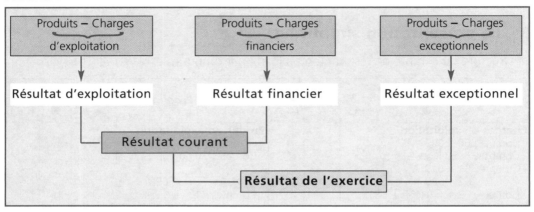

La structure du compte de résultat en liste est la suivante :

> *Produits d'exploitation*
>     **Total I**
>
> *Charges d'exploitation*
>     **Total II**
>
> **RÉSULTAT D'EXPLOITATION (I – II)**
>
> *Quotes-parts de résultat sur opérations faites en commun*
>
> Bénéfice ou perte transférée (**III**)
>
> Perte ou bénéfice transférée (**IV**)
>
> *Produits financiers*
>     **Total V**
>
> *Charges financières*
>     **Total VI**
>
> **RÉSULTAT FINANCIER (V – VI)**
>
> **RÉSULTAT COURANT avant impôts (I – II + III – IV + V – VI)**
>
> *Produits exceptionnels*
>     **Total VII**
>
> *Charges exceptionnelles*
>     **Total VIII**
>
> **RÉSULTAT EXCEPTIONNEL (VII – VIII)**
>
> Participation des salariés aux résultats (**IX**)
>
> Impôts sur les bénéfices (**X**)
>
>     **Total des produits (I + III + V + VII)**
>
>     **Total des charges (II + IV + VI + VIII + IX + X)**
>
>     **Bénéfice ou perte**

# C - Le tableau de correspondance des comptes

Les regroupements suivants s'opèrent pour dresser les différents postes du compte de résultat :

**Art. 821-3 Modèle de compte de résultat (en tableau)** *(système de base)*

| Charges (hors taxes) | Exercice N | Exercice N – 1 |
|---|---|---|
| **Charges d'exploitation** (1) : | | |
| Achats de marchandises *(a)* | 607.(– 6097). | |
|     Variation des stocks *(b)* | 6037. | |
| Achats de matières premières et autres approvisionnements *(a)* | 601.(– 6091) 602.(– 6092) 6081.6082. | |
|     Variation des stocks *(b)* | 6031.6032. | |
| Autres achats et charges externes * | 604 à 606.(– 609.) 61.(– 619) 62.(– 629) | |
| Impôts, taxes et versements assimilés | 63. | |
| Salaires et traitements | 641.644.648. | |
| Charges sociales | 645.646.647. | |
| Dotations aux amortissements et dépréciations : | | |
|     Sur immobilisations : dotations aux amortissements *(c)* | 6811.6812. | |
|     Sur immobilisations : dotations aux dépréciations | 6816. | |
|     Sur actif circulant : dotations aux dépréciations | 6817. | |
| Dotations aux provisions | 6815. | |
| Autres charges | 65 (sauf 655). | |
| **TOTAL I** | x | x |
| **Quotes-parts de résultat sur opérations faites en commun (II)** | 655 | |
| **Charges financières :** | | |
| Dotations aux amortissements, dépréciations et provisions | 686. | |
| Intérêts et charges assimilées (2) | 66 (sauf 666.667). | |
| Différences négatives de change | 666. | |
| Charges nettes sur cessions de valeurs mobilières de placement | 667. | |
| **TOTAL III** | x | x |
| **Charges exceptionnelles :** | | |
| Sur opérations de gestion | 671. | |
| Sur opérations en capital | 675.678. | |
| Dotations aux amortissements, dépréciations et provisions | 687. | |
| **TOTAL IV** | x | x |
| **Participation des salariés aux résultats (V)** | 691. | |
| **Impôts sur les bénéfices (VI)** | 695.689.698.699. | |
| **Total des charges (I + II + III + IV + V + VI)** | x | x |
| Solde créditeur = **bénéfice** (3) | x | x |
| **TOTAL GÉNÉRAL** | x | x |
| * Y compris : | | |
| – redevances de crédit-bail mobilier | 6122. | |
| – redevances de crédit-bail immobilier | 6125. | |

(1) Dont charges afférentes à des exercices antérieurs. Les conséquences des corrections d'erreurs significatives, calculées après impôt, sont présentées sur une ligne séparée sauf s'il s'agit de corriger une écriture ayant été directement imputée sur les capitaux propres
(2) Dont intérêts concernant les entités liées
(3) Compte tenu d'un résultat exceptionnel avant impôts de

*(a)* Y compris droits de douane. *(b)* Stock initial moins stock final : montant de la variation en moins entre parenthèse ou précédé du signe (–). *(c)* Y compris éventuellement dotations aux amortissements des charges à répartir.

**Art. 821-3** *(suite)* **Modèle de compte de résultat (en tableau)** *(système de base)*

| Produits (hors taxes) | Exercice N | Exercice N – 1 |
|---|---|---|
| **Produits d'exploitation** (1) : | | |
| Ventes de marchandises ........................................................ | 707.(– 7097).708 (en partie) | |
| Production vendue [biens et services] *(a)* ........................... | 701. à 706.(– 7091 à 7096) 708 (en partie) | |
| **Sous-total A – Montant net du chiffre d'affaires** ......... | x | x |
| *dont à l'exportation* ........................................................... | | |
| Production stockée *(b)* ........................................................ | 713. | |
| Production immobilisée........................................................ | 72. | |
| Subventions d'exploitation................................................... | 74. | |
| Reprises sur dépréciations, provisions (et amortissements), transferts decharges | 781.791. | |
| Autres produits...................................................................... | 75 (sauf 755). | |
| **Sous-total B**.................................................................... | x | x |
| **TOTAL I (A + B)**.............................................................. | x | x |
| **Quotes-parts de résultat sur opérations faites en commun (II)**.............. | 755 | |
| **Produits financiers** : ......................................................... | | |
| De participation (2)............................................................... | 761. | |
| D'autres valeurs mobilières et créances de l'actif immobilisé (2)...................... | 762. | |
| Autres intérêts et produits assimilés (2)............................... | 763.764.765.768. | |
| Reprises sur dépréciations et provisions, transferts de charges .................... | 786.796. | |
| Différences positives de change ........................................... | 766. | |
| Produits nets sur cessions de valeurs mobilières de placement ..................... | 767. | |
| **TOTAL III**........................................................................ | x | x |
| **Produits exceptionnels** : .................................................. | | |
| Sur opérations de gestion..................................................... | 771. | |
| Sur opérations en capital...................................................... | 775.777.778. | |
| Reprises sur dépréciations et provisions, transferts de charges ..................... | 787.797. | |
| **TOTAL IV** ........................................................................ | x | x |
| **Total des produits (I + II + III + IV)** ................................ | x | x |
| Solde débiteur = **perte** (3)................................................ | x | x |
| **TOTAL GÉNÉRAL**............................................................ | x | x |

(1) Dont produits afférents à des exercices antérieurs. Les conséquences des corrections d'erreurs significatives, calculées après impôt, sont présentées sur une ligne séparée sauf s'il s'agit de corriger une écriture ayant été directement imputée sur les capitaux propres
(2) Dont produits concernant les entités liées
(3) Compte tenu d'un résultat exceptionnel avant impôts de

*(a)* À inscrire, le cas échéant, sur des lignes distinctes. *(b)* Stock final moins stock initial : montant de la variation en moins entre parenthèses ou précédé du signe (–).

*Rappelons que les petites entreprises* (y compris les micro-entreprises) au sens comptable peuvent désormais présenter un compte de résultat simplifié. De plus, dans le cadre de la transposition en droit interne de la directive comptable unique prévue au plus tard le 20 juillet 2015, une évolution de la stucture du compte de résultat est attendue comme :

– le classement des charges et des produits par nature ou par fonction ;

– la suppression de la catégorie des charges et des produits exceptionnels.

**Exemple**

La société Hamel vous remet l'extrait de la balance après inventaire suivant :

| Numéros | Intitulés des comptes | Soldes | |
|---------|----------------------|--------|--|
| | | Débiteurs | Créditeurs |
| 601 | Achats stockés – Matières premières (et fournitures) | 765 430 | |
| 6031 | Variation des stocks de matières premières (et fournitures) | | 15 334 |
| 6091 | Rabais, remises et ristournes obtenus sur achats de matières premières (et fournitures) | | 15 685 |
| 615 | Entretien et réparations | 34 877 | |
| 616 | Primes d'assurances | 35 800 | |
| 622 | Rémunérations d'intermédiaires et d'honoraires | 26 300 | |
| 624 | Transports de biens et transports collectifs du personnel | 134 000 | |
| 625 | Déplacements, missions et réceptions | 23 655 | |
| 626 | Frais postaux et de télécommunications | 27 200 | |
| 627 | Services bancaires et assimilés | 3 545 | |
| 635 | Autres impôts, taxes et versements assimilés (administration des impôts) | 85 650 | |
| 641 | Rémunérations du personnel | 1 120 000 | |
| 645 | Charges de sécurité sociale et de prévoyance | 552 834 | |
| 661 | Charges d'intérêts | 33 000 | |
| 665 | Escomptes accordés | 58 000 | |
| 675 | Valeurs comptables des éléments d'actif cédés | 20 000 | |
| 6811 | Dotations aux amortissements sur immobilisations incorporelles et corporelles | 74 200 | |
| 6817 | Dotations aux dépréciations des actifs circulants | 33 000 | |
| 6866 | Dotations aux dépréciations des éléments financiers | 500 | |
| 701 | Ventes de produits finis | | 3 321 820 |
| 7091 | Rabais, remises et ristournes accordés par l'entreprise sur ventes de produits finis | 45 000 | |
| 71355 | Variation des stocks de produits finis | | 9 250 |
| 764 | Revenus des valeurs mobilières de placement | | 6 245 |
| 765 | Escomptes obtenus | | 18 500 |
| 775 | Produits de cessions d'éléments d'actif | | 30 000 |

*Le compte de résultat et les calculs justificatifs* sont présentés aux pages 212 et 213.

| Charges (hors taxes) | Exercice N | Exercice N – 1 |
|---|---|---|
| **Charges d'exploitation** (1) : | | |
| Achats de marchandises *(a)*.................................................... | | |
|    Variation des stocks *(b)* ................................................ | | |
| Achats de matières premières et autres approvisionnements *(a)* ................... | 749 745 | |
|    Variation des stocks *(b)* ................................................ | – 15 334 | |
| Autres achats et charges externes * ............................................ | 285 377 | |
| Impôts, taxes et versements assimilés ......................................... | 85 650 | |
| Salaires et traitements ....................................................... | 1 120 000 | |
| Charges sociales............................................................. | 552 834 | |
| Dotations aux amortissements et dépréciations : | | |
|    Sur immobilisations : dotations aux amortissements *(c)*........................... | 74 200 | |
|    Sur immobilisations : dotations aux dépréciations ................................ | | |
|    Sur actif circulant : dotations aux dépréciations ................................ | 33 000 | |
| Dotations aux provisions..................................................... | | |
| Autres charges.............................................................. | | |
| **TOTAL I**.................................................................. | 2 885 472 | |
| **Quotes-parts de résultat sur opérations faites en commun (II)** ......... | | |
| **Charges financières :** | | |
| Dotations aux amortissements, dépréciations et provisions ......................... | 500 | |
| Intérêts et charges assimilées (2)............................................... | 91 000 | |
| Différences négatives de change............................................... | | |
| Charges nettes sur cessions de valeurs mobilières de placement....................... | | |
| **TOTAL III**................................................................ | 91 500 | |
| **Charges exceptionnelles :** | | |
| Sur opérations de gestion ........................................................ | | |
| Sur opérations en capital ....................................................... | 20 000 | |
| Dotations aux amortissements, dépréciations et provisions ......................... | | |
| **TOTAL IV** ................................................................ | 20 000 | |
| **Participation des salariés aux résultats (V)** ............................... | | |
| **Impôts sur les bénéfices (VI)** ............................................. | | |
| **Total des charges (I + II + III + IV + V + VI)** ............................ | 2 996 972 | |
| Solde créditeur = **bénéfice** (3)............................................. | 343 843 | |
| **TOTAL GÉNÉRAL**........................................................ | 3 340 815 | |
| * Y compris : | | |
| – redevances de crédit-bail mobilier ................................................. | | |
| – redevances de crédit-bail immobilier................................................ | | |
| (1) Dont charges afférentes à des exercices antérieurs. Les conséquences des corrections d'erreurs significatives, calculées après impôt, sont présentées sur une ligne séparée sauf s'il s'agit de corriger une écriture ayant été directement imputée sur les capitaux propres (2) Dont intérêts concernant les entités liées (3) Compte tenu d'un résultat exceptionnel avant impôts de | | |

*(a)* Y compris droits de douane.
*(b)* Stock initial moins stock final : montant de la variation en moins entre parenthèses ou précédé du signe (-).
*(c)* Y compris éventuellement dotations aux amortissements des charges à répartir.

**Achats nets de matières premières** (comptes 601 Achats stockés – Matières premières (et fournitures), 6091 Rabais, remises et ristournes obtenus sur achats de matières premières (et fournitures) : 765 430 – 15 685 = **749 745** €

**Autres achats et charges externes** (comptes 61 Services extérieurs, 62 Autres services extérieurs) :

    34 877 + 35 800 + 26 300 + 134 000 + 23 655 + 27 200 + 3 545 = **285 377** €

**Intérêts et charges assimilées** (comptes 661 Charges d'intérêts, 665 Escomptes accordés) : 33 000 + 58 000 = **91 000** €

| Produits (hors taxes) | Exercice N | Exercice N – 1 |
|---|---|---|
| **Produits d'exploitation** (1) : | | |
| Ventes de marchandises ......................................................... | | |
| Production vendue [biens et services] *(a)* ............................... | 3 276 820 | |
| **Sous-total A – Montant net du chiffre d'affaires** ............... | 3 276 820 | |
| *dont à l'exportation* ......................................................... | | |
| Production stockée *(b)* ........................................................ | 9 250 | |
| Production immobilisée.......................................................... | | |
| Subventions d'exploitation..................................................... | | |
| Reprises sur dépréciations, provisions (et amortissements), transferts de charges | | |
| Autres produits...................................................................... | | |
| **Sous-total B** .................................................................... | 9 250 | |
| **TOTAL I (A + B)**.............................................................. | 3 286 070 | |
| **Quotes-parts de résultat sur opérations faites en commun (II)**............... | | |
| **Produits financiers** :......................................................... | | |
| De participation (2)............................................................... | | |
| D'autres valeurs mobilières et créances de l'actif immobilisé (2)................... | | |
| Autres intérêts et produits assimilés (2)................................... | 24 745 | |
| Reprises sur dépréciations et provisions, transferts de charges.......................... | | |
| Différences positives de change............................................. | | |
| Produits nets sur cessions de valeurs mobilières de placement ....................... | | |
| **TOTAL III**....................................................................... | 24 745 | |
| **Produits exceptionnels** : ................................................. | | |
| Sur opérations de gestion...................................................... | | |
| Sur opérations en capital...................................................... | 30 000 | |
| Reprises sur dépréciations et provisions, transferts de charges........................ | | |
| **TOTAL IV** ....................................................................... | 30 000 | |
| **Total des produits (I + II + III + IV)** ............................... | 3 340 815 | |
| Solde débiteur = **perte** (3)............................................... | | |
| **TOTAL GÉNÉRAL**............................................................ | 3 340 815 | |

(1) Dont produits afférents à des exercices antérieurs. Les conséquences des corrections d'erreurs significatives, calculées après impôt, sont présentées sur une ligne séparée sauf s'il s'agit de corriger une écriture ayant été directement imputée sur les capitaux propres
(2) Dont produits concernant les entités liées
(3) Compte tenu d'un résultat exceptionnel avant impôts de

*(a)* À inscrire, le cas échéant, sur des lignes distinctes.
*(b)* Stock final moins stock initial : montant de la variation en moins entre parenthèses ou précédé du signe (–).

*Ventes nettes de produits finis* (comptes 701 Ventes de produits finis, 7091 Rabais, remises et ristournes accordés par l'entreprise sur ventes de produits finis) :

   3 321 820 – 45 000 = **3 276 820 €**

*Autres intérêts et produits assimilés* (comptes 764 Revenus des valeurs mobilières de placement, 765 Escomptes obtenus) :

   6 245 + 18 500 = **24 745 €**

*Le résultat* est égal à **343 843 €**, soit :

   Total des produits – Total des charges
   3 340 815   –   2 996 972

*La double détermination se vérifie, le résultat est identique à celui du bilan* (voir page 205).

# 4. L'ANNEXE

## A - Généralités

L'annexe est **un état comptable** fournissant des informations nécessaires à la compréhension du bilan et du compte de résultat. Dans l'article 112-4 du PCG, il est précisé : « *L'annexe complète et commente l'information donnée par le bilan et le compte de résultat.*

« *L'annexe comporte toutes les informations d'importance significative destinées à compléter et à commenter celles données par le bilan et par le compte de résultat. Une inscription dans l'annexe ne peut pas se substituer à une inscription dans le bilan et le compte de résultat.* »

Actuellement, le PCG préconise pour certaines informations l'utilisation de tableaux sachant qu'ils ne dispensent pas de commentaires significatifs.

**Dans le système de base** (étudié dans le présent ouvrage), l'entreprise doit fournir :

| Annexe |
|---|
| Tableau des immobilisations (art. 832-1) |
| Tableau des amortissements (art. 832-2) |
| Tableau des dépréciations (art. 832-3) |
| Tableau des provisions (art. 832-4) |
| État des échéances des créances et des dettes à la clôture de l'exercice (art. 8532-5) |
| Tableau des filiales et participations (art. 832-6) |
| Tableau du portefeuille des titres immobilisés de l'activité portefeuillle – TIAP (art. 832-7) |

**Rappelons que les micro-entreprises** au sens comptable sont désormais dispensées d'établir l'annexe et que les **petites entreprises** au sens comptable peuvent présenter une annexe simplifiée.

Par ailleurs, dans la poursuite de la transposition en droit interne des dispositions de la directive comptable unique, au plus tard le 20 juillet 2015, des modifications importantes relatives au contenu de l'annexe sont attendues pour tenir compte notamment, selon la nouvelle directive :

– de la présentation imposée des informations ;

– des obligations d'informations selon les catégories comptables des entreprises (petites entreprises, moyennes entreprises, grandes entreprises) avec un socle d'informations minimales pour toute entreprise.

# B - Le modèle des tableaux de l'annexe

La présentation des sept tableaux, en système de base, est la suivante :

## Art. 832-1 Tableau des immobilisations

**I. Cadre général**

| Rubriques (a) | A | B | C | D |
|---|---|---|---|---|
| Situations et mouvements (b) | Valeur brute à l'ouverture de l'exercice | Augmentations | Diminutions | Valeur brute à la clôture de l'exercice (c) |
| Immobilisations incorporelles .............. Immobilisations corporelles ................ Immobilisations financières ................ | | | | |
| **Total** ................................................. | | | | |

*(a)* À développer si nécessaire selon la nomenclature des postes du bilan. Lorsqu'il existe des frais d'établissement, ils doivent faire l'objet d'une ligne séparée.
*(b)* Les entités subdivisent les colonnes pour autant que de besoin [cf. ci-dessous développement des colonnes B (augmentations) et C (diminutions)].
*(c)* La valeur brute à la clôture de l'exercice est la somme algébrique des colonnes précédentes (A + B – C = D).

**II. Aménagement du cadre général**

1. Développement de la colonne **B** (augmentations) ⟶

| Augmentations de l'exercice | Ventilation des augmentations | | | | |
|---|---|---|---|---|---|
| | Virements | | Entrées | | |
| | De poste à poste | Provenant de l'actif circulant | Acquisitions | Apports | Créations |

2. Développement de la colonne **C** (diminutions) ⟶

| Diminutions de l'exercice | Ventilation des diminutions | | | | |
|---|---|---|---|---|---|
| | Virements | | Sorties | | |
| | De poste à poste | À destination de l'actif circulant | Cessions | Scissions | Mises hors service |

## Art. 832-2 Tableau des amortissements

### I. Cadre général

| Rubriques (a) | Situations et mouvements (b) **A** Amortissements cumulés au début de l'exercice | **B** Augmentations Dotations de l'exercice | **C** Diminutions d'amortissements de l'exercice | **D** Amortissements cumulés à la fin de l'exercice (c) |
|---|---|---|---|---|
| Immobilisations incorporelles ............. Immobilisations corporelles ................ Immobilisations financières ................ | | | | |
| **Total** ................................................ | | | | |

*(a)* À développer si nécessaire selon la même nomenclature que celle du tableau des immobilisations.
*(b)* Les entités subdivisent les colonnes pour autant que de besoin  [cf. ci-dessous développement des colonnes B (augmentations) et C (diminutions)].
*(c)* Les amortissements cumulés à la fin de l'exercice sont égaux à la somme algébrique des colonnes précédentes (A + B – C = D).

### II. Aménagement du cadre général

1. Développement de la colonne **B** (augmentations) ⟶

| Dotations de l'exercice | Ventilation des dotations | | | |
|---|---|---|---|---|
| | Compléments liés à une réévaluation | Sur éléments amortis selon mode linéaire | Sur éléments amortis selon autre mode | Dotations exceptionnelles |

2. Développement de la colonne **C** (diminutions) ⟶

| Diminutions de l'exercice | Ventilation des diminutions | | |
|---|---|---|---|
| | Éléments transférés à l'actif circulant | Éléments cédés | Éléments mis hors service |

## Art. 832-3 Tableau des dépréciations

### I. Cadre général

| Rubriques (a) | Situations et mouvements (b) **A** Dépréciations au début de l'exercice | **B** Augmentations Dotations de l'exercice | **C** Diminutions Reprises de l'exercice | **D** Dépréciations à la fin de l'exercice (c) |
|---|---|---|---|---|
| Immobilisations incorporelles .............. Immobilisations corporelles ................ Immobilisations financières ................ Stocks ................................................ Créances ............................................. Valeurs mobilières de placement.......... | | | | |
| **Total** ................................................ | | | | |

*(a)* À développer si nécessaire.
*(b)* Les entités subdivisent les colonnes pour autant que de besoin.
*(c)* Le montant des dépréciations à la fin de l'exercice est égal à la somme algébrique des colonnes précédentes (A + B – C = D).

Outre les tableaux présentés ci-dessus, l'annexe doit comporter des informations détaillées sur les amortissements et les dépréciations des actifs et de leurs composants.

Citons notamment :

– les modalités de calcul (mode d'amortissement, durée de l'amortissement, taux d'amortissement…) ;
– les valeurs retenues (valeur résiduelle, valeur actuelle…) ;
– les postes du compte de résultat dans lesquels sont incluses les dotations ;
– …

## Art. 832-4 Tableau des provisions

### I. Cadre général

| Situations et mouvements (b) / Rubriques (a) | A — Provisions au début de l'exercice | B — Augmentations Dotations de l'exercice | C — Diminutions | | D — Provisions à la fin de l'exercice (c) |
|---|---|---|---|---|---|
| | | | Montants utilisés au cours de l'exercice | Montants non utilisés repris au cours de l'exercice | |
| Provisions réglementées .................... | | | | | |
| Provisions pour risques ...................... | | | | | |
| Provisions pour charges ................... | | | | | |
| **Total** ............................................. | | | | | |

*(a)* À développer si nécessaire (le cas échéant, il convient de mettre en évidence entre autres les provisions pour pensions et obligations similaires, les provisions pour impôts, les provisions pour renouvellement des immobilisations concédées…).
*(b)* Les entités subdivisent les colonnes pour autant que de besoin [cf. ci-dessous développement des colonnes B (augmentations) et C (diminutions)].
*(c)* Le montant des provisions à la fin de l'exercice est égal à la somme algébrique des colonnes précédentes (A + B − C = D).

### II. Aménagement du cadre général

1. Développement de la colonne B (augmentations) →

| Dotations de l'exercice | Ventilation des dotations | | |
|---|---|---|---|
| | Exploitation | Financier | Exceptionnel |

2. Développement de la colonne C (diminutions) →

| Reprises de l'exercice | Ventilation des reprises | | |
|---|---|---|---|
| | Exploitation | Financier | Exceptionnel |

## Art. 832-5 État des échéances des créances et des dettes à la clôture de l'exercice

| Créances (a) | Montant brut | Degré de liquidité de l'actif | |
|---|---|---|---|
| | | Échéances à 1 an au plus | Échéances à plus 1 an |
| **Créances de l'actif immobilisé :** | | | |
| Créances rattachées à des participations ................................. | | | |
| Prêts (1) ........................................................................... | | | |
| Autres ............................................................................. | | | |
| **Créances de l'actif circulant :** | | | |
| Créances Clients et Comptes rattachés ............................... | | | |
| Autres ............................................................................. | | | |
| Capital souscrit – appelé, non versé .................................. | | | |
| Charges constatées d'avance ............................................ | | | |
| **Total** | | | |
| (1) Prêts accordés en cours d'exercice ............................... | | | |
|     Prêts récupérés en cours d'exercice ............................. | | | |

*(a)* Non compris les avances et acomptes versés sur commandes en cours.

| Dettes (b) | Montant brut | Degré d'exigibilité du passif | | |
|---|---|---|---|---|
| | | Échéances à 1 an au plus | Échéances à plus 1 an | Échéances à plus 5 ans |
| Emprunts obligataires convertibles (2)............................. | | | | |
| Autres emprunts obligataires (2) ..................................... | | | | |
| Emprunts (2) et dettes auprès des établissements de crédit dont : | | | | |
|   – à 2 ans au maximum à l'origine ................................. | | | | |
|   – à plus de 2 ans à l'origine ......................................... | | | | |
| Emprunts et dettes financières divers (2) (3)...................... | | | | |
| Dettes Fournisseurs et Comptes rattachés........................ | | | | |
| Dettes fiscales et sociales .............................................. | | | | |
| Dettes sur immobilisations et Comptes rattachés .............. | | | | |
| Autres dettes(3)............................................................. | | | | |
| Produits constatés d'avance............................................ | | | | |
| **Total** | | | | |
| (2) Emprunts souscrits en cours d'exercice ....................... | | | | |
|     Emprunts remboursés en cours d'exercice ..................... | | | | |
| (3) Dont..... envers les associés (indication du poste concerné) .............. | | | | |

*(b)* Non compris les avances et acomptes reçus sur commandes en cours.

## Art. 832-6 Tableau des filiales et participations

| Filiales et participations (1) / Informations financières (5) | Capital (6) | Réserves et report à nouveau avant affectation des résultats (6) (9) | Quote-part du capital détenue (en pourcentage) | Valeurs comptables des titres détenus (7) Brute | Valeurs comptables des titres détenus (7) Nette | Prêts et avances consentis par la société et non encore remboursés (8) | Montant des cautions et avals donnés par la société | Chiffre d'affaires hors taxes du dernier exercice écoulé (9) | Résultats (bénéfice ou perte du dernier exercice clos) (9) | Dividendes encaissés par la société au cours de l'exercice | Observations |
|---|---|---|---|---|---|---|---|---|---|---|---|
| **A. Renseignements détaillés concernant les filiales et les participations ci-dessous (2) (3).** | | | | | | | | | | | |
| 1. Filiales (à détailler)..................... (+ de 50 % du capital détenu par la société) | | | | | | | | | | | |
| 2. Participations (à détailler)......................... (10 à 50 % du capital détenu par la société) | | | | | | | | | | | |
| **B. Renseignements globaux concernant les autres filiales ou participations** | | | | | | | | | | | |
| 1. Filiales non reprises au § A. | | | | | | | | | | | |
| a. Filiales françaises (ensemble)................... | | | | | | | | | | | |
| b. Filiales étrangères (ensemble) (4)............. | | | | | | | | | | | |
| 2. Participations non reprises au § A. | | | | | | | | | | | |
| a. Dans les sociétés françaises (ensemble).. | | | | | | | | | | | |
| b. Dans les sociétés étrangères (ensemble). | | | | | | | | | | | |

(1) Pour chacune des filiales et des entités avec lesquelles la société a un lien de participation, indiquer s'il y a lieu le numéro d'identification national (numéro SIREN).

(2) Dont la valeur d'inventaire excède un certain pourcentage (déterminé par la réglementation) du capital de la société astreinte à la publication. Lorsque la société a annexé à son bilan, un bilan des comptes consolidés conformément à la réglementation, cette société ne donne des renseignements que globalement (§ B) en distinguant (a) filiales françaises (ensemble) et (b) filiales étrangères (ensemble).

(3) Pour chaque filiale et entité avec laquelle la société a un lien de participation indiquer la dénomination et le siège social.

(4) Les filiales et participations étrangères qui, par suite d'une dérogation, ne seraient pas inscrites au § A sont inscrites sous ces rubriques.

(5) Mentionner au pied du tableau la parité entre l'euro et les autres devises.

(6) Dans la monnaie locale d'opération.

(7) Si le montant inscrit a été réévalué, indiquer le montant de l'écart de réévaluation dans la colonne Observations.

(8) Mentionner dans cette colonne le total des prêts et avances (sous déduction des remboursements) à la clôture de l'exercice et, dans la colonne Observations, les provisions constituées le cas échéant.

(9) S'il s'agit d'un exercice dont la clôture ne coïncide pas avec celle de l'exercice de la société, le préciser dans la colonne Observations.

## Art. 832-7 Tableaux du portefeuille de TIAP
### Valeur estimative du portefeuille de TIAP

| Décomposition de la valeur estimative | Exercice — Montant à l'ouverture de l'exercice | | | Montant à la clôture de l'exercice | | |
|---|---|---|---|---|---|---|
| | Valeur comptable brute | Valeur comptable nette | Valeur estimative | Valeur comptable brute | Valeur comptable nette | Valeur estimative |
| Fractions du portefeuille évaluées : | | | | | | |
| – au coût de revient ..................... | | | | | | |
| – au cours de bourse .................. | | | | | | |
| – d'après la situation nette ......... | | | | | | |
| – d'après la situation nette réestimée .................................. | | | | | | |
| – d'après une valeur de rende-ment ou de rentabilité ............. | | | | | | |
| – d'après d'autres méthodes à préciser) ................................. | | | | | | |
| **Valeur estimative du portefeuille** ........................... | | | | | | |

### Variation de la valeur du portefeuille de TIAP

| Mouvements de l'exercice — Valeur du portefeuille | Valeur comptable nette | Valeur estimative |
|---|---|---|
| Montant à l'ouverture de l'exercice..................................................................... | | |
| Acquisition de l'exercice................................................................................... | | |
| Cession de l'exercice (en prix de vente)................................................................ | | |
| Reprises de dépréciations sur titres cédés............................................................ | | |
| Plus-values sur cessions de titres : | | |
| – détenus au début de l'exercice ...................................................................... | | |
| – acquis dans l'exercice ................................................................................... | | |
| Variation de la dépréciation du portefeuille............................................................ | | |
| Autres variations de plus-values latentes : | | |
| – sur titres acquis dans l'exercice ...................................................................... | | |
| – sur titres acquis antérieurement...................................................................... | | |
| Autres mouvements comptables (à préciser) ........................................................ | | |
| **Montant à la clôture de l'exercice** ............................................................. | | |

**Exemple**

La société Quiniou vous communique les renseignements suivants :

### Extrait du bilan au 31/12/N

| Nature des postes | Actif immobilisé | |
|---|---|---|
| | Brut | Amortissements |
| Frais d'établissement | 15 000 | 9 000 |
| Fonds commercial | 300 000 | |
| Matériel industriel | 102 000 | 85 980 |
| Autres immobilisations | 120 000 | 42 000 |

### Extrait du bilan au 31/12/N – 1

| Nature des postes | Actif immobilisé | |
|---|---|---|
| | Brut | Amortissements |
| Frais d'établissement | 15 000 | 6 000 |
| Fonds commercial | 300 000 | |
| Matériel industriel | 120 000 | 47 500 |
| Autres immobilisations | 86 000 | 25 800 |

Au cours de l'exercice N :
– l'entreprise a acquis du matériel informatique pour un montant de 34 000 € ;
– elle a cédé une machine outil pour 8 000 € (valeur d'origine : 18 000 € ; amortissements cumulés : 11 520 €).

## Tableau des immobilisations

| Rubriques (a) | A — Valeur brute à l'ouverture de l'exercice | B — Augmentations | C — Diminutions | D — Valeur brute à la clôture de l'exercice (c) |
|---|---|---|---|---|
| Immobilisations incorporelles ............ | 315 000 | | | 315 000 |
| Immobilisations corporelles ................ | 206 000 | 34 000 | 18 000 | 222 000 |
| Immobilisations financières ................ | | | | |
| TOTAL ................... | 521 000 | 34 000 | 18 000 | 537 000 |

*(Situations et mouvements (b))*

(a) À développer si nécessaire selon la nomenclature des postes du bilan. Lorsqu'il existe des frais d'établissement, ils doivent faire l'objet d'une ligne séparée.
(b) Les entités subdivisent les colonnes pour autant que de besoin [cf. ci-dessous développement des colonnes B (augmentations) et C (diminutions)].
(c) La valeur brute à la clôture de l'exercice est la somme algébrique des colonnes précédentes (A + B – C = D).

Les immobilisations incorporelles à l'ouverture et à la clôture de l'exercice :
15 000 + 300 000 = 315 000 €

Les immobilisations corporelles à l'ouverture de l'exercice :
120 000 + 86 000 = 206 000 €

Les immobilisations corporelles à la clôture de l'exercice :
102 000 + 120 000 = 222 000 €

*Tableau des amortissements*

| Rubriques (a) | A | B | C | D |
|---|---|---|---|---|
| Situations et mouvements (b) | Amortissements cumulés au début de l'exercice | Augmentations Dotations de l'exercice | Diminutions d'amortissements de l'exercice | Amortissements cumulés à la fin de l'exercice (c) |
| Immobilisations incorporelles ............. | 6 000 | 3 000 | | 9 000 |
| Immobilisations corporelles ................ | 73 300 | 66 200 | 11 520 | 127 980 |
| Immobilisations financières ................ | | | | |
| TOTAL ................................................. | 79 300 | 69 200 | 11 520 | 136 980 |

*(a)* À développer si nécessaire selon la même nomenclature que celle du tableau des immobilisations.
*(b)* Les entités subdivisent les colonnes pour autant que de besoin [cf. ci-dessous développement des colonnes B (augmentations) et C (diminutions)].
*(c)* Les amortissements cumulés à la fin de l'exercice sont égaux à la somme algébrique des colonnes précédentes (A + B – C = D).

Les immobilisations incorporelles :
9 000 – 6 000 = 3 000 € ⟶ Dotations de l'exercice
Les immobilisations corporelles :

$$(47\ 500 + 25\ 800) \quad + \quad x - 11\ 520 \quad = \quad (85\ 980 + 42\ 000)$$
$$73\ 300 \quad\quad\quad\quad + \quad x - 11\ 520 \quad = \quad 127\ 980$$
$$61\ 780 \quad\quad\quad\quad + \quad x \quad\quad\quad\quad = \quad 127\ 980$$
$$x = 127\ 980 - 61\ 780 \quad\quad\quad\quad\quad = \quad 66\ 200 \longrightarrow \text{Dotations de l'exercice}$$

# C - L'analyse des comptes annuels

*Le système développé* prévoit *trois tableaux* supplémentaires qui permettent l'analyse des comptes annuels :

| Annexe |
|---|
| Art. 832-8    Tableau des soldes intermédiaires de gestion (chapitre 20) |
| Art. 832-9    Détermination de la capacité d'autofinancement (chapitre 21) |
| Art. 832-10   Modèle de tableau des emplois et des ressources (chapitre 22) |

# PARTIE 4

# L'analyse financière des tableaux de synthèse

# CHAPITRE 20

# *L*e tableau des soldes intermédiaires de gestion

## 1 • DÉFINITION

Le tableau des soldes intermédiaires de gestion (article 832-8 du Plan comptable général) fait partie des informations de l'annexe du système développé.

Les soldes intermédiaires de gestion (*SIG*) constituent un *outil d'analyse de l'activité et de la rentabilité* de l'entreprise.

Le calcul des soldes intermédiaires de gestion permet :

– *de comprendre* la formation du résultat net en le décomposant ;

– *d'apprécier* la création de richesse générée par l'activité de l'entreprise ;

– *de décrire* la répartition de la richesse créée par l'entreprise entre les salariés et les organismes sociaux, l'État, les apporteurs de capitaux et l'entreprise elle-même ;

– *de suivre*, dans l'espace et dans le temps, l'évolution de la performance et de la rentabilité de l'activité de l'entreprise.

## 2 • LA HIÉRARCHIE DES SOLDES

Actuellement, les soldes intermédiaires de gestion comprennent *neuf soldes* successifs obtenus à partir du compte de résultat.

Chaque solde représente une étape dans la formation du résultat net de l'exercice.

Les trois premiers soldes sont destinés à l'*analyse de l'activité* de l'entreprise alors que les six suivants sont consacrés à l'*analyse du résultat*.

Le schéma est présenté page suivante.

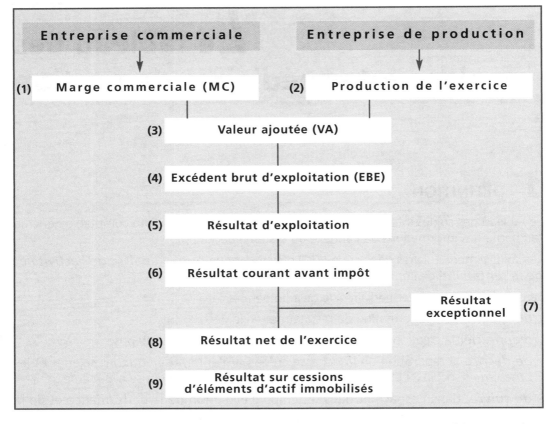

Les soldes intermédiaires de gestion *se calculent en cascade*, sauf le « Résultat exceptionnel » et le « Résultat sur cessions d'éléments d'actif » qui sont indépendants.

Le compte de résultat présenté en liste permet de dégager certains soldes intermédiaires de gestion tels que :

– le résultat d'exploitation ;

– le résultat financier ;

– le résultat courant ;

– le résultat exceptionnel ;

– et le résultat de l'exercice.

Notons que l'évolution attendue de la structure du compte de résultat dans le cadre de la transposition de la directive comptable unique aura une incidence sur la hiérarchie des soldes intermédiaires de gestion.

# 3. LE CALCUL ET L'INTERPRÉTATION DES SOLDES

Les soldes intermédiaires de gestion se définissent et se calculent comme suit :

## Marge commerciale

⇓

Elle ne concerne que l'activité de *négoce*.

Elle représente la *ressource* dégagée par l'activité commerciale.

| | |
|---|---|
| Ventes nettes de marchandises | 707 – 7097 |
| — | |
| Coût d'achat des marchandises vendues | 607 – 6097 ± 6037 |

## Production de l'exercice

⇓

Elle ne concerne que les activités *industrielles* et de *services*.

Elle évalue le *niveau* d'activité de *production* de l'entreprise.

| | |
|---|---|
| Production vendue | 70 – 709 (sauf 707) |
| ± | |
| Production stockée | 71 |
| + | |
| Production immobilisée | 72 et 73 |

## Valeur ajoutée

⇓

Elle mesure le *poids économique* de l'entreprise.

Elle détermine la *richesse* créée par l'entreprise.

| | |
|---|---|
| Marge commerciale | |
| + | |
| Production de l'exercice | |
| — | |
| Consommations de l'exercice en provenance des tiers | 601 à 606 – 6091 à 6096 ± 6031 et 6032 + 61 et 62 |

## Excédent brut d'exploitation

⇓

Il mesure la *performance* écomique de l'entreprise.

Il indique la *rentabilité* de l'activité *normale* de l'entreprise indépendamment de la politique d'amortissement et du coût de l'endettement.

Si ce solde est *négatif*, il s'agit d'une insuffisance brute d'exploitation (IBE).

| | |
|---|---|
| Valeur ajoutée | |
| + | |
| Subventions d'exploitation | 74 |
| — | |
| Impôts, taxes et versements assimilés | 63 |
| — | |
| Charges de personnel | 64 |

## Résultat d'exploitation

⇓

Il représente la *ressource nette* dégagée par l'activité normale de l'entreprise, excluant les opérations financières.

| Excédent brut d'exploitation | |
|---|---|
| + | |
| Reprises et transferts sur charges d'exploitation | 781 et 791 |
| + | |
| Autres produits de gestion | 75 (sauf 755) |
| − | |
| Dotations aux amortissements, dépréciations et provisions d'exploitation | 681 |
| − | |
| Autres charges de gestion | 65 (sauf 655) |

## Résultat courant avant impôt

⇓

Il mesure la *rentabilité* de l'activité *économique* et *financière* de l'entreprise.

| Résultat d'exploitation | |
|---|---|
| ± | |
| Quotes-parts résultat en commun | 755 – 655 |
| + | |
| Produits financiers | 76 ; 786 et 796 |
| − | |
| Charges financières | 66 et 686 |

## Résultat exceptionnel

⇓

Il mesure les *ressources dégagées* par les opérations *non courantes* de l'entreprise.

| Produits exceptionnels | 77 et 787 et 797 |
|---|---|
| − | |
| Charges exceptionnelles | 67 et 687 |

Rappelons que la nouvelle directive comptable prévoit la *suppression* du résultat exceptionnel.

## Résultat net de l'exercice

⇓

Il indique les *ressources* qui restent à la *disposition* de l'entreprise et le *revenu* des associés après impôt.

| Résultat courant avant impôt | |
|---|---|
| ± | |
| Résultat exceptionnel | |
| − | |
| Participation des salariés | 691 |
| − | |
| Impôt sur les bénéfices | 695 |

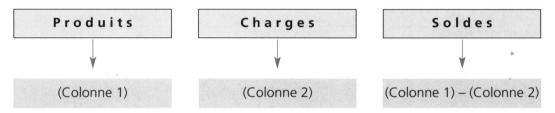

| Plus-values et moins-values sur cessions d'éléments d'actif |
| :---: |

⇓

Ce solde est déjà inclus dans le résultat exceptionnel.

| Produits des cessions d'éléments d'actif | 775 |
| :---: | :---: |
| — | |
| Valeurs comptables des éléments d'actif cédés | 675 |

# 4. LE TABLEAU DES SOLDES INTERMÉDIAIRES DE GESTION

## A - La structure

La structure du tableau des soldes intermédiaires de gestion est normalisée par le PCG. Il comporte trois parties :

| Produits | Charges | Soldes |
| :---: | :---: | :---: |
| ↓ | ↓ | ↓ |
| (Colonne 1) | (Colonne 2) | (Colonne 1) – (Colonne 2) |

Lorsqu'un solde est *négatif*, il s'inscrit du côté des *charges* et s'additionne à celles-ci.

# B - La présentation du tableau des soldes intermédiaires de gestion

La présentation normalisée du tableau est présentée ci-dessous :

## Art. 832-8 Tableau des soldes intermédiaires de gestion

| Produits (Colonne 1) | | Charges (Colonne 2) | | Soldes intermédiaires (Colonne 1 – Colonne 2) | N | N – 1 |
|---|---|---|---|---|---|---|
| Ventes de marchandises............ | ............ | Coût d'achat des marchandises vendues................................. | ............ | Marge commerciale.................... | ............ | ......... |
| Production vendue..................... Production stockée..................... Production immobilisée.............. | ............ ............ ............ | ou Déstockage de production (a). | ............ | | | |
| Total.................................. | ............ | Total............................... | ............ | Production de l'exercice.............. | ............ | ......... |
| Production de l'exercice.............. Marge commerciale................... | ............ ............ | Consommation de l'exercice en provenance de tiers.................... | | Valeur ajoutée...................... | ............ | ......... |
| Total.................................. | ............ | | | | | |
| Valeur ajoutée.......................... Subventions d'exploitation......... | ............ ............ | Impôts, taxes et versements assimilés (b)............................ Charges de personnel................ | ............ ............ | | | |
| Total.................................. | | Total............................... | ............ | Excédent brut (ou insuffisance brute) d'exploitation.................. | | |
| Excédent brut d'exploitation....... Reprises sur charges et transferts de charges............................ Autres produits.......................... | ............ ............ ............ | ou Insuffisance brute d'exploitation........................... Dotations aux amortissements, dépréciations et provisions......... Autres charges.......................... | ............ ............ ............ | | | |
| Total..................................... | ............ | Total............................... | ............ | Résultat d'exploitation (bénéfice ou perte).................... | ............ | ......... |
| Résultat d'exploitation............... Quotes-parts de résultats sur opérations faites en commun..... Produits financiers.................... | ............ ............ | ou Résultat d'exploitation........... Quotes-parts de résultats sur opérations faites en commun..... Charges financières.................... | ............ ............ ............ | | | |
| Total..................................... | ............ | Total............................... | ............ | Résultat courant avant impôts (bénéfice ou perte).................... | ............ | ......... |
| | | | | Résultat exceptionnel (bénéfice ou perte).................... | ............ | ......... |
| Produits exceptionnels................ | ............ | Charges exceptionnelles......... | ............ | | | |
| Résultat courant avant impôts.... Résultat exceptionnel................ | ............ ............ | ou Résultat courant avant impôts.................................. ou Résultat exceptionnel............ Participation des salariés............ Impôts sur les bénéfices.............. | ............ ............ ............ | | | |
| Total..................................... | ............ | Total............................... | ............ | Résultat de l'exercice (bénéfice ou perte) (c)................... | ............ | ......... |
| Produits des cessions d'éléments d'actif... | | Valeur comptable des éléments cédés................................ | | Plus-values et moins-values sur cessions d'éléments d'actif........ | ............ | ......... |

(a) En déduction des produits dans le compte de résultat.
(b) Pour le calcul de la valeur ajoutée, sont assimilés à des consommations externes les impôts indirects à caractère spécifique inscrits au compte 635 « Impôts, taxes et versements assimilés » et acquittés lors de la mise à la consommation des biens taxables.
(c) Soit total général des produits – total général des charges.

**Exemple**

La société Herbault vous fournit les renseignements suivants (en kiloeuros) :

| | |
|---|---|
| *Produits d'exploitation* | |
| Ventes de marchandises : | 1 240 |
| Production vendue : | 1 435 |
| Production stockée : | 32 |
| Reprises sur amortissements, dépréciations et provisions : | 12 |
| *Charges d'exploitation* | |
| Achats de marchandises : | 822 |
| Variation des stocks de marchandises : | – 14 |
| Achats de matières premières : | 537 |
| Variation des stocks de matières premières : | 19 |
| Autres achats et charges externes : | 486 |
| Impôts, taxes et versements assimilés : | 35 |
| Charges de personnel : | 393 |
| Dotations aux amortissements, dépréciations et provisions : | 102 |
| Autres charges : | 25 |
| *Produits financiers* | |
| Autres intérêts : | 16 |
| *Charges financières* | |
| Intérêts et charges assimilées : | 28 |
| Charges nettes sur cessions de valeurs mobilières de placement : | 13 |
| *Produits exceptionnels* | |
| Sur opérations de gestion : | 2 |
| Sur opérations en capital : | 24 |
| *Charges exceptionnelles* | |
| Sur opérations de gestion : | 6 |
| Sur opérations en capital : | 38 |
| *Impôts sur les bénéfices :* | 84 |

Pour présenter le tableau des soldes intermédiaires de gestion, il est nécessaire d'effectuer d'abord les deux calculs préliminaires suivants :

– coût d'achat des marchandises vendues :

822 – 14 = 808 K€

– consommation de l'exercice en provenance des tiers :

537 + 19 + 486 = 1 042 K€

Le tableau des soldes intermédiaires de gestion est présenté page 232.

| Produits (Colonne 1) | | Charges (Colonne 2) | | Soldes intermédiaires (Colonne 1 – Colonne 2) | N | N – 1 |
|---|---|---|---|---|---|---|
| Ventes de marchandises............ | 1 240 | Coût d'achat des marchandises vendues...................... | 808 | Marge commerciale................... | 432 | ........ |
| Production vendue.................... Production stockée..................... Production immobilisée............. | 1 435 32 | ou Déstockage de production (a). | 0 | | | |
| Total.............. | 1 467 | Total.............. | 0 | Production de l'exercice............. | 1 467 | ........ |
| Production de l'exercice.......... Marge commerciale................ | 1 467 432 | Consommation de l'exercice en provenance de tiers................... | 1 042 | Valeur ajoutée........................... | 857 | ........ |
| Total.............. | 1 899 | | | | | |
| Valeur ajoutée.......................... Subventions d'exploitation......... | 857 | Impôts, taxes et versements assimilés (b)............................. Charges de personnel............... | 35 393 | Excédent brut (ou insuffisance brute) d'exploitation.................. | 429 | ........ |
| Total.............. | 857 | Total.............. | 428 | | | |
| Excédent brut d'exploitation....... Reprises sur charges et transferts de charges............................... Autres produits........................... | 429 12 0 | ou Insuffisance brute d'exploitation....................... Dotations aux amortissements, dépréciations et provisions.......... Autres charges........................ | 0 102 25 | Résultat d'exploitation (bénéfice ou perte).................................. | 314 | ........ |
| Total.............. | 441 | Total.............. | 127 | | | |
| Résultat d'exploitation............... Quotes-parts de résultats sur opérations faites en commun..... Produits financiers.................... | 314 0 16 | ou Résultat d'exploitation........... Quotes-parts de résultats sur opérations faites en commun..... Charges financières................... | 0 0 41 | Résultat courant avant impôts (bénéfice ou perte)................... | 289 | ........ |
| Total.............. | 330 | Total.............. | 41 | | | |
| Produits exceptionnels............... | 26 | Charges exceptionnelles........ | 44 | Résultat exceptionnel (bénéfice ou perte)................................. | 18 | ........ |
| Résultat courant avant impôts.... Résultat exceptionnel............... | 289 0 | ou Résultat courant avant impôts........................... ou Résultat exceptionnel............ Participation des salariés............ Impôts sur les bénéfices............. | 18 0 0 84 | Résultat de l'exercice (bénéfice ou perte) (c)............................. | 187 | ........ |
| Total.............. | 289 | Total.............. | 102 | | | |
| Produits des cessions d'éléments d'actif..................................... | 24 | Valeur comptable des éléments cédés.................................... | 38 | Plus-values et moins-values sur cessions d'éléments d'actif........ | 14 | ........ |

(a) En déduction des produits dans le compte de résultat.
(b) Pour le calcul de la valeur ajoutée, sont assimilés à des consommations externes les impôts indirects à caractère spécifique inscrits au compte 635 « Impôts, taxes et versements assimilés » et acquittés lors de la mise à la consommation des biens taxables.
(c) Soit total général des produits – total général des charges.

# CHAPITRE 21

# *L*a détermination de la capacité d'autofinancement

## 1. DÉFINITION

La détermination de la capacité d'autofinancement (CAF), article 832-9 du PCG, fait partie de l'annexe du système développé.

La capacité d'autofinancement est *l'excédent de ressources internes* dégagées par l'entreprise durant l'exercice pour :

– rémunérer les associés ;

– renouveler et accroître les investissements ;

– augmenter le fonds de roulement ;

– rembourser les dettes.

La capacité d'autofinancement permet de mesurer la capacité de développement de l'entreprise, ainsi que son *indépendance financière*. Elle représente un *flux de trésorerie r*éelle ou potentielle.

## 2. LE CALCUL DE LA CAPACITÉ D'AUTOFINANCEMENT

Le calcul de la capacité d'autofinancement s'effectue à partir du compte de résultat.

La capacité d'autofinancement est la **différence** entre les produits encaissables (sauf produits des cessions d'éléments d'actif) et les charges décaissables.

| Capacité d'autofinancement | = | Excédent brut d'exploitation | + | Autres produits encaissables (sauf produits des cessions d'éléments d'actif) | – | Autres charges décaissables |
|---|---|---|---|---|---|---|

Certains produits de l'exercice ne génèrent pas de recettes ; ils sont *non encaissables* (reprises sur amortissements, dépréciations et provisions, quotes-parts de subventions d'investissement virées au résultat...). Ils ne sont pas pris en compte pour déterminer la capacité d'autofinancement.

Certaines charges de l'exercice, dites *calculées*, n'entraînent pas de dépenses (dotations aux amortissements, dépréciations et provisions, valeur comptable des éléments d'actif cédés) ; elles sont *exclues* du calcul de la capacité d'autofinancement. En revanche, tous les produits et toutes les charges qui contribuent au calcul de l'*excédent brut d'exploitation* sont encaissables et décaissables.

# 3. LA STRUCTURE DU TABLEAU DE LA DÉTERMINATION DE LA CAPACITÉ D'AUTOFINANCEMENT

La PCG a prévu à l'article 832-9 un *modèle* de détermination de la capacité d'autofinancement :

**Art. 832-9 Détermination de la capacité d'autofinancement**
(à partir des postes du compte de résultat)

Numéro des comptes du
Plan comptable général

|  |  | |
|---|---|---|
|  | Excédent brut d'exploitation (ou insuffisance brute d'exploitation) | |
| + | Transferts de charges (d'exploitation) | 791 |
| + | Autres produits (d'exploitation) | 75 (sauf 755) |
| – | Autres charges (d'exploitation) | 65 (sauf 655) |
| ± | Quotes-parts de résultat sur opérations faites en commun | (755 – 655) |
| + | Produits financiers **(a)** | 76 et 796 |
| – | Charges financières **(b)** | 66 |
| + | Produits exceptionnels **(c)** | 77 (sf 775, 777) et 797 |
| – | Charges exceptionnelles **(d)** | 671 (sauf 675) |
| – | Participation des salariés aux résultats | 691 |
| – | Impôts sur les bénéfices | 695 |
| = | CAPACITÉ D'AUTOFINANCEMENT | |

**(a)** Sauf reprises sur dépréciations et provisions.
**(b)** Sauf dotations aux amortissements, dépréciations et provisions financiers.
**(c)** Sauf : – produits des cessions d'immobilisations,
        – quote-parts des subventions d'investissement virées au résultat de l'exercice,
        – reprises sur dépréciations et provisions exceptionnelles.
**(d)** Sauf : – valeur comptable des immobilisations cédées,
        – dotations aux amortissements, dépréciations et provisions exceptionnels.

## Exemple

La société Herbault vous fournit les renseignements suivants (en kiloeuros) :

| | |
|---|---|
| *Excédent brut d'exploitation :* | 429 000 |
| *Autres charges d'exploitation* | |
| Dotations aux amortissements, dépréciations et provisions : | 102 000 |
| Autres charges : | 25 000 |
| *Autres produits d'exploitation* | |
| Reprises sur amortissements, dépréciations et provisions : | 12 000 |
| *Produits financiers* | |
| Autres intérêts : | 16 000 |
| *Charges financières* | |
| Intérêts et charges assimilées : | 28 000 |
| Charges nettes sur cessions de valeurs mobilières de placement : | 13 000 |

| | |
|---|---:|
| *Produits exceptionnels* | |
| Sur opérations de gestion : | 2 000 |
| Sur opérations en capital : | 24 000 |
| *Charges exceptionnelles* | |
| Sur opérations de gestion : | 6 000 |
| Sur opérations en capital : | 38 000 |
| *Impôts sur les bénéfices :* | 84 000 |

## Détermination de la capacité d'autofinancement

| | | |
|---|---|---:|
| | Excédent brut d'exploitation (ou insuffisance brute d'exploitation) | 429 000 |
| + | Transferts de charges (d'exploitation) | |
| + | Autres produits (d'exploitation) | |
| – | Autres charges (d'exploitation) | 25 000 |
| ± | Quotes-parts de résultat sur opérations faites en commun | |
| + | Produits financiers **(a)** | 16 000 |
| – | Charges financières **(b)** | 41 000 |
| + | Produits exceptionnels **(c)** | 2 000 |
| – | Charges exceptionnelles **(d)** | 6 000 |
| – | Participation des salariés aux résultats | |
| – | Impôts sur les bénéfices | 84 000 |
| = | CAPACITÉ D'AUTOFINANCEMENT | **291 000** |

**(a)** Sauf reprises sur dépréciations et provisions.
**(b)** Sauf dotations aux amortissements, dépréciations et provisions financiers.
**(c)** Sauf : – produits des cessions d'immobilisations,
　　　　　　　– quote-parts des subventions d'investissement virées au résultat de l'exercice,
　　　　　　　– reprises sur dépréciations et provisions exceptionnelles.
**(d)** Sauf : – valeur comptable des immobilisations cédées,
　　　　　　　– dotations aux amortissements, dépréciations et provisions exceptionnels.

# CHAPITRE 22

# *L*e tableau des emplois et des ressources

## 1. DÉFINITION

Le tableau des emplois et des ressources (ou tableau de financement, article 832-10 du PCG) fait partie des informations de l'annexe du système développé.

Il est établi annuellement ; il ne comporte que *des flux financiers*. Il montre comment les ressources de l'entreprise ont permis de financer ses emplois durant l'exercice.

Le tableau de financement permet de *suivre l'évolution du patrimoine* et facilite l'analyse des décisions stratégiques mises en œuvre par l'entreprise en matière d'investissement, de financement, de stockage, de crédits clients et fournisseurs, et de trésorerie.

## 2. LES NOTIONS DE FONDS DE ROULEMENT NET GLOBAL, DE BESOIN EN FONDS DE ROULEMENT ET DE TRÉSORERIE

Le tableau de financement est conçu d'après *l'approche fonctionnelle* de la structure financière de l'entreprise, qui a recours aux notions de *fonds de roulement net global* (*FRNG*), de *besoin en fonds de roulement* (*BFR*) et de *trésorerie*. Il est utile de définir préalablement ces indicateurs financiers et d'établir leur relation pour comprendre la structure du tableau de financement.

### A - Le fonds de roulement net global

Le fonds de roulement net global (*FRNG*) est une *ressource durable* mise à la disposition de l'entreprise pour financer des emplois du cycle d'exploitation. Il est égal à :

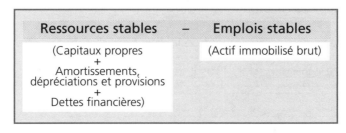

| Ressources stables | – | Emplois stables |
|---|---|---|
| (Capitaux propres<br>+<br>Amortissements,<br>dépréciations et provisions<br>+<br>Dettes financières) | | (Actif immobilisé brut) |

Le fonds de roulement net global constitue la *marge de sécurité financière* de l'entreprise, dans la mesure où les ressources stables excèdent les emplois stables.

## B - Le besoin en fonds de roulement

Le besoin en fonds de roulement (**BFR**) est la partie des **besoins de financement** du cycle d'exploitation qui n'est pas financée par les ressources de financement du cycle d'exploitation. Il s'obtient par **différence** entre les stocks et créances en valeurs brutes et les dettes non financières.

Le besoin en fonds de roulement comprend deux parties :

➤ *le besoin en fonds de roulement d'exploitation (BFRE)* :
dont les composantes sont directement liées au cycle d'exploitation et en constituent la partie quasi permanente (stocks, créances clients, dettes fournisseurs...) ;

➤ *le besoin en fonds de roulement hors exploitation (BFRHE)* :
dont les éléments constitutifs ne sont pas liés à l'activité principale de l'entreprise et ne se renouvellent pas systématiquement (créances diverses, dettes fournisseurs d'immobilisations...).

## C - La trésorerie

La trésorerie nette est la *résultante* du fonds de roulement net global et du besoin en fonds de roulement. Elle s'obtient par **différence** entre le fonds de roulement net global et le besoin en fonds de roulement.

La relation :

> Fonds de roulement net global – Besoin en fonds de roulement = **Trésorerie**

permet d'apprécier l'*équilibre financier* de l'entreprise.

Les deux situations les plus courantes sont les suivantes :

| Fonds de roulement net global > Besoin en fonds de roulement | Trésorerie positive | l'équilibre financier est respecté |

| Fonds de roulement net global < Besoin en fonds de roulement | Trésorerie négative | l'entreprise a recours à des crédits de trésorerie pour financer le besoin en fonds de roulement. |

La trésorerie nette se calcule également de la manière suivante :

> Actif de trésorerie (Disponibilités, VMP) – Passif de trésorerie (Découverts bancaires, …) = **Trésorerie**

# 3. LA STRUCTURE DU TABLEAU DE FINANCEMENT

Le tableau de financement s'établit à partir de deux bilans successifs et de renseignements complémentaires fournis dans l'annexe.

## A - L'élaboration du tableau de financement

Le tableau de financement du PCG se structure en *deux parties* :

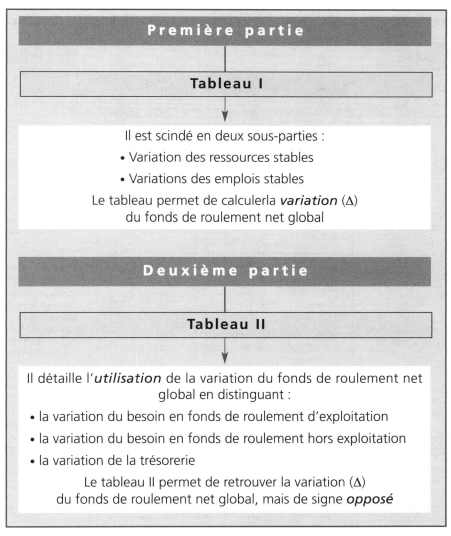

**Première partie**

**Tableau I**

Il est scindé en deux sous-parties :
- Variation des ressources stables
- Variations des emplois stables

Le tableau permet de calculerla *variation* ($\Delta$) du fonds de roulement net global

**Deuxième partie**

**Tableau II**

Il détaille l'*utilisation* de la variation du fonds de roulement net global en distinguant :
- la variation du besoin en fonds de roulement d'exploitation
- la variation du besoin en fonds de roulement hors exploitation
- la variation de la trésorerie

Le tableau II permet de retrouver la variation ($\Delta$) du fonds de roulement net global, mais de signe *opposé*

# B - Le tableau I – Tableau des emplois et des ressources

La première partie du tableau de financement permet d'expliquer comment s'est **formée** la variation du fonds de roulement net global par **différence** entre les ressources durables et les emplois stables de l'exercice.

Lorsque les ressources durables de l'exercice sont **supérieures** aux emplois stables de l'exercice, la variation du fonds de roulement net global est **positive** : cela traduit une **augmentation** du fonds de roulement net global, donc une amélioration de la structure financière.

La première partie du tableau de financement distingue **5 emplois et 4 ressources** :

## Tableau des emplois et des ressources

| | Origine | Emplois = Augmentation de l'actif stable + Diminution des ressources durables | Ressources = Augmentation des ressources durables + Diminution de l'actif stable | | Origine |
|---|---|---|---|---|---|
| | Montant des dividendes versés pendant l'exercice. | Distributions mises en paiement au cours de l'exercice | Capacité d'autofinancement | Calculée à partir de l'excédent brut d'exploitation ou du résultat net. | |
| | Valeur d'origine des immobilisations acquises pendant l'exercice. | Acquisitions d'éléments de l'actif immobilisé | Cessions ou réductions d'éléments de l'actif immobilisé | Prix de cession des immobilisations. Diminution d'immobilisations financières (en valeur d'origine) par remboursement : créances, prêts. Exclure les intérêts courus. | |
| | Montant des charges transférées au cours de l'exercice. | Charges à répartir sur plusieurs exercices | | | |
| | Réduction de capitaux propres entraînant des sorties de fonds. | Réduction des capitaux propres | Augmentation des capitaux propres | Augmentation des apports appelés, augmentés de la prime d'émission. Montant des subventions d'investissement. | |
| | Diminution d'immobilisations financières (en valeur d'origine) par remboursement : créances, prêts. Exclure les intérêts courus. | Remboursements des dettes financières | Augmentation des dettes financières | Montant des nouveaux emprunts contractés au cours de l'exercice sauf les concours bancaires courants et soldes créditeurs banque. | |
| | | TOTAL : X | TOTAL : X | | |
| | | Variation du FRNG | Variation du FRNG | | |
| | | Ressource nette | Emploi net | | |
| Si : Ressources > Emplois | | ⇓ Augmentation du FRNG | ⇓ Diminution du FRNG | | Si : Emplois > Ressources |

Le modèle de présentation prévu par le PCG est le suivant :

**Art 832-10 Modèle de tableau des emplois et des ressources**

**I. Tableau de financement en compte**

| EMPLOIS | Exercice N | Exercice N – 1 | RESSOURCES | Exercice N | Exercice N – 1 |
|---|---|---|---|---|---|
| Distributions mises en paiement au cours de l'exercice ............................ | | | Capacité d'autofinancement de l'exercice .... | | |
| Acquisitions d'éléments de l'actif immobilisé : | | | Cessions ou réductions d'éléments de l'actif immobilisé : | | |
| Immobilisations incorporelles ............. | | | Cessions d'immobilisations : | | |
| Immobilisations corporelles ................ | | | – incorporelles .................................. | | |
| Immobilisations financières ................ | | | – corporelles .................................... | | |
| Charges à répartir sur plusieurs exercices **(a)** ................................ | | | Cessions ou réductions d'immobilisations financières ............. | | |
| Réduction des capitaux propres (réduction de capital, retraits) .............. | | | Augmentation des capitaux propres : | | |
| | | | Augmentation de capital ou apports .. | | |
| Remboursements de dettes financières **(b)** | | | Augmentation des autres capitaux propres | | |
| | | | Augmentation des dettes financières **(b) (c)** | | |
| **Total des emplois** .............................. | | | **Total des ressources** .......................... | | |
| Variation du fonds de roulement net global (ressource nette) ............................... | | | Variation du fonds de roulement net global (emploi net) ......................................... | | |

**(a)** Montant brut transféré au cours de l'exercice.
**(b)** Sauf concours bancaires courants et soldes créditeurs de banques.
**(c)** Hors primes de remboursement des obligations.

## C - Le tableau II – Variation du fonds de roulement net global

La deuxième partie du tableau de financement explique comment la variation du fonds de roulement net global a été *utilisée*. Elles est structurée d'après la relation fondamentale :

Fonds de roulement net global – Besoin en fonds de roulement = Trésorerie

D'où :

$\Delta$ Besoin en fonds de roulement – $\Delta$ Trésorerie = $\Delta$ Fonds de roulement net global

Les variations de chacun des postes de l'actif circulant et du passif circulant sont calculées par *différence* entre les montants bruts portés aux bilans des exercices N et N – 1.

Le schéma explicatif de la deuxième partie du tableau de financement est le suivant :

## Tableau des variations du fonds de roulement net global

| Variation du fonds de roulement net global | Besoins<br>=<br>Augmentation de l'actif circulant<br>+<br>Diminution des dettes cycliques | Dégagements<br>=<br>Augmentation des dettes cycliques<br>+<br>Diminution de l'actif circulant | Solde<br>=<br>Dégagements<br>–<br>Besoins |
|---|---|---|---|
| **Variation « Exploitation »** | | | |
| Variation des actifs d'exploitation | Valeurs brutes bilan N<br>><br>Valeurs brutes bilan N – 1 | Valeurs brutes bilan N<br><<br>Valeurs brutes bilan N – 1 | |
| Variation des dettes d'exploitation | Valeurs brutes bilan N<br><<br>Valeurs brutes bilan N – 1 | Valeurs brutes bilan N<br>><br>Valeurs brutes bilan N – 1 | |
| **Totaux** | | | |
| A. Variation nette « Exploitation » | | | Si dégagements > besoins ⇒ solde +<br>Si dégagements < besoins ⇒ solde – |
| **Variation « Hors exploitation »** | | | |
| Variation des autres débiteurs | Valeurs brutes bilan N<br>><br>Valeurs brutes bilan N – 1 | Valeurs brutes bilan N<br><<br>Valeurs brutes bilan N – 1 | |
| Variation des autres créditeurs | Valeurs brutes bilan N<br><<br>Valeurs brutes bilan N – 1 | Valeurs brutes bilan N<br>><br>Valeurs brutes bilan N – 1 | |
| **Totaux** | | | |
| B. Variation nette « Hors exploitation » | | | Si dégagements > besoins ⇒ solde +<br>Si dégagements < besoins ⇒ solde – |
| **Total A + B**<br>Besoin de l'exercice en FR<br>ou<br>Dégagement net de FR | | | Si A + B = solde –<br><br>Si A + B = solde + |
| **Variation « Trésorerie »** | | | |
| Variation des disponibilités | Valeurs brutes bilan N<br>><br>Valeurs brutes bilan N – 1 | Valeurs brutes bilan N<br><<br>Valeurs brutes bilan N – 1 | |
| Variation des concours bancaires courants et soldes créditeurs banques | Valeurs brutes bilan N<br><<br>Valeurs brutes bilan N – 1 | Valeurs brutes bilan N<br>><br>Valeurs brutes bilan N – 1 | |
| **Totaux** | | | |
| C. Variation nette « Trésorerie » | | | Si dégagements > besoins ⇒ solde +<br>Si dégagements < besoins ⇒ solde – |
| **Variation du FRNG**<br>**Total A + B + C**<br>    **Emploi net**<br>    ou<br>    **Ressource nette** | | | Si A + B + C = solde –<br><br>Si A + B + C = solde + |

La variation du fonds de roulement net global du tableau (II) doit être *identique* à la variation du fonds de roulement net global du tableau (I) mais de *signe contraire*.

Le modèle de présentation prévu par le PCG est le suivant :

### Art 832-10 *(suite)* **Modèle de tableau des emplois et des ressources**

### II. Tableau de financement en compte

| Variation du fonds de roulement net global | Exercice N | | | Exercice N −1 |
|---|---|---|---|---|
| | Besoins 1 | Dégagement 2 | Solde 2 – 1 | Solde |
| **Variation « Exploitation »** | | | | |
| Variation des actifs d'exploitation : | | | | |
| Stocks et en-cours.................................................. | | | | |
| Avances et acomptes versés sur commandes........................... | | | | |
| Créances Clients, Comptes rattachés et autres créances d'exploitation **(a)** .. | | | | |
| Variation des dettes d'exploitation : | | | | |
| Avances et acomptes reçus sur commandes en cours ............................ | | | | |
| Dettes Fournisseurs, Comptes rattachés et autres dettes d'exploitation **(b)**.... | | | | |
| **Totaux** ........................................................... | | | | |
| A. Variation nette « Exploitation » : **(c)** ...................................... | | | | |
| **Variation « Hors exploitation »** | | | | |
| Variation des autres débiteurs **(a) (d)** ......................... | | | | |
| Variation des autres créditeurs **(b)** ......................... | | | | |
| **Totaux** ........................................................... | | | | |
| B. Variation nette « Hors exploitation » **(c)** ......................... | | | | |
| **Total A +B :** | | | | |
| Besoins de l'exercice en fonds de roulement ............................................... | | | | |
| ou | | | | |
| Dégagement net de fonds de roulement dans l'exercice ............................ | | | | |
| **Variation « Trésorerie »** | | | | |
| Variation des disponibilités................................................... | | | | |
| Variation des concours bancaires courants et soldes créditeurs de banques ...... | | | | |
| **Totaux** ........................................................... | | | | |
| C. Variation nette « Trésorerie » **(c)** ......................... | | | | |
| **Variation du fonds de roulement net global** | | | | |
| **(Total A +B + C) :** | | | | |
| **Emploi net**.................................................. | | | | |
| ou | | | | |
| **Ressource nette** ......................................... | | | | |

**(a)** Y compris charges constatées d'avance selon leur affectation à l'exploitation ou non.
**(b)** Y compris produits constatés d'avance selon leur affectation à l'exploitation ou non.
**(c)** Les montants sont assortis du signe (+) lorsque les dégagements l'emportent sur les besoins et du signe (–) dans le cas contraire.
**(d)** Y compris valeurs mobilières de placement.
Nota : Cette partie II du tableau peut être adaptée au système de base. Dans ce cas, les variations portent sur l'ensemble des éléments ; aucune distinction n'est faite entre exploitation et hors exploitation.

**Exemple**

La société Decat fournit les informations suivantes :

| Comptes | Soldes N | Soldes N – 1 |
|---|---:|---:|
| Constructions | 166 000 | 166 000 |
| Matériel de bureau et matériel informatique | 29 480 | 29 480 |
| Mobilier | 20 400 | 18 000 |
| Titres de participation | 35 000 | 15 000 |
| Prêt | 30 000 | 40 000 |
| Stocks de marchandises | 41 400 | 32 000 |
| Clients et comptes rattachés | 39 390 | 11 000 |
| Débiteurs divers | 2 110 | 1 500 |
| Charges constatées d'avance | 905 | 165 |
| Valeurs mobilières de placement | 9 800 | 3 200 |
| Banques | 5 126 | 4 503 |
| Capital | 150 000 | 100 000 |
| Emprunt auprès des établissements de crédit | 60 000 | 80 000 |
| Fournisseurs et comptes rattachés | 42 600 | 68 450 |
| Fournisseurs d'immobilisations | 8 000 | 18 000 |
| Sécurité sociale | 6 000 | 15 200 |
| TVA à décaisser | 7 000 | 10 000 |
| État – Impôts sur les bénéfices | 13 000 | |
| Dividendes à payer | 8 500 | |
| Créditeurs divers | 2 550 | 300 |
| Produits constatés d'avance | 1 200 | 1 800 |

La capacité d'autofinancement s'élève à 72 503 €.

L'entreprise n'a pas contracté de nouvel emprunt, du mobilier a été vendu pour 7 760 € (valeur d'origine : 9 600 €) ; acquisition d'un nouveau mobilier pour 12 000 €.

*Les calculs préliminaires* à l'établissement du tableau de financement sont les suivants :

| Éléments | Valeurs brutes | | Variations | |
|---|---|---|---|---|
| | « N » | « N – 1 » | Besoin | Dégagement |
| **Variations « Exploitation »** | | | | |
| Stocks de marchandises | 41 400 | 32 000 | 9 400 | |
| Créances clients, comptes rattachés et autres créances d'exploitation : | | | | |
| • Créances clients et comptes rattachés | 39 390 | 11 000 | 28 390 | |
| • Charges constatées d'avance | 905 | 165 | 740 | |
| Dettes fournisseurs, comptes rattachés et autres dettes d'exploitation : | | | | |
| • Fournisseurs et comptes rattachés | 42 600 | 68 450 | 25 850 | |
| • Sécurité sociale | 6 000 | 15 200 | 9 200 | |
| • TVA à décaisser | 7 000 | 10 000 | 3 000 | |
| • Produits constatés d'avance | 1 200 | 1 800 | 600 | |
| *Variations « Hors exploitation »* | | | | |
| Variations des autres débiteurs : | | | | |
| • Débiteurs divers | 2 110 | 1 500 | 610 | |
| • Valeurs mobilières de placement | 9 800 | 3 200 | 6 600 | |
| Variations des autres créditeurs : | | | | |
| • Fournisseurs d'immobilisations | 8 000 | 18 000 | 10 000 | |
| • État (Impôt sur les sociétés) | 13 000 | | | 13 000 |
| • Créditeurs divers | 2 550 | 300 | | 2 250 |
| **Variations « Trésorerie »** | | | | |
| Banques | 5 126 | 4 503 | 623 | |
| | | | 95 013 | 15 250 |

### Tableau de financement

| EMPLOIS | Exercice N | Exercice N – 1 | RESSOURCES | Exercice N | Exercice N – 1 |
|---|---|---|---|---|---|
| Distributions mises en paiement au cours de l'exercice ............................... | 8 500 | | Capacité d'autofinancement de l'exercice .... | 72 503 | |
| Acquisitions d'éléments de l'actif immobilisé : | | | Cessions ou réductions d'éléments de l'actif immobilisé : | | |
| Immobilisations incorporelles ............ | | | Cessions d'immobilisations : | | |
| Immobilisations corporelles ............... | 12 000 | | – incorporelles .................................... | | |
| Immobilisations financières ............... | 20 000 | | – corporelles ...................................... | 7 760 | |
| Charges à répartir sur plusieurs exercices **(a)** ........................................ | | | Cessions ou réductions d'immobilisations financières ............ | 10 000 | |
| Réduction des capitaux propres (réduction de capital, retraits) .............. | | | Augmentation des capitaux propres : | | |
| | | | Augmentation de capital ou apports .. | 50 000 | |
| Remboursements de dettes financières **(b)** | 20 000 | | Augmentation des autres capitaux propres | | |
| | | | Augmentation des dettes financières **(b) (c)** | | |
| **Total des emplois** .............................. | 60 500 | | **Total des ressources** ........................... | 140 263 | |
| Variation du fonds de roulement net global (ressource nette) ................................ | 79 763 | | Variation du fonds de roulement net global (emploi net) ........................................ | | |

**(a)** Montant brut transféré au cours de l'exercice.
**(b)** Sauf concours bancaires courants et soldes créditeurs de banques.
**(c)** Hors primes de remboursement des obligations.

Le fonds de roulement net global a augmenté de 79 763 € au cours de l'exercice N grâce à une augmentation des ressources durables supérieures à celle des emplois stables.

| Variation du fonds de roulement net global | Exercice N | | | Exercice N –1 |
|---|---|---|---|---|
| | Besoins 1 | Dégagement 2 | Solde 2 – 1 | Solde |
| **Variation « Exploitation »** | | | | |
| Variation des actifs d'exploitation : | | | | |
| Stocks et en-cours............................................ | 9 400 | | | |
| Avances et acomptes versés sur commandes......................... | | | | |
| Créances Clients, Comptes rattachés et autres créances d'exploitation **(a)** .. | 29 130 | | | |
| Variation des dettes d'exploitation : | | | | |
| Avances et acomptes reçus sur commandes en cours ........................ | | | | |
| Dettes Fournisseurs, Comptes rattachés et autres dettes d'exploitation **(b)**.... | 38 650 | | | |
| **Totaux** ...................................................... | 77 180 | | | |
| A. Variation nette « Exploitation » : **(c)** ...................... | | | – 77 180 | |
| **Variation « Hors exploitation »** | | | | |
| Variation des autres débiteurs **(a) (d)** ........................... | 7 210 | | | |
| Variation des autres créditeurs **(b)** ............................. | | 5 250 | | |
| **Totaux** ...................................................... | 7 210 | 5 250 | | |
| B. Variation nette « Hors exploitation » **(c)** .................... | | | – 1 960 | |
| **Total A +B :** | | | | |
| Besoins de l'exercice en fonds de roulement ......................... | | | – 79 140 | |
| ou | | | | |
| Dégagement net de fonds de roulement dans l'exercice ............... | | | | |
| **Variation « Trésorerie »** | | | | |
| Variation des disponibilités............................................ | 623 | | | |
| Variation des concours bancaires courants et soldes créditeurs de banques ...... | | | | |
| **Totaux** ...................................................... | 623 | | | |
| C. Variation nette « Trésorerie » **(c)** ........................... | | | – 623 | |
| **Variation du fonds de roulement net global** | | | | |
| **(Total A +B + C) :** | | | | |
| **Emploi net**............................................ | | | – 79 763 | |
| ou | | | | |
| **Ressource nette** ........................................ | | | | |

**(a)** Y compris charges constatées d'avance selon leur affectation à l'exploitation ou non.
**(b)** Y compris produits constatés d'avance selon leur affectation à l'exploitation ou non.
**(c)** Les montants sont assortis du signe (+) lorsque les dégagements l'emportent sur les besoins et du signe (–) dans le cas contraire.
**(d)** Y compris valeurs mobilières de placement.
Nota : Cette partie II du tableau peut être adaptée au système de base. Dans ce cas, les variations portent sur l'ensemble des éléments ; aucune distinction n'est faite entre exploitation et hors exploitation.

L'augmentation du fonds de roulement net global a été suffisant pour financer l'augmentation du besoin en fonds de roulement. Il en résulte une trésorerie positive. L'équilibre financier est donc respecté.

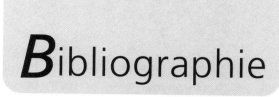

## Ouvrages

COLASSE (B.), *Les fondements de la comptabilité*, Éditions La découverte, coll.Repères, 2012.

FERRE (F.), ZARKA (F.), POULARD (B.), *Comptabilité,* Dunod, coll. Openbook, 2014.

GRANDGUILLOT (B. et F.), *Exos LMD – Exercices corrigés de comptabilité générale 2014-2015*, Gualino éditeur, coll. Fac Universités.

GRANDGUILLOT (B. et F.), *L'essentiel de la comptabilité générale 2014 : modélisation comptable, opérations courantes*, Gualino éditeur, coll. Carrés Rouge, 4e éd.

GRANDGUILLOT (B. et F.), *L'essentiel de la comptabilité générale 2014 : opérations d'inventaire, comptes annuels 2014,* Gualino éditeur, coll. Carrés Rouge, 4e éd.

GRANDGUILLOT (B. et F.), *Comptable 2014/2015*, Gualino éditeur, coll. En poche.

HENRARD (M.), HEIM (M.-J.), AGUILAR (M.-H.), *Dictionnaire comptable et financier 2014*, Éditions Groupe Revue Fiduciaire.

PRICEWATERHOUSECOOPERS, *Mémento Comptable 2014*, Éditions Francis Lefebvre.

## Périodiques

*Revue française de comptabilité (RFC),* Conseil supérieur de l'Ordre des experts-comptables

*Bulletin comptable et financier (BFC),* Éditions Francis Lefebvre

*La revue fiduciaire comptable (RFC),* Groupe Revue Fiduciaire

## Sites Internet

Conseil supérieur de l'Ordre des experts-comptables : *www.experts-comptables.fr*

Legifrance – Le service public de la diffusion du droit : *www.legifrance.gouv.fr*

Portail de l'Économie et des Finances : *www.economie.gouv.fr*

Autorité des normes comptables (ANC) : *www.anc.gouv.fr*

Portail Revue Fiduciaire : *www.revuefiduciaire.grouperf.com*

Conseil de la simplification : *www.simplifier-entreprise.fr*

# Index

# *Des mêmes auteurs*

*Imprimé en France.* - JOUVE, 1, rue du Docteur Sauvé, 53100 MAYENNE
N° 2165566A - Dépôt légal : Août 2014